Abtprimas
Notker Wolf

mit Leo G. Linder

Wohin pilgern wir?

Alte Wege und neue Ziele

Rowohlt Taschenbuch Verlag

Veröffentlicht im Rowohlt Taschenbuch Verlag,
Reinbek bei Hamburg, Januar 2011

Lektorat Regina Carstensen
Umschlaggestaltung ZERO Werbeagentur, München,
nach einem Entwurf von Anzinger | Wüschner | Rasp, München
(Foto: Arne Weychardt)
Satz DTL Haarlemmer PostScript, InDesign,
bei hanseatenSatz-bremen, Bremen
Druck und Bindung Druckerei C. H. Beck, Nördlingen
Printed in Germany
ISBN 978 3 499 62544 2

Inhalt

Psalm 121

Ein Wallfahrtslied

Ich hebe meine Augen auf zu den Bergen:
Woher kommt mir Hilfe?

Meine Hilfe kommt vom Herrn,
der Himmel und Erde gemacht hat.

Er lässt deinen Fuß nicht wanken;
er, der dich behütet, schläft nicht.

Nein, der Hüter Israels
schläft und schlummert nicht.

Der Herr ist dein Hüter; der Herr gibt dir Schatten:
Er steht dir zur Seite.

Bei Tag wird dir die Sonne nicht schaden
noch der Mond in der Nacht.

Der Herr behüte dich vor allem Bösen,
er behüte deine Leben.

Der Herr behüte dich,
wenn du fortgehst und wiederkommst,
von nun an bis in Ewigkeit.

1. «Ich bin aus meinem Jahrhundert ausgetreten»

Von dem Mut zum Experiment mit sich selbst

Kann man sich den Glauben erlaufen? Erwandern? Erpilgern? Kann man auf einer Pilgerfahrt Gott ganz unbeabsichtigt begegnen – oder überhaupt nicht?

Damals, mit sechzehn Jahren, als ich meine erste Wallfahrt antrat, hätte ich solche Fragen gar nicht verstanden. Der Glaube war unser Antrieb, unser Ansporn – was sonst hätte uns zu einem frommen Unternehmen beflügeln sollen, bei dem man Wind und Wetter und müden Knochen und Blasen an den Füßen trotzen musste? Und Blasen bekam man; die waren bei dem Schuhwerk, in dem wir uns auf den Weg machten, garantiert. Nein, wir verstanden uns als begeisterte Christen, die aus Kirche und Gemeindesaal ausbrechen und sich singend und betend die Landstraße erobern wollten, als wanderndes Gottesvölkchen gewissermaßen, auf dem Weg zu einem verheißungsvollen Ziel. Wobei wir es nicht wirklich auf eine Kraftprobe ankommen lassen wollten. Bei meiner schmächtigen Statur lag mir Heldentum ohnehin fern, auch frommes Heldentum. Mit dem Auto hätten wir unser Ziel in zwei Stunden erreicht. Aber wir wollten den Glauben mit einem besonderen Erlebnis, mit einer körperlichen Anstrengung und anderen Erfahrungen verbinden, die man im gewohnten Gemeindeleben nicht machen konnte, und all das war auch auf den hundertzwanzig Kilometern von München nach Altötting schon zu haben.

Wir liefen also los, in Doppelreihe, am Rand der Landstraße, etwa hundert junge Leute aus verschiedenen Orten, ein Kaplan vorweg. Es war das Jahr 1957, und es war die erste von drei Wallfahrten, die ich nach Altötting unternommen habe. Ich muss dazusagen: Ich gehörte damals der Legio Mariae an. Der Legion Mariens. Ein etwas kriegerischer Name, der sich der Marienbegeisterung der Iren verdankte. Dort, in Irland, war die Legio Mariae in den zwanziger Jahren des letzten Jahrhunderts als katholische Laienbewegung gegründet worden, und was mir daran gefiel, war die Kombination aus regelmäßigem Gebet und strategisch geplantem Einsatz für die Schwachen, für Alte und Kranke. Wer der Legio Mariae beitrat, der musste ran und wollte das auch, der investierte ein Gutteil seiner Freizeit in den Dienst am Nächsten, und ein Nebeneffekt unseres Eifers war diese Wallfahrt zum Marienheiligtum Altötting. Wie man jetzt unschwer errät, hatte ich damals eine Vorliebe für die Muttergottes, und die habe ich mir bis heute bewahrt. Ich gebe zu: Diese Vorliebe entsprang zu keiner Zeit einer hohen Theologie. Sie war und ist Ausdruck einer Alltagsfrömmigkeit, die sich nicht vom Verstand maßregeln lassen will, die schlicht und einfach aus dem Herzen kommt: Maria hat sich als Mutter um Jesus gekümmert, jetzt möge sie sich bitte auch um mich kümmern – so habe ich damals gedacht, so denke ich immer noch.

Gut, wir zogen also über Land, in langer Doppelreihe am Rand der asphaltierten Straße, von Autos weitgehend unbelästigt, denn der Verkehr war Ende der fünfziger Jahre spärlich. Da es zur Pfingstzeit war, mussten wir mit Regengüssen rechnen, hatten deshalb alle unsere Regenschirme dabei, und mit einem dieser Regenschirme dirigierte der Mann an der Spitze auch unseren Wechselgesang. Es wurde nämlich, solange wir liefen, fast ohne Unterlass gebetet und gesungen. Abwechselnd ging der Schirm nach rechts oder nach links, je nachdem, welche Reihe dran war. Das Vaterunser wechselte nach der Hälfte die Seite, das ganze Rosenkranzgebet verteilte sich auf rechts und links, und wenn die eine Reihe sich mit «Gegrüßet seist du, Maria» vernehmen ließ, antwortete die andere Seite mit «Heilige Maria, Mutter Gottes, bitte für uns Sünder». Und zwischendurch Marienlieder und Gotteslob, bis wir das halbe Gesangbuch durchhatten. Es kam vor, dass sich der Himmel verdunkelte und tatsächlich ein Schauer niederging; dann funktionierte die saubere Stimmentrennung nicht mehr, und eine gewisse Konfusion trat ein – was wir lustig fanden. Aufhalten aber konnte uns der Regen nicht.

Vorneweg wurde ein Kreuz geschleppt. Ein schweres Holzkreuz. Das wechselte jeweils nach einer Weile von einer Schulter auf eine andere, und wer es nicht mit großem Geschick ausbalancierte, den warf es um. Wir haben uns ordentlich damit herumgequält. Warum? Vielleicht, um schon mal etwas abzubüßen. Es mag sein, dass wir außerdem ein oder zwei Fahnen dabeihatten. Sicher bin ich mir nicht, aber wenn es so war, dann haben wir sie nicht als Triumphzeichen verstanden, sondern als weithin sichtbaren Ausdruck unserer Freude. Denn Freude hat es uns allen gemacht, das Laufen und Beten und Singen und Schleppen; die Pausen nicht zu vergessen, die Verschnaufpausen im kühlen und – was uns bisweilen noch willkommener war – trockenen Innenraum einer Kirche, mitunter auch an einem Wegkreuz oder einem Waldrand, wo man sich wieder sammelte, betete und meditierte oder einfach plauderte, bis die letzten Nachzügler eingetrudelt waren.

Ich erinnere mich gut, und ich erinnere mich gern an diese frühen Wallfahrten, und in besonders angenehmer Erinnerung sind mir die Übernachtungen geblieben. Am Ende des ersten Tages kamen wir in einer Schule unter, die von Schwestern geleitet wurde. Matratzen und Luftmatratzen waren in den Klassenräumen ausgelegt, und vor dem Schlafengehen bewirteten uns die freundlichen Ordensfrauen mit Malventee, wobei es jedes Mal hieß: «Darf ich noch etwas lauwarm nachgießen?» Und da wir in diesem Fall alle beisammen und noch durchaus munter waren, wurden nun zur Abwechslung weltliche Lieder gesungen, harmlose Fahrtenlieder, die sich unser Kaplan gleichwohl tagsüber streng verbeten hatte.

Am nächsten Abend wurden wir auf Privatleute verteilt, die sich – so war das damals – geehrt fühlten, junge Wallfahrer beherbergen zu dürfen. Der Name des Dorfs will mir nicht mehr einfallen, wohl aber erinnere ich mich deutlich an das Glück, das mir und meinem Freund (der heute Abt in Ostafrika ist) in jener zweiten Nacht beschieden war: In einem Krämerladen etwas außerhalb der Ortschaft erwartete uns eine liebe alte Dame mit Franzbranntwein und Heftpflaster und einem guten Essen. Sie ließ es sich nicht nehmen, unsere geschundenen Füße eigenhändig einzureiben und die Blasen vom Laufen in den harten Lederschuhen selbst zu verarzten, so besorgt war sie um uns. Auch die zwei Betten in der Schlafkammer über ihrem Tante-Emma-Laden sehe ich noch vor mir: alte Holzkistenbetten mit dreiteiliger Matratze und Plumeaus, in denen man schier ertrank. Hundemüde, wie wir waren, haben wir vorzüglich darin geschlafen.

Am späten Vormittag des dritten Tages war unser Ziel erreicht: Altötting, das traditionsreiche bayerische Marienheiligtum, auch damals schon der bedeutendste Wallfahrtsort in Deutschland. Und es tat gut, am Ziel zu sein. Allerdings wollten wir uns nicht gleich der Hochstimmung der Ankunft überlassen und drehten mit unserem Kreuz auf der Schulter noch etliche Runden um die Wallfahrtskirche, bevor wir uns auf dem Vorplatz der Basilika mit einer zweiten Pilgerschar aus Regensburg vereinigten. Als wir dann in die Basilika einzogen, waren wir eine ansehnliche Truppe. Die machte schon was her.

Den anschließenden Gottesdienst habe ich als erhebendes Erlebnis im Gedächtnis. Wir feierten die Messe als eine Gemeinschaft von jungen Leuten, die alle das Gleiche durchgemacht hatten, in der jeder die Erinnerungen an die Strapazen – und die Gebete – der letzten Tage mit dem anderen teilte. Und in die Genugtuung, nun am Ziel zu sein, dürfte sich ebenfalls bei jedem ein Quäntchen Stolz gemischt haben. Nach der Messe löste sich alles auf, das heißt, wir verteilten uns auf die umliegenden Wirtschaften, tranken unser erstes Bier, taten uns an Weißwürsten und hausgemachten Brezen gütlich, schrieben um die Wette Ansichtskarten und machten uns schließlich auf den Heimweg, vom Bahnhof aus, mit dem Zug. Mir steht noch das schwere Holzkreuz im Gang vor unserem Abteil vor Augen.

Ich befürchte, die Geschichte meiner ersten Wallfahrten wird ziemlich harmlos und doch irgendwie befremdlich in den Ohren moderner Menschen klingen, antiquiert wahrscheinlich und beinahe rührend. Und ich gebe zu: Der Anblick, den wir seinerzeit geboten haben, und der fromme Überschwang, mit dem wir unsere Lieder und Gebete zum nicht immer blauen bayerischen Himmel gesandt haben, das alles unterscheidet sich beträchtlich von dem Bild, das heutige Pilger mit ihren Hightechschuhen und Spezialrucksäcken bieten, wenn sie still für sich oder in kleinen Gruppen auf einer der mittlerweile so beliebten alten Pilgerrouten unterwegs sind, Hunderte von Kilometern vor sich und dabei so kräftig ausschreitend, dass ich selbst nicht lange mithalten könnte. Doch scheint mir die eine Art des Pilgerns mit der anderen mehr zu tun zu haben, als man auf den ersten Blick vermuten sollte. Sicher, unsere Wallfahrten damals waren Demonstrationen unseres Glaubens, und dass dieser Glaube eine fröhliche Angelegenheit war, durfte jeder mitbekommen. Aber was mir als beglückend daran in Erinnerung geblieben ist, sind Erfahrungen, die ein ungläubiger Mensch genauso schön gefunden hätte.

Allein schon, wie gelassen man mit einem Mal wird, mit wie viel Humor man die ganzen Widrigkeiten des Unternehmens auf die leichte Schulter nimmt, die schmerzenden Füße, die patschnassen Socken nach einem ergiebigen Schauer – als Pilger geht es einem eben doch um etwas anderes, etwas Höheres und Ernsteres, selbst wenn man dabei gar keinen Gedanken an Gott verschwendet. Uns hat jedenfalls keine Unbill etwas ausgemacht, und wenn einem doch mal der Mut zu sinken drohte, wurde er von Leidensgefährten mit stabilerem Gemüt wieder aufgemuntert.

Dann das Erlebnis der Gastfreundschaft. Von wildfremden Menschen bewirtet und umsorgt zu werden, so wie wir die mütterliche Fürsorge der alten Krämersfrau erfahren haben. Als Pilger ist man stets auf Fremde angewiesen, erlebt diese Abhängigkeit aber nicht unwillig als Einschränkung der eigenen Freiheit, sondern erleichtert als vertrauensvolle Hingabe an die Großmut anderer. Wem solche Gastfreundschaft widerfahren ist, der vergisst sie sein Leben lang nicht mehr.

Und schließlich das Gemeinschaftserlebnis. Gewiss, uns hat die Gemeinsamkeit im Gebet besonders tief beeindruckt und die Erfahrung, als Gläubige nicht allein zu sein, mit einer großen Zahl von Gleichgesinnten auf ein gemeinsames Ziel zuzusteuern. Aber ich weiß aus Erzählungen, dass heutige Pilger dieses Gemeinschaftsgefühl ähnlich beglückend empfinden, wenn sie sich unterwegs mit Zufallsbekanntschaften für ein paar Tage zusammentun, miteinander laufen und miteinander Rast machen und abends in einer Runde beisammensitzen. Solidarität ist wohl das Wort, das die Lust am Pilgern am treffendsten erklärt, dieser ursprüngliche, selbstverständliche menschliche Zusammenhalt. Wenn ich an unsere Wallfahrten zurückdenke, spüre ich jedenfalls noch einmal die Freude, die uns damals vom ersten bis zum letzten Augenblick erfüllt hat, und sie speist sich ganz wesentlich aus den Begegnungen mit Menschen, die mir dieses Gefühl von Zusammenhalt vermittelt haben.

Was ist also mit dem Glauben? Kann man sich ihn tatsächlich erlaufen? Oder ist der Glaube womöglich gar keine Voraussetzung dafür, mit Gewinn für sein Leben zu pilgern? Kann einen am Ende der ganze religiöse Kram überhaupt kaltlassen, und man kehrt doch als Veränderter von einer Pilgerreise zurück?

Denn dass man sich von einer Pilgerreise etwas verspricht, etwas, das einen in der Seele berührt, möglichst tief, möglichst nachhaltig, das scheint mir heute nicht anders zu sein als früher, in den Blütezeiten der mittelalterlichen Pilgerei. Ob man dabei einer Verheißung folgt oder bloß einer inneren Unruhe nachgibt, ist für den Erfolg einer solchen Reise wahrscheinlich nicht einmal entscheidend. Immer schon hatten die Menschen die verschiedensten Gründe dafür, aufzubrechen, auch wenn der Glaube in früheren Zeiten stets beteiligt war, bei guten wie bei schlechten Christen. Der größte Unterschied zwischen

Früher und Heute scheint mir der zu sein: Heute steht im Vordergrund die Suche – früher die Gewissheit, zu finden.

Und das ist merkwürdig. Denn was läge uns heute ferner, als unsere kostbare Zeit mit Suchen zu verschwenden? Fällt denn die Suche – umständlich und zeitraubend, wie sie ist – dieser Tage nicht dem Ideal der Mühelosigkeit zum Opfer? Suchen – wozu? Es ist praktisch unmöglich geworden, seinen Bestimmungsort zu verfehlen. Da wird einem im Alltag jede Suche erspart, Navigationsgeräte nehmen uns wie Kinder bei der Hand, und fast immer hat man die Gewähr, anzukommen, die Ziele mögen noch so fern liegen. Jede Suche lässt sich abkürzen, und Informationen erhalten wir auf Knopfdruck. Eigentlich leben wir also in einer Welt, in der sich niemand mehr mit Suchen aufhalten will – und dank des technischen Fortschritts auch nicht mehr aufzuhalten braucht.

In der Welt der mittelalterlichen Pilger hingegen … In deren Welt war es nie ausgemacht, ob man je hinfinden würde, nach Rom, Santiago de Compostela oder Jerusalem, ob man jemals sein Ziel erreichen würde – und häufig musste man sich seinen Weg mühsam suchen. Das Gelingen einer Pilgerreise stand in den Sternen. Dennoch sind die Pilgerwege unserer Zeit voller Menschen, die auf der Suche sind, während die Pilgerwege der Vergangenheit von Menschen bevölkert waren, die keinen Zweifel daran hatten, zu finden. Sie wussten, was sie am Ende ihres langen Weges erwartete, nämlich in aller Regel ein Heiliger, der Trost und Vergebung, neue Kraft und vielleicht sogar Erlösung von unheilbaren Gebrechen für sie bereithielt – mithin etwas, das jede Mühe lohnte. Genauso war es uns als jugendlichen Altötting-Pilgern noch vollkommen klar gewesen, am Ende unseres kurzen Weges die Muttergottes zu finden, also die, unter deren besonderen Schutz wir uns gestellt hatten.

Was erhofft sich der moderne Pilger von seiner Reise? Was glaubt er am Ende seines Weges zu finden? Schwer zu sagen. In den meisten Fällen wohl nichts Bestimmtes. Mit dem Verlust der Glaubenszuversicht in unserer Zeit ist auch die Ausstrahlung der Heiligen verblasst – nicht jedoch die Faszination gewisser Pilgerorte, und das ist eine weitere Merkwürdigkeit. Mögen sich viele vom Besuch eines Heiligengrabs, einer Madonna nicht das Geringste mehr versprechen, der Pilgerfreude tut das keinen Abbruch. Wie seit tausend Jahren und mehr geben die Heiligen auch heute noch die Pilgerziele vor, und das, obwohl mitunter ernsthafte Zweifel angebracht sind. Wer möchte zum Beispiel darauf wetten, dass im spanischen Santiago de Compostela tatsächlich der Leichnam des Apostels Jakobus liegt? Schon im späten Mittelalter galt das nicht mehr als ausgemacht.

Sicher, es gibt sie immer noch, die persönlichen Lieblingsheiligen, und ihre Grabstätten haben weiterhin Zulauf. Der heilige Franz von Assisi zieht wie eh und je die Pilger an, auch der besonders in Italien verehrte heilige Antonius von Padua. Unter den zeitgenössischen Heiligen hat Padre Pio wahrscheinlich die größte Schar von Anhängern, ein kerniger, unverblümter Franziskaner, der im bitterarmen Süden Italiens Krankenhäuser gebaut hat und bereits zu Lebzeiten im Ruf der Heiligkeit stand. Und auch die Muttergottes, die Madonna, die Jungfrau, kann nach wie vor auf einen festen Stamm gläubiger Verehrer zählen. Doch gerade unter den zahlreichen Sankt-Jakobs-Pilgern unserer Tage dürften sich nicht viele finden, die diesem Jakobus einen wirklichen Wert für ihr Leben beimessen.

Dennoch – und das ist die nächste Merkwürdigkeit – erfüllen die Heiligen nach wie vor einen Zweck. Denn ohne Heilige gäbe es keine Pilgerziele, und jeder Pilger, ob gläubig oder nicht, bewegt sich auf einen Heiligen zu. Praktische Orientierungshilfe für Suchende zu leisten – dazu sind die Heiligen also immer noch gut. Und diese zielgerichtete Bewegung, dieses Verfolgen eines vorgegebenen, nicht selbst gewählten Ziels, unterscheidet das Pilgern grundsätzlich vom Wandern. Als Pilger steht man sozusagen stets im Bann eines Heiligen, selbst wenn er einem persönlich nichts bedeutet.

Ein Pilgerweg ist eben kein gewöhnlicher Weg. Alles steht hier im Zeichen einer langen, christlichen Vorgeschichte. Auch auf einem Wanderpfad sind vor uns schon Menschen gegangen, aber sie haben uns nichts hinterlassen. Auf einem Pilgerweg jedoch reiht man sich ein in einen unsichtbaren Strom von Menschen, die ein klares Ziel vor Augen hatten, die von einem starken Glauben beflügelt waren, die diesen Weg in vielen Jahrhunderten mit ihrer Hoffnung getränkt haben. Auf einem solchen Weg kommt man gewissermaßen in Berührung mit der grenzenlosen Sehnsucht und der unermesslichen Hoffnung, die Menschen zu allen Zeiten mit dem Heiligen, dem Göttlichen verbunden haben. Auf Pilgerwegen wird man gleichsam Teil einer Menschheitsfamilie, mit der man nicht unbedingt denselben Glauben, aber dieselben Hoffnungen und Lebensträume gemeinsam hat. Als Pilger ist man deshalb nie allein. Und vielleicht geht mit jedem Schritt auf diesem Weg auch etwas von der Zuversicht unserer frühen Vorläufer auf uns über – der Zuversicht, zu finden. Mit anderen Worten: Auch wenn man es als Einzelner betreibt, stiftet Pilgern eine Gemeinsamkeit, über Jahrhunderte und Jahrtausende hinweg. So könnte sich auch die Solidarität erklären, die ein Pilger unterwegs immer wieder erlebt, jener Zusammenhalt, der auch mir von den kleinen Wallfahrten meiner Jugend als schönste Erfahrung in Erinnerung geblieben ist.

Kann man sich den Glauben also doch erlaufen? *Den* Glauben vielleicht nicht, würde ich sagen, aber *einen* Glauben bestimmt. Ich will zwar nicht ausschließen, dass der eine oder andere, der mit Kirche und Gott gebrochen hat, am Ende seiner Pilgerreise tatsächlich zum einfachen Glauben seiner Kindheit zurückfindet oder zu neuen Einsichten über Wahrheit und Wert des Glaubens gelangt. Die meisten jedoch dürften den Erfolg ihrer Pilgerfahrt nicht als Bekehrung oder Läuterung im christlichen Sinne beschreiben, wohl aber gern bestätigen, dass sie innerlich beruhigt oder gestärkt von ihrer Reise zurückgekehrt sind. Als Verwandelte, mit neu erwachtem Vertrauen zum Leben und zu den Mitmenschen vielleicht, mit wiedergefundenem Selbstvertrauen womöglich. Vertrauen und Selbstvertrauen aber sind Elemente einer gläubigen Grundhaltung – und wenn ein Mensch diese Erfahrung macht, dann hat sich für ihn eine Hoffnung erfüllt, die Menschen zu allen Zeiten mit dem Pilgern verbunden haben. Dann ist etwas mit ihm geschehen, obwohl er einer Zeit angehört, die die Mühe des Suchens scheut und für Heilige kaum noch Verwendung hat. Und das allein ist für mich schon ein kleines Wunder.

Einer, der das erlebt hat, ist Bruno. Ich will seine Geschichte am Ende dieses Kapitels kurz skizzieren, weil sich daran zwei Aspekte des Pilgerns aufzeigen lassen, die bisher noch nicht zur Sprache kamen. Bruno war Abteilungsleiter in einem großen deutschen Unternehmen, bevor er mit neunundfünfzig Jahren in den Ruhestand versetzt wurde. Aber er fand keine Ruhe. Er hielt es daheim nicht aus. Da brach er auf, allein, und lief die zweitausenddreihundert Kilometer von München nach Santiago de Compostela an einem Stück, in sechsundneunzig Tagesetappen. Es sei eine wichtige Erfahrung für ihn gewesen, sagte er. Und ein großer Gewinn. Als zufriedener Mensch sei er zurückgekehrt.

Nun braucht man zunächst einmal keine spirituelle Erklärung für diesen Wandel heranzuziehen – allein das Unterwegssein kann in einer Lebenskrise viel bewirken. Durch das Gehen gerät in Bewegung, was sich über Monate oder Jahre im Kopf zusammengeballt hat. Der starre Zusammenhang der quälenden Gedanken lockert sich, das Denken gerät in Fluss, irgendwann reißen die Gedanken mit einem aus, und im besten Fall entsteht allmählich ein neues Bild vom eigenen Leben im Kopf. Und dann: Die tägliche Schinderei lenkt vom eigenen Unglück ab. Das Ausschreiten in der freien Natur wird ohnehin als befreiend empfunden. Und mit den verschiedenen Lebens- und Leidensgeschichten, die man im Laufe der Zeit zu hören bekommt, locken die Weggefährten einen ebenfalls aus seinem Käfig heraus. Kurz: Man hört auf, um sich selbst zu kreisen. All das stimmt. Und doch gibt es in Brunos Geschichte einen Punkt, der über diese praktischen Vorzüge des Pilgerns hinausweist. Einen Punkt, den er selbst in einer Nebenbemerkung so formuliert hat: «Ich wollte einfach mal in eine andere Welt kommen.»

Und darum eben geht es beim Pilgern, vor allem anderen und auch heute noch: um einen Aufbruch und Ausbruch aus seiner alten Welt, einen – wenn auch nur vorübergehenden – Bruch mit ihren Gewohnheiten, ihren Bequemlichkeiten, ihren Bindungen und Verpflichtungen, einen Ausstieg aus den geordneten oder ungeordneten Verhältnissen seines alltäglichen Lebens, auch ein einstweiliges Ausscheiden aus seiner Zeit mit ihren schnellen Antworten und schnellen Lösungen und schnellen Ortswechseln. Pilgern setzt mithin den Mut voraus, ein Experiment mit sich selbst zu wagen. Und das ist ein durch und durch christlicher Mut.

Die Pilger des Mittelalters mussten Abschied nehmen von allem, was ihnen vertraut war. Monatelang, manchmal jahrelang waren sie unterwegs, wenn sie nach Rom, Santiago de Compostela oder Jerusalem pilgerten, und in dieser Zeit führten sie ein anderes, ein unstetes und unsicheres Leben, stechender Sonne oder strömendem Regen ausgesetzt, Halsabschneidern, Wegelagerern oder einer feindseligen Bevölkerung ausgeliefert. Die Pilgerführer jener Zeit sind gespickt mit Warnungen; bisweilen raten sie sogar, genau benannte Herbergen zu meiden, weil man als Pilger dort ausgeplündert werde. Kurzum: Pilgern war riskant, und die Gefahr, niemals anzukommen, real. Man entschloss sich damals also zu einem radikalen Ausstieg auf Zeit mit ungewissem Ausgang, und ein Hauch dieser Radikalität ist noch in den Geschichten moderner Pilger wie Bruno zu verspüren, der immerhin mehr als drei Monate lang mit dem Ausstieg aus dem gewohnten Leben Ernst gemacht hat.

Wenn wir den Bogen jetzt etwas weiter spannen, kommen wir schnell zu den großen Heiligengestalten Europas. Denn in der Geschichte des Christentums war es oft so: Wer etwas verändern, grundsätzlich verändern wollte, der begann mit sich selbst. Der setzte sein altes Leben nicht fort, der ging auf Distanz zu seiner Zeit, ließ vieles oder alles hinter sich, brach die Brücken zu seinem bisherigen Dasein ab. Er hatte den Mut zum Experiment mit sich selbst.

Ausgestiegen ist der heilige Franz von Assisi, einer der großen Revolutionäre des Christentums, der von sich gesagt hat: «Ich bin aus meinem Jahrhundert ausgetreten.» Da ist es, das Pilgermotiv des Ausbruchs – den heiligen Franz hat es dazu geführt, sich so konsequent der Liebe Gottes auszuliefern wie kaum ein anderer. Mit seiner Zeit gebrochen hat auch der heilige Benedikt von Nursia, der Gründer unseres Ordens. Von Rom, wo er im 5. Jahrhundert als junger Mann studierte, zog er sich in die unwirtliche Einsamkeit der Sabiner Berge zurück und lebte dort drei Jahre lang als Eremit in einer Grotte, bevor er eine Reihe von Klöstern ins Leben rief, jedes davon als Gegenwelt gedacht, als Gegengewicht zu dem, was sich an Verrohung und Lieblosigkeit innerhalb der Zivilisation seiner Epoche ausbreitete. Man könnte die Liste der christlichen Aussteiger beliebig fortsetzen. Und bei allen würde man auf eine Antriebskraft stoßen, die die erstaunliche Radikalität ihres Bruchs mit dem Altbekannten und allseits Üblichen erklärt: Um der Liebe und um der Wahrheit willen machten sie nicht mehr mit. Um der Liebe und der Wahrheit willen lösten sie sich aus den Zwängen der Zeit, der herrschenden Verhältnisse, des herrschenden Denkens.

Schließlich ist auch jeder Mönch ein Aussteiger. Das Leben im Kloster ist ein ständiger Ausstieg, und als Mönch bin ich zeitlebens in der Situation des Pilgers, der seine Familie, seine Freunde, seine Verwandtschaft zurücklässt, vieles aufgibt, was für ihn selbst einmal zum Leben gehört hat, und täglich aufbricht, um etwas Größeres zu finden. Es fällt mir daher nicht schwer, mein ganzes Leben als Pilgerreise zu verstehen – meinen Wechsel in die Welt des Klosters vor langer Zeit, die Stationen und Begegnungen auf meinem Weg als Mönch und Abt und all die anderen Erfahrungen, die man macht, wenn man ein Ziel vor Augen hat.

Von dieser lebenslangen Pilgerreise möchte ich in diesem Buch einiges erzählen. Darüber hinaus werde ich andere Pilger mit ihren Erlebnissen zu Wort kommen lassen, Stimmen aus der Vergangenheit und Stimmen aus der Gegenwart, und irgendwann wird auch Bruno mit seiner ganzen Geschichte an der Reihe sein. All diese Zeugen haben es auf den Pilgerwegen Europas weiter gebracht als ich, denn nach meinem Eintritt ins Kloster blieb mir zum Pilgern kaum noch Zeit – wenn man die zahllosen Reisen, die ich als Erzabt von Sankt Ottilien und später als Abtprimas in alle Welt unternommen habe, nicht als eine weitere Form der Pilgerreise gelten lassen will (Papst Johannes Paul II. hat seine Reisen so verstanden, und Benedikt XVI. tut es auch). Nach Santiago de Compostela wäre ich gern gepilgert, hatte es mir für den Herbst des Jahres 1977 auch fest vorgenommen. Da wurde ich im Oktober zum Erzabt gewählt, und mit Plänen dieser Art war es vorbei.

Die abenteuerlichsten Erfahrungsberichte in diesem Buch stammen, wie nicht anders zu erwarten, aus dem späten Mittelalter, nämlich von einem niederrheinischen Ritter und einer Engländerin. Der Ritter ist Arnold von Harff, der 1496 zu einer Pilgerfahrt nach Jerusalem aufbrach und unterwegs ein ungebührlich reges Interesse für die muslimische Welt des Vorderen Orients entwickelte. Die Engländerin ist Margery Kempe, die 1413 eine Reise ins Heilige Land antrat und unter dramatischen Umständen schließlich bis nach Santiago de Compostela gelangte. In ihren jeweiligen Aufzeichnungen treten ihre Motive übrigens deutlich zutage, und es zeigt sich wieder einmal, wie unterschiedlich auch damals schon die Beweggründe für eine solche Pilgerfahrt waren: Neugier und Abenteuerlust dürften für Arnold von Harff den Ausschlag gegeben haben, während Margery Kempe offenkundig Glaubenserfahrungen und fromme Ekstase suchte. Solche Augenzeugenberichte sind für uns nicht zuletzt deshalb wertvoll, weil sie uns verraten, in welche Tradition wir uns als Pilger heute stellen.

Ich will aber nicht allein auf die großen, klassischen Pilgerziele eingehen. Auch unbekanntere Pilgerorte haben ihre bisweilen dramatische Geschichte – das Örtchen Wilsnack an der Elbe ist ein Beispiel dafür. Auch Wallfahrten zu Pilgerstätten außerhalb Europas, in Afrika und Lateinamerika, sollen in dieses Buch einfließen, die Wallfahrten zu den heiligen Stätten des christlichen Äthiopiens etwa und die große Indiowallfahrt zum schwarzen Christus von Tila in Südmexiko. Sie können uns eine Ahnung davon vermitteln, mit welcher Inbrunst das Pilgern einst auch bei uns betrieben wurde, welche Massen ein Heiliger zu mobilisieren vermochte. Und schließlich will ich nicht vergessen, dass Pilgern keine christliche Besonderheit ist. Es muss ein menschliches Grundbedürfnis sein, an heiligen Orten die Präsenz des Göttlichen zu verspüren, denn fast jede Religion kennt Wallfahrten zu solchen Orten – die Hadsch nach Mekka ist nur die bekannteste davon. All diese Beispiele, Berichte und Zeugnisse aus der Welt des Pilgerns werden uns immer wieder Gelegenheit bieten, tiefer in das Geheimnis des Pilgerns einzudringen. Was Sie auf den folgenden Seiten erwartet, sind also, kurz gesagt, Pilgererfahrungen aus mehr als anderthalb Jahrtausenden und Lebenserfahrungen aus neunundsechzig Jahren.

2. «Da zog Abraham aus, wie der Herr zu ihm gesagt hatte»

Ist der Weg wirklich das Ziel?

Ich erinnere mich, die ersten Pilger meines Lebens schon als Kind gesehen zu haben. Damals, nach Kriegsende, nahmen die Bewohner der abgelegenen Höfe und Ortschaften bei uns im Allgäu nämlich bis zu zwei Stunden Fußmarsch in Kauf, um am Gottesdienst in unserer Kirche teilzunehmen. Auch im Winter, bei tiefem Schnee. Sonntag für Sonntag machten sie alle eine kleine gemeinsame Wallfahrt zur Messe. So kommt es mir jedenfalls heute vor.

Denn Laufen kann durchaus ein Akt der Frömmigkeit sein. Ich glaube nämlich, dass es so etwas wie eine Frömmigkeit des Körpers gibt. Vielleicht fällt mir diese Sichtweise leichter als evangelischen Christen, weil der Glaube für Katholiken nicht allein eine Angelegenheit des Herzens oder des Kopfes ist. Der katholische Ritus bezieht von jeher den ganzen Menschen in die Religionsausübung ein; auch der Körper ist stets beteiligt. Sich bekreuzigen, sich verneigen, das Knie beugen, in die Knie gehen, sich erheben und stehend einer Evangeliumslesung folgen, sich niederwerfen – all dies sind körperliche Ausdrucksformen des Glaubens, wie sie übrigens jede alte Religion kennt. Muslime zum Beispiel werfen sich beim Beten zu Boden und berühren ihn mit der Stirn. In der orthodoxen Kirche Äthiopiens tanzen die Diakone während des Gottesdiensts zum

Rhythmus von Trommeln. Und in allen orthodoxen Kirchen wird dem Körper einiges abverlangt, wenn sich ein Gottesdienst stundenlang hinzieht und die Gläubigen unterdessen kaum zum Sitzen kommen. Alte Religionen gehen gewissermaßen in Fleisch und Blut über, das heißt: Man spürt sie auch in den Knochen. Beim Katholizismus ist das nicht anders.

Beobachten Sie nur einmal unsere Mönche in einem beliebigen Kloster dieser Welt beim Chorgebet. Eigentlich ist es eine ruhige Angelegenheit, dieses Chorgebet. Aber schon hier gibt es eine Verbindung von seelischer und körperlicher Bewegung. Leib und Seele wenden sich Gott gleichermaßen zu, wenn wir jeden Psalm mit einem «Ehre sei dem Vater» beenden und dazu aufstehen und uns verbeugen, bevor wir uns wieder setzen. Diese Bewegung wird natürlich individuell vollzogen, von jedem Einzelnen, aber es ist auch eine gemeinschaftliche Bewegung, die unserem Zusammenhalt im Glauben sichtbaren und spürbaren Ausdruck verleiht. Ähnliches geschieht bei jeder Messe: die Kniebeuge vor dem Altar beim Betreten einer Kirche, das Kreuzeszeichen, das Aufstehen und Niederknien im Verlauf eines Gottesdiensts – all dies sind Handlungen, durch die der Mensch auch äußerlich kundtut, dass er Gott Ehre erweist.

Das eindrucksvollste Zeichen der Ehrfurcht und Demut ist zweifellos die Niederwerfung. Wir begegnen ihr in vielen Religionen – der Islam kennt sie, der Buddhismus kennt sie, und auch die katholische Liturgie sieht zu besonderen Gelegenheiten die Niederwerfung vor: Bei Priester- und Bischofsweihen strecken sich die Kandidaten während der Allerheiligenlitanei der Länge nach auf dem Boden aus, und dasselbe geschieht, wenn unsere Mönche ihre ewigen Gelübde ablegen. Auch der Priester legt sich am Beginn der Karfreitagsliturgie zum stillen

Gebet nieder, um Gott seine völlige Hingabe zu bezeugen. Allein die Majestät Gottes rechtfertigt für Christen einen derartig spektakulären Akt der Unterwerfung.

Noch ganz andere Kombinationen von Glaube und körperlicher Bewegung ergeben sich, wenn wir den Schritt aus der Kirche hinaus ins Freie tun. Die katholische Christenheit hat diesen Schritt immer wieder gemacht, von frühester Zeit an, zum Beispiel in der Form feierlicher Prozessionen. Damit nähern wir uns dem Pilgern, auch wenn Prozessionen nur eine Sache von Stunden sind, einen streng geregelten Ablauf haben und zumeist nach einem bestimmten Anlass verlangen – so wie die Bittprozession zum Fest des heiligen Markus. Oder die Bußprozessionen am Karfreitag, die bis heute mit großem Aufwand in den Städten Andalusiens begangen werden. Oder die Prozession am Palmsonntag, die an den Einzug Jesu in Jerusalem erinnert. Und natürlich die Fronleichnamsprozession, die vielerorts durch die Straßen einer Stadt und weit hinaus über die Felder führt.

Man darf solche Prozessionen nicht als frommes Schaulaufen missverstehen. Sie sind spirituelle Kraftquellen. Es gibt in der Geschichte ein berühmtes Beispiel für die Wirkung einer Prozession, und zwar vom Ende der Antike, als die Römer den Untergang ihrer Stadt vor Augen hatten. Rom wurde damals von den Langobarden bedroht, in allen Straßen kampierten Bettler und Gestrandete – und obendrein hatte ein Tiberhochwasser eine verheerende Seuche ausgelöst. In dieser verzweifelten Lage bestieg Gregor der Große (590–604) den Stuhl Petri. Er muss sich als Erstes gefragt haben, wie dieser sterbenden Stadt neuer Lebensmut einzuflößen wäre, denn kaum gewählt, veranstaltete er eine große Bittprozession durch ganz Rom. Vielleicht hatten die Bürger danach den

Eindruck, mit diesem Papst sei etwas in Bewegung gekommen. Jedenfalls trat ein, was sich Gregor der Große von dieser Prozession erhofft haben wird: Die Römer überwanden ihre Niedergeschlagenheit und schöpften wieder Hoffnung. Sie hatten sich – betend und singend – buchstäblich ein neues Selbstvertrauen erlaufen. Dafür sind Prozessionen also allemal gut: Sie heben die Moral und stärken den Gemeinschaftssinn.

Die Prozession ist, wohlgemerkt, keine christliche Erfindung. Religiöse Umzüge gab es bereits im Alten Rom wie in der ganzen Welt der heidnischen Antike, und eine christliche Abwandlung davon dürften auch die Stationsgottesdienste sein. Angeführt vom Papst, ziehen Geistliche und Gläubige dabei in der Fastenzeit von einer der vierzig Stationskirchen Roms zur anderen, nach einer feststehenden Reihenfolge. Ausgangspunkt dieser Wandergottesdienste war früher die Basilika Santa Sabina auf dem Aventin, eine der ältesten Kirchen Roms. Johannes XXIII. hat das geändert: Seither beginnen sie nur wenige hundert Meter von Santa Sabina entfernt in Sant'Anselmo, dem Hauptsitz des Benediktinerordens. Ich erlebe mithin alljährlich, wie der Papst bei uns empfangen und eingekleidet wird, in unserer Klosterkirche den Bußakt der Messe eröffnet und anschließend mit der ganzen Versammlung weiterzieht nach Santa Sabina, die Allerheiligenlitanei auf den Lippen. Dort wird der Gottesdienst dann fortgesetzt.

Halten wir also fest: Seit alter Zeit und nicht allein im Christentum geht die Anbetung Gottes mit Bewegung einher, vollzieht der Körper mit, was in der Seele vor sich geht. In jeder dieser Bewegungen, von der kurzen Verbeugung unserer Mönche am Ende eines Psalms im Chorgebet bis zum Stationsgottesdienst, der durch halb Rom führt, erblicke ich eine Frömmigkeit des Körpers – und damit Vorstufen des Pilgerns.

Und so wie diese körperlichen Ausdrucksformen für religiöse Regungen der Seele über die ganze Erde verbreitet sind, kennt auch das Verlangen, heilige Orte aufzusuchen, keine kulturellen Grenzen. Ja, fast sieht es so aus, als sei die Pilgerreise das eigentliche gemeinsame Merkmal aller großen Religionen dieser Welt, so unterschiedlich sie sonst sein mögen.

Schauen wir uns um: Schon die Mayas in vorkolumbianischer Zeit unternahmen lange Pilgerreisen zu heiligen Stätten – zur Pyramide von Izamal etwa oder zum Cenote von Chichén Itzá, einem kreisrunden Kratersee, in dem Spuren von Menschenopfern gefunden wurden. Juden aus dem gesamten Mittelmeerraum pilgerten bis zur Zerstörung des Tempels im Jahr 70 n. Chr. anlässlich der drei großen Feste des Jahres nach Jerusalem – von dieser Tradition ist der Besuch der Klagemauer übrig geblieben. Muslime begeben sich wenigstens einmal im Leben nach Mekka, dem Ort der Offenbarung an den Propheten Mohammed, suchen darüber hinaus aber auch zahlreiche andere Stätten auf, an denen die Gräber der Gefährten Mohammeds verehrt werden. Hindus pilgern seit mehr als zweitausend Jahren zu heiligen Orten wie Benares (heute: Varanasi) am Ganges und Allahabad, am Zusammenfluss von Ganges und Yamuna gelegen. Und der früheste buddhistische Pilgerbericht stammt aus dem 3. Jahrhundert vor Christus, eine Felseninschrift, die von einer Wallfahrt nach Bodh Gaya erzählt, dem Ort der Erleuchtung Buddhas. Es lässt sich wohl tatsächlich so sagen: Die Gestalt des Pilgers verbindet die Religionen dieser Erde. Es ist eine wahrhaft universelle Gestalt.

Und eine zeitlose dazu. Wie weit müssen wir zurückgehen, um auf jenen Menschen zu stoßen, der für Juden, Christen und Muslime zum Urbild des Pilgers geworden ist? Bis zu einer Geschichte, die man sich seit mehr als dreitausend Jahren erzählt. Bis zu Abraham, dem Mann aus Ur in Chaldäa.

«Und der Herr sprach zu Abraham: Geh aus deinem Vaterland und von deiner Verwandtschaft und aus deines Vaters Haus in ein Land, das ich dir zeigen will. Und ich will dich zu einem großen Volk machen und dich segnen und dir einen großen Namen machen, und du sollst ein Segen sein … Da zog Abraham aus, wie der Herr zu ihm gesagt hatte …» So beginnt diese Geschichte, nachzulesen im 12. Kapitel des Buchs Genesis. Und schon dieser Anfang enthält im Kern alles, was einen Menschen zum Pilger macht.

Gott ruft zum Aufbruch, und Abraham trennt sich von allem, was ihm lieb und teuer ist, was seine Identität bis dahin ausgemacht hat. Gott gibt ihm sein Versprechen, und Abraham lässt sich auf das große Experiment ein und bricht tatsächlich auf. Dabei hat er wenig in der Hand. Unklar, welcher Weg nun vor ihm liegt, das Ziel in weiter Ferne und er selbst von nun an ein Fremder, der alle Bindungen aufgegeben hat. Alle, bis auf die zu diesem Gott mit seinem Plan. Aber er setzt darauf, dass das Ziel den Verlust der Heimat und die Mühen des Weges lohnt. Und er vertraut darauf, dass Gott Wort hält. Künftig muss er sich allein von seinem Glauben leiten lassen. Sein ganzes Leben wird dadurch zur Pilgerreise und Abraham zum Vorbild aller, die in viel späteren Zeiten nach Jerusalem, nach Rom oder Santiago aufbrechen.

Abraham ist aber nicht nur der erste Pilger. Er ist gleichzeitig der erste Mensch. Der erste Mensch mit unverwechselbaren Zügen, eigener Lebensgeschichte und individuellem Charakter, der uns in der Bibel entgegentritt. Er ist keine schattenhafte Gestalt wie Adam oder Noah, kein bloßer Name, der einem Menschheitsschicksal angeheftet wird. Er ist ein Mensch aus Fleisch und Blut, der gestaltend, mitgestaltend in die Geschichte eingreift, der Erfahrungen macht und dessen Erfahrungen zählen. Kurz – er ist ein Individuum. Und wenn ich die Botschaft dieser Geschichte richtig verstehe, dann lautet sie: Der Mensch, der auf dem Weg zu Gott ist, findet unterwegs sich selbst. Leben ist Pilgern. Nur wer sich als Pilger begreift, vermag seine Möglichkeiten, sein Entwicklungspotenzial als Mensch voll auszuschöpfen. In dieser alten Geschichte wird also ein sehr modernes Problem behandelt, das der Selbstverwirklichung nämlich. Und die gelingt nur dem, der aus der Sicherheit eines geordneten Lebens ausbricht und bereit ist, im Vertrauen auf Gott ein Experiment mit sich selbst zu wagen.

Das Thema der Selbstverwirklichung wird im Alten Testament später erneut aufgegriffen – und zwar im Zusammenhang mit Mose, ebenfalls ein Prototyp des Pilgers. Doch diesmal geht es nicht allein um die innere Entwicklungsgeschichte eines einzelnen Menschen, diesmal geht es darüber hinaus um die Selbstverwirklichung eines ganzen Volkes. Alles hat in dieser Geschichte eine andere Dimension. Waren die Umstände von Abrahams Aufbruch unspektakulär, sind sie nun dramatisch: Dem Auszug der Israeliten aus dem «Sklavenhaus» Ägypten geht eine Reihe von Plagen voraus, die den Widerstand des Pharaos nur allmählich brechen. Und als sich die Israeliten endlich doch in die Freiheit aufmachen, setzt ihnen die Streitmacht der Ägypter nach – nur die berühmte Teilung der Wasser rettet sie davor, im letzten Moment noch niedergemetzelt zu werden. Ein Ende der Schrecken aber ist nicht in Sicht. Die Wüste erwartet sie, Hunger und Durst quälen sie, und kein Gelobtes Land weit und breit. Und jetzt, im Nachhinein erst, wird dieses Ägypten, dem sie erleichtert den Rücken gekehrt haben, zur schmerzlich vermissten Heimat. Warum noch länger in der Wüste umherirren? Die Freiheit kann warten, solange der Bauch für die «Fleischtöpfe Ägyptens» plädiert. Weiß ihr Führer, dieser Mose, überhaupt, was er will? Wohin die Reise geht? Und ob ein Ende absehbar ist?

Nein, das weiß auch er nicht so genau. Wie Abraham hat auch Mose nur die Zusicherung Gottes, dass das ferne, nie geschaute Ziel alle Entbehrungen lohnt. Aber er macht in diesen vierzig Jahren Wüstenwanderung eine Erfahrung, die heutigen Pilgern ebenfalls nicht unbekannt ist: Man mag sich von der Ankunft noch so viel versprechen, manchmal möchte man aufgeben, sich in den nächsten Autobus, den nächsten Zug setzen – und dann nichts wie zurück in die Bequemlichkeit des alten Lebens. Pilgern ist kein Spaziergang, und auch wir Mönche kennen diese Versuchung, die Sehnsucht nach den Fleischtöpfen Ägyptens. Was Mose zu einem Urbild des Pilgers macht, ist eben auch diese Erfahrung: wie viel Ausdauer, Selbstüberwindung und Geduld dazugehören.

Und dann täuscht man sich bisweilen im Ziel. Man bricht auf und glaubt, anzukommen sei alles. Von einem «Gelobten Land», wo Milch und Honig in Strömen fließen, hatte Mose gesprochen, von einer neuen, sicheren Heimat und einem Leben in Freiheit. Verständlich, dass es den Israeliten nicht schnell genug gehen kann. Doch einstweilen sind sie noch gar nicht reif dafür. Noch haben sie die Mentalität von Sklaven. Noch sind sie gewohnt, Befehle auszuführen. Noch haben sie gar kein Bewusstsein dafür, ein Volk zu sein und was es bedeutet, in Freiheit zu leben. Auf ihrem mühseligen vierzigjährigen Weg durch die Wüste aber lernen sie genau dies, nämlich in Absprache mit Gott ihr Schicksal als freie Menschen in die eigenen Hände zu nehmen. Verantwortung zu tragen. Erst dann kann das Wagnis der Freiheit gelingen. Erst dann können sich die Verheißungen erfüllen, die an das ersehnte Ziel geknüpft sind.

Es ist die Geschichte der allmählichen Selbstverwirklichung eines ganzen Volkes, die hier im 2. Buch Mose erzählt wird. Eine Geschichte von Rückschlägen und Verzagtheit und Durchhaltewillen und Unbeirrbarkeit – und deshalb auch eine Geschichte von nie verblassender Strahlkraft. Sie berührt Menschen noch heute. Martin Luther King zum Beispiel beschwor das biblische Vorbild der geprüften Wüstenpilger als Gleichnis für den langwierigen Befreiungskampf der schwarzen Bevölkerung Nordamerikas. Und auf dem Zweiten Vatikanischen Konzil hat die katholische Kirche ihre eigene Situation ebenfalls im Wüstenzug der Israeliten wiedererkannt und sich selbst als wanderndes Gottesvolk beschrieben.

Zwei Urtypen des Pilgers also, Abraham und Mose – wobei wir das Volk Israel als Ganzes noch mit hinzurechnen können. Sie folgen dem Ruf Gottes, und das Wandern in der Fremde wird für sie zur Berufung. Doch vielleicht fragt man sich jetzt: Was bedeutete ihnen die göttliche Verheißung überhaupt, diese doch ziemlich vage Aussicht, irgendwann irgendwo anzukommen? War das Ziel nicht im Grunde recht belanglos für sie? Haben sie nicht alle entscheidenden Erfahrungen bereits auf ihrem Weg gesammelt? Trifft also auch aufs Pilgern jene fernöstliche Weisheit zu, die für heutige Jakobspilger nachgerade zur Devise, zum Pilgermotto geworden ist: Der Weg ist das Ziel?

Auf das Ziel käme es demnach gar nicht an?

Lassen Sie mich dazu eine eigene Geschichte erzählen.

Es war nach meinem Abitur im Sommer 1961, als ich mit einem Freund die erste längere Pilgerfahrt unternahm. Gemeinsam waren wir zuvor auf Wallfahrt nach Altötting gegangen, gemeinsam hatten wir auch den Plan gefasst, demnächst ins Kloster einzutreten. Nun wollten wir die verbleibende Zeit zu einer – womöglich letzten – Pilgerreise nutzen. Nein, eine richtig große Sache hatten wir auch diesmal nicht im Sinn. Uns blieben nur zehn Tage, und zu Fuß beabsichtigten wir diese Reise auch nicht zu machen, wenn es sich irgend einrichten ließ. Aber auf Entbehrungen waren wir gefasst, denn eigentlich konnten wir uns die Fahrt gar nicht leisten – mein Etat belief sich auf ganze fünfzig Mark, bei meinem Freund sah es nicht viel besser aus. Los wollten wir dennoch, und zwar nach Frankreich, denn wir begeisterten uns damals für einen Heiligen aus jüngerer Zeit, und das war der Pfarrer von Ars. Aus durchaus unterschiedlichen Gründen übrigens. Mich faszinierte die ungeheure missionarische Wirkung, die dieser Mann als kleiner Dorfpfarrer in den verworrenen Zeiten nach der Französischen Revolution entfaltet hatte. Meinen Freund dürfte dagegen eher beeindruckt haben, dass es der Pfarrer von Ars trotz größter Lernschwierigkeiten bis zum Priester gebracht hatte. Denn ihm selbst ging es ähnlich, auch er hatte sein Abitur nur unter großen Anstrengungen geschafft und blickte seinem Studium nun mit einiger Sorge entgegen. Und da der berühmte Marienwallfahrtsort La Salette in erreichbarer Nähe von Ars lag, sollte uns die Reise auch dorthin führen, hoch in die Berge von Grenoble.

Meine fünfzig Mark reichten gerade für unsere Zugfahrt von München nach Genf. Es war also nicht daran zu denken, nach unserer Ankunft dort erst einmal essen zu gehen und anschließend ein Hotelzimmer zu nehmen, aber derartige Verstiegenheiten kamen uns ohnehin nicht in den Sinn. Mein Freund hatte in der Metzgerei seiner Tante eine große Salami abgestaubt, und in meinem Matchsack steckte ein ordentlicher

Klumpen Pumpernickel zwischen der Wäsche. Das würde eine Weile vorhalten, zu hungern brauchten wir also einstweilen nicht. Und eine passende Unterkunft fand sich nach einigem Suchen auch: im Cercle d'Espérance, einem Obdachlosenheim, wo wir auf Strohsäcken nächtigten. Nun, wir waren nicht verwöhnt. Meinen Fotoapparat, ein ziemliches Ungetüm, deponierte ich in einer Kuhle im Stroh und legte mich sicherheitshalber drauf.

Am nächsten Morgen ging es mit dem Zug nach Grenoble, und jetzt war auch mein Freund so gut wie pleite. Immerhin, zwei Etappen waren geschafft, und bis nach Gap würden wir uns schon durchschlagen, jenem Städtchen am Fuß des Berges, auf dessen Gipfel La Salette in tausendachthundert Metern Höhe liegt. Wir liefen los, gelangten zu einer Ausfallstraße und versuchten zu trampen, aber kein Mensch hielt an. Es war zum Verzweifeln. Die Sonne brannte, und vier Stunden lang rauschte ein Auto nach dem anderen an uns vorbei. Endlich, schon gegen Abend, stoppte ein Citroën 2CV. Am Steuer saß ein Jesuit, auf allen Sitzen stapelten sich Gesangbücher, wir machten uns dazwischen klein, und so erreichten wir Gap.

Nun begann der Aufstieg. Zu Fuß. Bis zum Kloster von La Salette mussten wir es an diesem Tag schaffen. Gottlob ahnten wir nicht, was uns bevorstand. Anfangs noch frohgemut, folgten wir einem Fußweg, der ständig mehr oder weniger steil bergauf lief und uns nach einer Stunde zu einer Ansammlung ärmlicher Gehöfte führte. Dort kamen uns im letzten Tageslicht zwei alte Bauersleute mit ihren beiden Kühen entgegen, und die drängten uns nun, unter ihrem Dach einzukehren. Kurz darauf fanden wir uns in einem alten Haus aus nackten Bruchsteinen wieder, das aus zwei Zimmern bestand – eins für die beiden Alten und eins für ihre zwei Kühe –, und jeder von uns hielt eine Schale frisch gemolkener Milch in der Hand. Später wies uns der Bauer den Weg, wir schulterten unsere Matchbeutel und marschierten weiter.

Die Nacht brach herein. Wir hatten Glück, es war eine klare Vollmondnacht, und der Bergpfad zeichnete sich im Mondschein vor uns ab, doch der Aufstieg war qualvoll und wollte kein Ende nehmen. Ich erinnere mich, dass mein ganzer Körper schmerzte. Irgendwann war ich so erschöpft, dass mir die Tränen kamen. Mit letzter Kraft erreichten wir gegen zweiundzwanzig Uhr die Grotte in dem schmalen Tal unterhalb von La Salette, also jenen Ort, an dem die Muttergottes 1846 den Hirtenkindern Melanie Calvat und Maximin Giraud erschienen war. Das wunderbare Geschehen war in dieser Grotte mit Figuren nachgestellt, der Schein brennender Kerzen erhellte die Szene, und davor betete ein Pater. Er hatte keine gute Nachricht für uns. Nein, sagte er, es gebe keinen Platz mehr, alle Betten der Klosterherberge seien mit Pilgern belegt. Nichts zu machen. Das hatte uns noch gefehlt.

Zu guter Letzt kamen wir aber doch im Kloster unter. Der freundliche Pater richtete uns in einem Gang ein provisorisches Matratzenlager her, und da schliefen wir tief und fest, bis in der Frühe die Patres auf dem Weg zum Morgengebet über uns stolperten. Etwas später, beim Frühstück im Speisesaal, erregten wir mit unserem Pumpernickel das Mitleid der französischen Pilger. Jemand steckte uns ein ganzes Baguette zu, und dasselbe erlebten wir auch in den folgenden zwei Tagen – jedes Mal fand sich einer, der uns mit Weißbrot versorgte. Franzosen könnten einfach nicht mit ansehen, wie jemand ordinäres Schwarzbrot isst, wurde uns erklärt. Nach der vorangegangenen Quälerei empfanden wir solche Freundlichkeit doppelt und dreifach wohltuend.

Gut, wir beteten, wir machten unsere privaten Exerzitien, wir nahmen an der nächtlichen Lichterprozession zur Grotte teil, und am dritten Tag wollten wir weiter, nach Ars. Bloß wie – abgebrannt, wie wir waren? Wir strolchten also um die Pilgerbusse herum, fragten die Fahrer aus, hatten auch bald Glück und saßen wenig später in einem Bus voller alter Damen aus Paris, die ganz begeistert waren, nun zwei angehende Benediktiner bei sich zu haben. Dann geschah etwas, was wir bescheidenen Pilger uns niemals hätten träumen lassen. In Lyon angekommen, ließen die Damen vor einem Restaurant anhalten, und wir erlebten zum ersten Mal, was man in Frankreich unter einem Mittagessen versteht. Ich erinnere mich an Leberpastete, ich sehe noch Lammkoteletts und Salat vor mir, ich habe auch noch die strahlende Miene meines Freundes vor Augen – kurz, wir waren eingeladen und haben richtig geschlemmt. Für unsere Pariserinnen war ein mehrgängiges Menü natürlich nichts Besonderes, aber Neulingen wie uns, gerade mal einundzwanzig Jahre alt und nie aus Deutschland herausgekommen, verschlug es schier die Sprache.

In Ars verabschiedeten wir uns von unseren Wohltäterinnen. Wir waren am Ziel, wir stiegen aus, wir schauten uns um. Die Obdachlosenunterkunft nannte sich hier Maison de Providence. Sie war die einzige Bleibe, die für uns in Betracht kam, doch nicht einmal dort hätten wir die Übernachtung bezahlen können, wäre uns nicht rechtzeitig eine Dame aus Hamburg über den Weg gelaufen. Die war dermaßen erfreut, in Ars auf zwei junge deutsche Pilger zu treffen, dass sie uns zehn Mark in die Hand drückte. Damit waren wir fürs Erste gerettet.

Und nun zum Pfarrer von Ars. Wir wollten ja beide Priester werden, Mönche und Missionare. Wir träumten beide davon, die große missionarische Tradition unseres Ordens fortzusetzen. Benediktinermönche hatten im frühen Mittelalter halb Europa missioniert und zivilisiert. Benediktinermönche waren im frühen 20. Jahrhundert nach Afrika, China und Korea aufgebrochen und hatten dort Klöster, Hospitäler und Schulen gebaut. Das waren unsere Vorbilder. In deren Fußstapfen wollten wir treten. So dachte ich, so dachte mein Freund. Und nun standen wir hier in Ars an der einstigen Wirkungsstätte eines Mannes, der als Priester und Prediger Furore gemacht hatte. Kein brillanter Intellektueller, sondern ein schlichter Landpfarrer, als Student ein Versager, rhetorisch nicht einmal sonderlich begabt und in diesem abgelegenen Winkel Frankreichs überdies auf verlorenem Posten – nach menschlichem Ermessen. Und dennoch schon zu Lebzeiten eine legendäre Gestalt.

Als Jean-Marie Vianney, wie er hieß, seine Pfarrstelle im Jahr 1818 antrat, zählte Ars nicht mehr als zweihundertdreißig Seelen. Es gab vier Wirtshäuser, in denen Schnaps und Bier in Strömen floss, und eine verwahrloste Kirche, in der sich auch sonntags kaum jemand blicken ließ. In Ars wurde gesoffen und getanzt, nicht gebetet. Und im Rausch wurde geprügelt und gehurt. Vianney begann zu predigen. Anfangs vor leeren Bänken. Dann vor dem versammelten Dorf. Und zweiundzwanzig Jahre später musste ein täglicher Postkutschendienst zwischen Lyon und Ars eingerichtet werden, nur zur Beförderung der Pilger, die den Pfarrer von Ars erleben wollten. Es musste auf dem Bahnhof von Lyon sogar ein eigener Schalter eröffnet werden, an dem ausschließlich Fahrkarten nach Ars verkauft wurden.

Die Wirtshäuser von Ars verwandelten sich in Pilgerherbergen. Bis zu sechzehn Stunden täglich verbrachte Jean-Marie Vianney jetzt im Beichtstuhl, um der Massen der Beichtwilligen Herr zu werden, und trotzdem mussten die Leute oft tagelang ausharren, bevor die Reihe an sie kam. Es geschahen auch immer wieder Wunder und Heilungen, die ihm, dem Pfarrer von Ars, ganz gegen seinen Willen zugeschrieben wurden. Personenkult war ihm zuwider. Um von sich abzulenken, schaffte er eine Reliquie der heiligen Philomena an und schob alle Wunder auf sie. Man geht von achtzigtausend Pilgern pro Jahr gegen Ende seiner Lebenszeit aus. 1859 starb der Pfarrer von Ars. Zum Pfingstfest 1925 wurde er heiliggesprochen. Und vier Jahre später rückte er zum Patron aller Pfarrer der Welt auf.

Wie gesagt, wir beide waren von diesem Mann unheimlich beeindruckt. Von seiner Schlichtheit, seiner Glaubwürdigkeit, seiner Selbstlosigkeit, seiner urmenschlichen Frömmigkeit. Der Pfarrer von Ars hatte nichts Heroisches oder Überwältigendes. Seine Predigten waren derb und unverblümt. Aber der Mensch braucht eben nicht nur die hohe Theologie. Oft hilft uns das Beispiel einer zupackenden, geradlinigen Frömmigkeit viel weiter. Es mag etwas sonderbar klingen, wenn ich heute sage: Ich war nach Ars gekommen, um mich von der Art dieses Heiligen anstecken zu lassen, aber ich glaube, das trifft meine damalige Gemütslage. Und mein Freund hatte sich diesen Schulversager sogar zum Schutzpatron erkoren – auch er war kein Überflieger, auch er hatte sich als Schüler furchtbar schwergetan und erhoffte sich von unserer Reise den Beistand des Heiligen für sein Studium.

Und deshalb standen wir an jenem Tag ergriffen vor dem gläsernen Sarg mit dem unverwesten Leichnam Jean-Marie Vianneys in der Kirche von Ars. Deshalb sprachen wir dort vor dem Altar Gebete, in denen es um unsere Zukunft als Mönche und Missionare, um unsere Hoffnungen und Befürchtungen ging. Deshalb waren wir überglücklich, in dieser Kirche am nächsten Tag dem Pfarrer als Messdiener zur Hand gehen zu dürfen. Und als wir das kleine Museum im ehemaligen Pfarrhaus von Ars besuchten, fanden wir selbst die Brandspuren noch beeindruckend, die der Teufel am Bett des Heiligen hinterlassen haben soll.

So viel zum Pfarrer von Ars. Der weitere Verlauf unserer Pilgerfahrt ist schnell erzählt. Über Taizé und Besançon trampten wir zurück nach Deutschland, quartierten uns über Nacht in Priesterseminaren ein, hatten am Ende das unverschämte Glück, vom Fahrer eines Citroën DS (schwarze Karosserie, weinrote Kunstledersitze) mitgenommen zu werden, und erreichten unsere Heimatorte just in dem Moment, als unser Salami- und Pumpernickelvorrat restlos aufgezehrt war.

Warum ich diese Geschichte erzählt habe? Weil sie eines ganz deutlich macht: Für uns war der Weg damals keineswegs das Ziel. Wir hätten mit dieser Spruchweisheit gar nichts anzufangen gewusst. Alles auf unserem Weg nach La Salette und Ars war dem Wunsch untergeordnet, unsere Ziele zu erreichen. Und ohne diese Ziele vor Augen hätten wir vieles freiwillig niemals auf uns genommen, die Nächte in Obdachlosenheimen so wenig wie die körperlichen Strapazen oder die eintönige Kost. Wertvolle Erfahrungen, zweifellos, genauso wie die angenehmen Überraschungen dieser Reise, das unvergessliche Mittagessen in Lyon etwa und die Schale warmer Milch unter dem Dach der alten Bauersleute. Aber die Aussicht auf derlei Erlebnisse bedeutete uns wenig im Vergleich zu der Vorstellung, am Ende unseres Weges am Sarg des Pfarrers von Ars zu beten. Mit anderen Worten: Nicht der Weg hat uns zu dieser Pilgerreise motiviert. Das Ziel hat uns motiviert – so wie es Pilger zu allen Zeiten und allerorten überhaupt erst dazu gebracht hat, den Weg auf sich zu nehmen.

Das also ist das eine: Ziele motivieren zum Aufbruch. Und das andere: ohne Ziel kein Weg. Für den Pilger ergibt sich der Weg aus dem Ziel. Er läuft nicht ins Blaue hinein. Auch im Ungewissen begleitet ihn die Gewissheit des Ziels. Was nicht heißt, dass er stur eine Richtung einhalten muss. Er kann vom Kurs abweichen. Er darf Umwege machen. Aber er wird die Orientierung nicht verlieren. Er wird nicht auf Abwege geraten. Sein Weg wird sich letzten Endes immer an seinem Ziel ausrichten.

So war es bei Abraham, so war es auch bei Mose. Es stimmt: Beide haben ihr Ziel nicht auf direktem Weg angesteuert. Es ist zweifellos richtig, dass Ankommen nicht alles ist. Doch ohne ihr Ziel, die Verheißung, die Vision eines anderen Lebens und die Aussicht darauf, einmal anzukommen, wäre auch das Unterwegssein sinn- und fruchtlos geblieben. Denn jeder Weg ist eine Vorbereitung aufs Ziel, und alle Erfahrungen der Zwischenzeit sind nur im Hinblick auf dieses bedeutsam. Erst wenn ich einen Zusammenhang herstellen kann zwischen dem, was mich unterwegs erwartet, und dem, was mich am Ende meines Weges erwartet, werde ich reifer und klüger. Erst dann kann ich überhaupt von einem Weg sprechen. Ohne Ziel kein Weg.

Ich habe den Eindruck, dass wir diese einfache Tatsache etwas aus den Augen verloren haben. Wahrscheinlich leuchten Weisheiten wie die vom Weg, der das Ziel sein soll, modernen Menschen auch deshalb ein, weil das Ankommen in unserer Welt so selbstverständlich geworden ist. Viel selbstverständlicher, als sich auf den Weg zu machen, ohne gleich anzukommen. Schon deshalb versprechen wir uns mittlerweile mehr von der außergewöhnlichen Erfahrung des Weges als von dem alltäglichen Erlebnis des Ankommens. Nichtsdestoweniger profitieren wir als Pilger immer noch davon, dass Pilgern für unsere mittelalterlichen Vorläufer das genaue Gegenteil von planlosem Herumstromern und gedankenlosem Sich-treiben-Lassen war. Ebendarum lässt sich heute überhaupt noch pilgern: weil ein Pilgerweg ein vorgezeichneter Weg ist. Ein Weg gemeinsamer Erfahrung, der sich an einer gemeinsamen Vision ausrichtet.

3. «Gott muss nahe bei mir werden und ich nahe bei Gott»

Die Sehnsucht braucht einen Ort im Diesseits

Wie entstehen Wallfahrtsorte eigentlich? Was muss geschehen, damit ein Ort in den Ruf einer heiligen Stätte gerät und Pilger mobilisiert? Der Nimbus des Heiligen kommt nicht von ungefähr – irgendein Ereignis muss ihm vorausgegangen sein. Nun gibt es mehr als eine Antwort auf diese Frage, weil Wallfahrtsstätten durchaus unterschiedliche Entstehungsgeschichten haben. Dennoch erscheint mir *ein* Fall besonders aufschlussreich, nämlich der von Canterbury. Die Stadt war lange Zeit der bedeutendste Pilgerort Englands, und der Beginn der Pilgerfahrten nach Canterbury lässt sich genau bestimmen. Er fällt in das Jahr 1170.

Denn am 29. Dezember 1170 wurde der Erzbischof von Canterbury, Thomas Becket, in seiner Kathedrale ermordet. Vormals der engste Vertraute und Mitstreiter des englischen Königs Heinrich II., hatte Becket nach seiner Ernennung zum Erzbischof unnachgiebig alle Versuche seines Königs abgewehrt, in die Belange der Kirche einzugreifen. Anders als viele Bischöfe seiner Zeit verstand er sich nicht als Politiker, sondern als Gottesmann, kleidete sich wie ein einfacher Mönch und lebte auch so. Vor allem aber sorgte er dafür, dass die Macht des englischen Königs an den Portalen der Kirchen endete. Heinrich hätte die Freiheit der Kirche in seinem Land gern drastisch beschnitten, doch Becket widersetzte sich nach Kräften, und so war es schließlich zum erbitterten Machtkampf zwischen Erzbischof und König gekommen. Eines Tages hatte Heinrich seinem Zorn in dem laut geäußerten Wunsch Luft gemacht, man möge ihn von diesem Becket befreien. Das war gewiss eher ein Stoßseufzer als ein Mordauftrag, aber vier seiner Ritter nahmen ihn beim Wort.

Am Abend des 29. Dezembers drangen diese vier in voller Rüstung in die Kathedrale von Canterbury ein. Die Prozession der Mönche bewegte sich gerade auf den Altar zu. Als Letzter betrat der Erzbischof den Kirchenraum. Die Ritter näherten sich mit gezückten Schwertern, die Mönche gerieten in Panik, nur Becket blieb gefasst. Es kam zu einem kurzen Wortwechsel, dann wurde Becket vom ersten Schwerthieb getroffen. Die Mönche flohen, der Erzbischof suchte an einem Pfeiler Halt. Der nächste Streich trennte ihm die Schädeldecke vom Kopf. Becket sank zu Boden. Die Attentäter überzeugten sich davon, dass er tot war, und machten sich davon. Den Leichnam ließen sie zurück.

Der Mord erregte ungeheures Aufsehen in ganz Europa. Man sprach von der scheußlichsten Untat seit der Kreuzigung Jesu Christi. Aber noch bevor die Welt von dem Verbrechen Kenntnis erhielt, geschah Folgendes: Kaum war der Mord in der Stadt ruchbar geworden, stürmten Menschen die Kathedrale, machten sich über den Leichnam Beckets her, bestrichen sich mit seinem Blut oder fingen es in Schalen auf und schnitten sich Fetzen aus seinem Gewand. In den Augen des Volks hatte der Mord aus dem Erzbischof einen Heiligen gemacht. Nur drei Jahre später wurde er tatsächlich heiliggesprochen, doch der Pilgerstrom zu seinem Grab hatte schon lange zuvor eingesetzt. Und zweihundert Jahre später lieferte diese Wallfahrt sogar den Stoff zu einem berühmten Buch – den *Canterbury Tales* des englischen Dichters Geoffrey Chaucer, der im 14. Jahrhundert selbst nach Canterbury gepilgert war. Ich werde darauf zurückkommen.

Natürlich verläuft die Geburtsstunde eines heiligen Ortes nicht immer so hochdramatisch. Aber ein erschütterndes Ereignis, ein Frevel, ein gewaltsamer Tod bilden doch oft den Hintergrund für die Entstehungsgeschichte einer Wallfahrtsstätte – nicht zuletzt im Fall der beiden überragenden abendländischen Pilgerorte Rom und Santiago de Compostela: Rom verdankt seine Sonderstellung innerhalb der christlichen Welt vor allem den Gräbern der Apostel Paulus und Petrus, von denen der eine unter Nero enthauptet und der andere gekreuzigt worden war. Und Santiago de Compostela hat die Überreste des Apostels Jakobus zu bieten, der als Opfer der ersten Christenverfolgung um das Jahr 40 in Jerusalem ebenfalls enthauptet wurde.

Die Idee des Martyriums blieb auch später lebendig, als die Epoche der Christenverfolgung längst vorbei war. Irische Mönche zum Beispiel strebten im 7. Jahrhundert das sogenannte weiße Martyrium an. Wie Verbrecher, die im Irland jener Zeit gebunden in Kähnen dem Atlantik ausgeliefert wurden, ließen sich auch diese Mönche in Booten auf dem Meer aussetzen. Nicht alle fanden so den Tod. Manch einer wurde vom Golfstrom zum europäischen Festland getragen, wo er den Germanen die christliche Botschaft verkündete, und etliche erlitten dann dort das Martyrium.

Es gibt also einen engen Zusammenhang zwischen Martyrium und Heiligkeit, und dieser Zusammenhang ist eine interessante Besonderheit des Christentums. Er wird den Pilgern der heutigen Zeit wenig Kopfzerbrechen bereiten, doch es lohnt sich, ihm weiter nachzugehen.

Denn gewöhnlich bringen Religionen das Heilige keineswegs mit dem Schicksal von Menschen in Verbindung. Da ist das Heilige eine Qualität, die einem bestimmten Ort anhaftet. Es bezeichnet Stätten, die einem Gott geweiht oder vorbehalten sind. Schutzräume gewissermaßen, in denen die Regeln der profanen Außenwelt außer Kraft gesetzt sind, die Respekt und Ehrfurcht heischen. Der heilige Ort ist ein unantastbarer Ort, der Willkür des Menschen entzogen und geschützt vor dessen Wunsch, sich alles zu unterwerfen und einzuverleiben. Es ist der Bereich, in den der Mensch nicht eingreifen und bisweilen nicht einmal eindringen darf. Das kann ein Tempelbezirk sein, dessen Grenzen man nur überschreiten darf, wenn man alles Alltägliche abgestreift hat, und dessen Zentrum, das Allerheiligste, womöglich für Normalsterbliche tabu ist. Das können aber auch bestimmte Orte in der Natur sein, lebensspendende, majestätische oder unheimliche Orte, die als Wohnstätte eines Gottes gelten, wie etwa Haine, Quellen, Berge, Höhlen oder Grotten. Ich denke an den Olymp, den Sitz der griechischen Götter, oder an die heiligen Berge, zu denen Buddhisten in China und Tibet pilgern. Oft werden solche natürlichen Orte durch Tempel oder Kultstätten als heilige Orte markiert. In dieser Vorstellungswelt wäre es ganz unmöglich, dass ein einzelner Mensch – wie Thomas Becket – die Heiligkeit eines Ortes begründen könnte.

Allerdings finden sich auch im Christentum Spuren einer älteren Auffassung von Heiligkeit. Man denke nur an Spanien, wo die Quellen von Flüssen der Jungfrau Maria geweiht sind. Meist findet sich im Umkreis dieser auch eine Marienstatue oder eine Medaillon mit dem Bild der Muttergottes. Theologisch mag es dabei nicht ganz sauber zugehen, aber es leuchtet immerhin ein, wenn das Element Wasser an seinem Ursprung mit derjenigen Heiligengestalt in Beziehung gebracht wird, die dem Gottessohn das Leben geschenkt hat. Und dann haben wir sogar im Bereich meines Ordens einen Fall, wo heidnische und christliche Heiligkeit eine noch auffälligere Verbindung eingehen: in dem französischen Städtchen Fleury Saint-Benoît am Mittellauf der Loire.

An derselben Stelle, wo sich seit dem 11. Jahrhundert die eindrucksvolle Benediktinerabtei von St-Benoît erhebt, befand sich in vorchristlicher Zeit eine in ganz Gallien bekannte keltische Kultstätte, ein Zentrum des Druidenkults. Es gab dort eine kleine Anhöhe, wo man vor den Überschwemmungen der Loire sicher war, und die Kelten bezeichneten diesen Hügel als Mittelpunkt der Welt. Man weiß nicht mehr, warum. Wünschelrutengänger aber haben herausgefunden, dass genau in der Achse der Basilika von Benoît eine starke Wasserader im Boden verläuft, und womöglich hat dieser unterirdische Fluss etwas mit der religiösen Bedeutung zu tun, die diese Uferstelle für die Kelten besaß. Jedenfalls geht hier die Geschichte eines heiligen Ortes nahtlos von der heidnischen Zeit in die christliche Epoche über. Fest steht, dass sich Benediktinermönche bereits um 650 an der Stelle des alten Druidenheiligtums niedergelassen haben.

Derartige Überlappungen von heidnischen und christlichen Traditionen kommen vor. Doch sie sind nicht entscheidend für die Entstehung eines Pilgerortes. Entscheidend ist, dass das Christentum eine ganz eigene Vorstellung von Heiligkeit entwickelt hat – wie wir am Beispiel von Canterbury gesehen haben. Nach christlichem Verständnis kommt das Heilige durch Menschen in die Welt, die den Willen Gottes tun. Das Göttliche tritt durch Menschen in Erscheinung, die sich vom Glauben leiten lassen. Solche Menschen sind in erster Linie die Märtyrer. Denen wird eine ganz besondere Glaubenskraft zugeschrieben. Und diese Glaubenskraft erlischt nicht mit ihrem Tod. Sie bleibt als heilige Energie erhalten. Auch im Grab umgibt sie gewissermaßen diese Aura übernatürlicher Kraft, auch als Tote stellen sie ein Bindeglied zwischen Himmel und Erde dar. Wobei nicht allein Märtyrer das Heilige verkörpern, sondern alle, die sich auf herausragende und vorbildliche Weise als Gläubige bewähren.

Solche Männer und Frauen begründen in der christlichen Welt die Heiligkeit eines Ortes. In aller Regel jedenfalls. Haben sie schon zu Lebzeiten von sich reden gemacht, machen sie sogar nach ihrem Tod noch von sich reden, kann ihr Grab leicht zum Ziel von Wallfahrten werden. Wobei der Beliebtheit eines Pilgerorts oft kräftig nachgeholfen wurde. Wenn es um Werbung für ihren Heiligen ging, waren die Stadtväter und Bischöfe des Mittelalters nicht weniger rührig als moderne Tourismusmanager. Da ging es oft sehr geschäftstüchtig zu. Die Popularität von Heiligen war Schwankungen unterworfen, und Wallfahrtsstätten konnten regelrecht aus der Mode kommen – für die betroffene Stadt eine wirtschaftliche Katastrophe. In der burgundischen Stadt Autun etwa verehrten Pilger die Reliquien der heiligen Maria Magdalena, bis das nahegelegene Vézelay den Anspruch erhob, die wahren Reliquien dieser Heiligen zu besitzen. Fortan floss der Pilgerstrom an Autun vorbei nach Vézelay, und Autun verarmte. Immerhin verdanken wir Maria Magdalena durch diese Begebenheit zwei großartige Kathedralen.

Doch dazu später mehr, im nächsten Kapitel, wo wir in die Welt der Wunder aufbrechen werden, die einen mittelalterlichen Pilger erwartete. Im Augenblick geht es mir um etwas anderes, nämlich: Wenn es Menschen sind, die die Heiligkeit eines Ortes begründen und Pilger anziehen, dann muss sich ein Kloster oder eine Kirche beschaffen, was von diesen Menschen übrig geblieben ist. Und das sind in der Regel Gebeine. Knochen. Oder anders gesagt: Reliquien. Und damit kommen wir zu einem befremdlichen Aspekt des mittelalterlichen Pilgerwesens.

Man könnte versucht sein, sich die Reliquienverehrung als einen recht primitiven religiösen Materialismus zu erklären. Aber versetzen wir uns einmal in die Menschen hinein, die sich in der Kathedrale von Canterbury über den Leichnam von Thomas Becket hermachen. Was sie treibt, ist das Verlangen, der spirituellen Energie habhaft zu werden, die den Lebenden beseelt hat. Aus ihrer Sicht hat der Körper des Toten, ja, sogar seine Kleidung diese außerordentliche Kraft gespeichert. Und diese Kraft wollen sie einfangen, diese Energie wollen sie für sich nutzbar machen. Eine derartige Weiterverwertung eines Toten wie im Fall von Thomas Becket mag uns pietätlos erscheinen, aber das mittelalterliche Verlangen nach physischer Nähe zum Heiligen, nach unmittelbarem Kontakt mit einer spirituellen Energiequelle, kennt solche Rücksichten nicht. Mächtiger als alle Pietät ist hier der Glaube, dass sich geistige Kraft durch Berührung überträgt. Übrigens liefert die Bibel selbst Beispiele dafür. Der Evangelist Lukas etwa berichtet, dass eine kranke Frau im Gedränge den Saum von Jesu Gewand berührte und im selben Augenblick geheilt wurde. Und in der Apostelgeschichte heißt es, dass die Leute Kleidungsstücke des Apostels Paulus nahmen und Kranken auflegten, die auf diese Weise ebenfalls ihre Gesundheit wiedererlangten. Die Vorstellung, dass sich die Kraft eines Heiligen durch Berührung überträgt, stammt jedenfalls schon aus der Frühzeit des Christentums.

Gewiss, die Szene in der Kathedrale von Canterbury stellt einen ungewöhnlich drastischen Fall von Selbstbedienung dar. Aber das Verlangen nach physischer Nähe zum Göttlichen ist im Mittelalter allgemein verbreitet, und an Pilgerorten wird dieses Bedürfnis befriedigt. Pilgerorte sind im Besitz bedeutender Reliquien, womöglich eines kompletten Heiligen, vielleicht sogar eines Mitstreiters oder Zeitgenossen Jesu Christi. Hier kommt der Pilger in den Genuss der größtmöglichen Energie. Hier empfindet er die Anwesenheit des Heiligen am stärksten. Hier ist die Wahrscheinlichkeit von Wundern am ehesten gegeben. Näher kann man dem Göttlichen nur noch im Heiligen Land kommen, das praktisch eine einzige große Berührungsreliquie ist. Doch bis dahin schaffen es die wenigsten. Die Masse stillt ihren spirituellen Erfahrungshunger an den Särgen und Reliquienbehältern der großen und kleinen Wallfahrtsstätten Europas.

Wir begegnen hier also einer ausgesprochen handfesten Frömmigkeit. Und ich muss zugeben, dass auch ich bisweilen meine Schwierigkeiten damit habe. Ist der Ort wirklich so wichtig? Kommt es wirklich auf die physische Nähe an? Und dann wiederum finde ich, dass der mittelalterliche Pilger uns Heutigen doch nicht gar so fremd ist. Wie viele Menschen kenne ich, die froh darüber sind, dass ein naher Angehöriger nach seinem Tod ein ordentliches Grab erhalten hat. Sie wissen dann nämlich, wo sie ihn suchen müssen, wenn sie Zwiesprache mit ihm halten wollen. Und dieses Bedürfnis hat man als Hinterbliebener. Man mag den Kontakt zu dem Verstorbenen nicht einfach abreißen lassen, man möchte ihm weiterhin nahe sein können, und ein Grab ist genau der Ort, an dem man die Beziehung zu einem geliebten Menschen über den Tod hinaus fortsetzen kann. Und ebenso kenne ich Menschen, die es bedauern, einen solchen Ort nicht zu haben, weil die Asche des Verstorbenen irgendwo verstreut wurde. Wohin sollen sie sich nun wenden? Wo sollen sie ihn suchen? Es ist wohl so: Verehrung und Gedenken brauchen einen konkreten Ort – das empfinden wir noch heute.

Und dann gibt es einen weiteren Gesichtspunkt. Vielleicht zeigt sich in der Frömmigkeit des mittelalterlichen Pilgers ja die volkstümliche Abwandlung eines tiefen mystischen Verlangens. Des Verlangens, Gott so nahe wie möglich zu kommen, mit ihm zu verschmelzen. In Gott aufzugehen. Bei den Mystikern steht hinter diesem Wunsch die Ahnung, dass unsere wahre Natur größer ist als unser bewusstes Selbst. Sie finden in der Seele den Schlüssel zum Verständnis einer alles umfassenden Wirklichkeit, die dem Verstand verborgen bleiben muss. Das Ziel aller Mystik ist es daher, sich von seinem beschränkten und tyrannischen Ego zu befreien, um für eine höhere Realität empfänglich zu werden. Der Mystiker beschreitet den Weg der inneren Versenkung, um dieses Ziel zu erreichen. Der einfache Pilger sucht stattdessen die größtmögliche körperliche Nähe zum Heiligen. Aber äußert sich darin nicht dieselbe Sehnsucht wie bei Meister Eckhart (um 1260–1328), einem der bedeutendsten christlichen Mystiker des Mittelalters? Der findet für die höchste Stufe der mystischen Versenkung folgende Worte: «Gott muss nah bei mir werden und ich nah bei Gott, so ganz Eins, dass dies ‹er› und dies ‹ich› ein ‹ist› werden und sind.»

In der Reliquienverehrung kann man etwas Vergleichbares sehen, nämlich den Versuch, sich einer höheren geistigen Wirklichkeit anzuschließen. Einen etwas unbeholfenen Versuch vielleicht, in dem gleichwohl der Wunsch zum Ausdruck kommt, am Göttlichen teilzuhaben. Am Grab eines Heiligen würde der Pilger demnach als sinnliche Erfahrung erleben, was der Mystiker in der Kontemplation als geistigen Prozess erlebt. Mit anderen Worten: Pilgerstätten geben einer urmenschlichen Sehnsucht einen Ort im Diesseits. Der Sehnsucht nach seelischer Häutung. Nach Reinigung und Befreiung. Nach etwas, das größer ist als ich und mich aus den Fesseln meines gewöhnlichen Lebens mit seinen kleinen, alltäglichen Kämpfen zu erlösen vermag. Wenigstens für eine Weile. Wenigstens so lange, dass mir die Erinnerung daran für den Rest meines Lebens den Blick weitet. Wenn wir uns das klarmachen, nähern wir uns einem Reliquiar oder dem Grab eines Heiligen vielleicht mit anderen Empfindungen.

Pilgerorte verheißen die Erfüllung einer Sehnsucht. Und deshalb sind sie zugleich Kraftorte. Energiezentren. Ich selbst habe das nirgendwo stärker gespürt als an dem berühmtesten französischen Marienwallfahrtsort, in Lourdes. Wenige Wochen bevor ich mich im Kloster Sankt Ottilien endgültig für das benediktinische Leben entschied, bot sich mir die Möglichkeit, eine weitere Pilgerfahrt zu machen. Auf dem Programm standen bedeutende christliche Stätten in Frankreich und Nordspanien, und Lourdes zählte dazu. Damals der Ort meiner Träume.

Offen gesagt: Auf dieser Reise ging es komfortabel zu. Es war eine Busfahrt und alles bestens organisiert. Auch mein Freund und Begleiter auf den bisherigen Pilgerfahrten war wieder mit von der Partie. Die Idee zu diesem Unternehmen hatte ein Kaplan im rheinischen Düren gehabt, und gedacht war es als Belohnung für katholische Jugendliche, die ihre Sommerferien für Ausflüge und Spiele mit den Kindern armer Familien geopfert hatten. Stadtranderholung hieß das damals. Auch wir beide hatten in Düren mitgeholfen, und nun ging es also los, Richtung Paris.

Unvergesslich ist mir der Priester, der uns begleitete. Ein kräftiger Mann, sprühend vor guter Laune. Frühmorgens in der Badewanne sang er bereits die Laudes. Seine Köchin fuhr ebenfalls mit; auch sie eine liebenswerte Person. Für die zweiwöchige Reise hatte sie Rinderrouladen und andere Gerichte vorgekocht und in Weckgläsern mitgenommen! Unermüdlich ging sie ihrer Arbeit nach, auch unterwegs, im Bus. Ich sehe sie noch vor mir, wie sie während der Fahrt mit dem Messer hantiert und Kartoffeln schält oder Gemüse putzt. Halb Familienausflug, halb Abenteuerreise – so habe ich diese Pilgerfahrt in Erinnerung, denn von der Welt hatte ich immer noch nicht viel gesehen. Alles war aufregend neu für mich. Paris und Notre-Dame – ich mit dem Stadtplan dieser Riesenmetropole im Schoß auf dem Sitz neben dem Fahrer! Solesmes, die alte Benediktinerabtei, das weltbekannte Zentrum des gregorianischen Chorals! Orléans, die Stadt Jeanne d'Arcs! Tours, wo der heilige Martin, unser Sankt Martin, Bischof gewesen war! Die Fahrt durch die Pyrenäen, auf halsbrecherischen Bergpisten und über wacklige Brücken! Der Grenzübergang nach Spanien, damals noch eine nervenaufreibende Angelegenheit! Schließlich Zaragoza und die beiden traditionsreichen Benediktinerabteien von Leyre und Montserrat – die ganze Reise war ein Erlebnis! Doch der Höhepunkt für mich war Lourdes.

Dabei war ich zunächst enttäuscht. Der Ort beeindruckte mich im ersten Moment längst nicht so stark, wie ich erwartet hatte. Es herrschte ein furchtbarer Rummel, kaum anders als heute, wo Lourdes alljährlich sechs Millionen Pilger anzieht und über mehr Hotelbetten verfügt als Paris. Später ist es mir noch mehrmals ähnlich gegangen, an Pilgerorten, von denen ich mir viel versprochen hatte: War ich endlich dort, verloren in einer großen Menschenmenge, rührten sie mich kaum noch an. Längst sind mir die kleinen Pilgerorte lieber, wo man in aller Stille beten kann. Nein, auf den ersten Blick sagte mir dieses Lourdes nicht zu.

Doch dann sah ich die Menge der Kranken auf dem Vorplatz der Basilika, in Rollstühlen oder auf Helfer gestützt – und ich verstand: Dieser Ort steht für eine Hoffnung wider besseres Wissen. Für ein Wunschdenken, das stärker als alle Vernunftgründe ist. Wenn ich mir heute den Anblick dieser leidenden Menschen in Erinnerung rufe, kommt mir ein mittelalterliches Gemälde aus der Nationalgalerie von Perugia in den Sinn. Es zeigt Krüppel, die sich in einer Pilgerkirche vor einem Heiligenschrein scharen, abgezehrte Gestalten mit Krücken und verbundenen Gliederstümpfen, die nur noch von ihrem Glauben aufrecht gehalten werden. Ja, so wie hier in Lourdes muss es an den Wallfahrtsstätten des Mittelalters allenthalben zugegangen sein. Da kamen sie also jetzt zusammen, die aussichtslosen Fälle, um noch einmal Mut zu schöpfen, neue Kräfte zu sammeln, Freude zu erleben. Lourdes war ihre letzte Hoffnung. Die wenigsten mögen für sich selbst mit einem Wunder gerechnet haben. Aber alle auf diesem großen Platz werden daran geglaubt haben, dass hier Wunder geschehen.

Heute bin ich mir sicher, dass diese Menschen auch dann nicht enttäuscht in ihre Heimat zurückkehren werden, wenn sie kein Wunder erleben sollten. Wenn das Bad im heilkräftigen Wasser vergeblich, wenn die Berührung der Grottenwand folgenlos geblieben ist. Denn eine andere Wirkung tritt auf jeden Fall ein: Diese Kranken finden Trost. Sie haben in Lourdes eine nie gekannte Solidarität erlebt; sie haben erfahren, dass sie ihr Schicksal mit vielen anderen teilen; sie werden von nun an bereit sein, mit ihrem Leiden zu leben. Sie werden verändert zurückkehren. Auch das ist ein Wunder, und es ereignet sich in Lourdes täglich tausendfach.

Wie gesagt, nirgendwo sonst habe ich so stark gespürt, dass Pilgerstätten Kraftorte sind. Orte, an denen sich der grausame Abstand zwischen Wunsch und Wirklichkeit verringert. Orte der Hoffnung. Doch grundsätzlich trifft dies auf alle Pilgerziele zu. Was sie unterscheiden kann, sind ihre Entstehungsgeschichten – und damit kommen wir auf unsere Ausgangsfrage zurück. Denn nicht immer gründet ihr Ansehen auf dem Grab eines berühmten Heiligen, so wie in Canterbury. Lourdes zum Beispiel kommt ohne Reliquien aus. Lourdes wurde durch eine Marienerscheinung berühmt, genauso wie La Salette, genauso wie Fatima in Portugal. Derartige Marienerscheinungen häuften sich im 19. Jahrhundert, und die Botschaften, die in der Regel damit einhergingen, richteten sich an eine Welt, die längst nicht mehr so fest im Christentum verankert war wie die mittelalterliche. Marienwallfahrtsorte gehören also einem modernen Typus von Pilgerstätten an, und vielleicht liegt darin auch ein Grund für ihre ungebrochene Ausstrahlung.

In anderen Fällen übten Gnadenbilder dieselbe anziehende Wirkung wie Reliquien aus, also Madonnenskulpturen oder Gekreuzigte, deren Prestige durch Wunder bekräftigt wurde. Die Jungfrau von Guadalupe in Mexiko fällt mir dazu ein, oder die Schwarze Madonna von Le Puy in Frankreich – Pilgerziele, die immer noch hoch oben in der Beliebtheitsskala rangieren. Weitgehend aus der Mode gekommen sind hingegen solche Pilgerorte, die sich dem sogenannten Blutwunder verdankten. Ihr kostbarster Schatz waren Hostien, aus denen Blut austrat – das Blut Jesu Christi wohlgemerkt. Theologisch gesprochen sollte das Blutwunder Zweifler davon überzeugen, dass Christus tatsächlich in der Gestalt des Brotes gegenwärtig sei. Diese

Pilgerorte hatten am Übergang vom Mittelalter zur Renaissance Hochkonjunktur, sie gerieten aber oft rasch wieder in Vergessenheit. Das bekannteste Beispiel dafür ist der kleine Ort Wilsnack an der Elbe, der unter allen Pilgerzielen zeitweilig sogar Rang vier belegte, gleich nach Rom, Jerusalem und Santiago de Compostela! (Ich werde auf Wilsnack später noch eingehen.) Die Stadt Jerusalem und das Heilige Land schließlich nehmen unter allen Pilgerzielen eine Sonderstellung ein. Als Schauplatz der Heilsgeschichte war hier ohnehin alles in ein überirdisches Licht getaucht, da bedurfte es keiner weiteren Wunder, Reliquien oder Erscheinungen.

Die Erfahrung des Heiligen aber konnte ein gläubiger Pilger an jedem dieser Orte machen. Man versteht jetzt vielleicht besser, warum er den Sinn seiner Reise nicht im mühevollen Unterwegssein sah, sondern in den Verheißungen des Ziels. Ich frage mich, ob etwas Ähnliches nicht doch auf die Pilger der Gegenwart zutrifft? Von der Begegnung mit dem Heiligen am Ende ihres Weges mögen sie sich nicht mehr viel versprechen – aber hofft nicht mancher, auf dem Weg dorthin über das Ziel seines eigenen Lebens Klarheit zu gewinnen? Wenn ihm das gelingt, dann wäre die Ankunft auch für ihn mit einer großartigen Erfahrung verbunden.

4. «Wie schön und wertvoll ist es, sein Grab zu besuchen!»

Aufbruch in eine Welt der Wunder

Wallfahrtsorte sind heilige Stätten? Stätten der Hoffnung? Aber geht es mitunter nicht doch zu weit, was einem Besucher da so alles zugemutet wird? Diese Mischung aus Andacht und Kommerz, der fromme Trubel, der religiöse Kitsch, dazu so manche haarsträubende Legende, die sich um einen Ort, einen Heiligen rankt – das strapaziert den Glauben nicht weniger als den Verstand. Und etliches davon verdient schlicht und ergreifend, als fauler Zauber bezeichnet zu werden. Ein harmloses Beispiel dafür aus meiner eigenen Erinnerung: Am Tag meiner Ankunft in Lourdes entdeckte ich in einem Souvenirladen etwas ganz Besonderes, nämlich Lourdeswasser in Pillenform! Da wurden also Pillen verkauft, aus denen sich heilkräftiges Lourdeswasser herstellen ließ. Man brauchte sie zu Hause nur in normalem Leitungswasser aufzulösen … Ich traute meinen Augen kaum. Und dieser Unfug war laut Zertifikat auch noch von Papst Leo XIII. abgesegnet. Ich habe ein Döschen davon erworben und lange aufbewahrt, aber nicht aus Ehrfurcht, sondern als Anschauungsbeispiel dafür, welche Blüten die Frömmigkeit treiben kann.

Doch liegen derlei Scharlatanerien nicht in der Natur der Sache? Gehört das nicht von Anfang an zum Betrieb eines Pilgerorts dazu – das einträgliche Geschäft mit der Hoffnung, der florierende Handel mit Wunschträumen, die phantasievolle Befriedigung frommer Sensationslust? Ist hier überhaupt eine klare Grenze zwischen Glaube und Magie, Frömmigkeit und Aberglaube, Verheißung und Täuschung zu ziehen? Was ist mir später, als ich in Rom studierte, nicht alles an Reliquien in römischen Kirchen begegnet! Ein Stück jenes Misthaufens, auf dem Hiob gesessen hatte. Ein Haar der Muttergottes. Oder in einem Glas ein Pröbchen der ägyptischen Finsternis. Da gibt es nichts, was es nicht gibt, und als junge Theologiestudenten haben wir ordentlich darüber gelästert.

Ist nicht doch vieles Schwindel? Was die Reliquien betrifft, wäre ich heute vorsichtiger. Denn mittlerweile verstehe ich besser, dass wir die Welt der Wunder und Wunderlichkeiten, die den mittelalterlichen Pilger erwartete, nicht allein mit unserer Elle messen dürfen. Bevor wir tiefer in diese Welt hineintauchen, sollten wir eines bedenken: Unser moderner Wahrheitsbegriff ist an den Vorstellungen der Naturwissenschaft und der historischen Forschung geschult. Da muss uns vieles von dem, was einen Pilger vergangener Jahrhunderte überzeugte, als Hokuspokus erscheinen, einfach, weil es einer wissenschaftlichen Überprüfung nicht standhielte. Reliquien, Heiligenlegenden, Wunderberichte – durch unsere Brille betrachtet, können sie in den seltensten Fällen echt oder wahr oder möglich sein.

Aber den Menschen des Mittelalters ficht das nicht an. Er will ja gerade den engen Erfahrungshorizont, der für uns die letzte Grenze darstellt, überschreiten. Er will das Unerhörte nacherleben, das ihm zu Ohren gekommen ist. Er ist geradezu versessen auf die Anschauung des Unbegreiflichen. Für ihn wird es genau da interessant, wo der Verstand nicht hinreicht, wo er aber auf Bilder und Zeichen und Geschichten stößt, mit denen er etwas anfangen kann. Die ihn anrühren oder aufwühlen, weil sie eine verborgene Sehnsucht ansprechen oder persönlichen, womöglich erschütternden Erfahrungen eine größere Dimension und damit tiefere Bedeutung verleihen.

Wahr ist für ihn mithin, was einen starken Widerhall in seiner Seele erzeugt, und dieser Wahrheit ist nicht mit wissenschaftlicher Plausibilität und historischer Korrektheit beizukommen. Sie bleibt auch dann wahr, wenn an der behaupteten Herkunft einer Reliquie nichts dran ist, wenn eine Legende auf keinerlei historischen Tatsachen beruht. Und davon abgesehen dienen all diese Heiligenknochen und Anschauungsstücke – auch die absurdesten noch wie Hiobs Misthaufen oder die auf Flaschen gezogene ägyptische Sonnenfinsternis – als eine Art *Biblia pauperum*, eine Bibel fürs ungebildete Volk. Jedes Relikt ruft eine bestimmte Episode der Heilsgeschichte in Erinnerung und führt ihr Inventar vor Augen, als wäre alles erst gestern geschehen. Jede Reliquie macht mit einem Heiligen bekannt und bringt ihn als Vorbild nahe, dem nachzueifern sich lohnt. Kurzum: Mit den Augen eines mittelalterlichen Pilgers gesehen, stellt diese Welt der Wunder, in die er aufbricht, den besseren Teil der Wirklichkeit dar.

Und diese Wirklichkeit tritt uns heute noch in der reichen Pilgerliteratur des Mittelalters entgegen, oftmals auf drastische Weise vermischt mit jener Realität, die für uns allein wahr und authentisch ist. In den Erfahrungsberichten, die weitgereiste Pilger nach ihrer glücklichen Rückkehr verfasst haben, verträgt sich beides problemlos miteinander: Sie sind einerseits gesättigt mit Schilderungen der oftmals brutalen Wirklichkeit des Unterwegsseins in der Fremde, mit eindringlichen Warnungen vor den verbreiteten Missständen und allgegenwärtigen Gefahren, und andererseits voll gläubigen Staunens angesichts der Kraft, mit der sich das Göttliche in dieser Welt immer wieder Raum verschafft. Mit anderen Worten: Diese Berichte rauben Illusionen und wecken gleichzeitig Hoffnungen. Vier solcher Zeugnisse aus der Blütezeit des Pilgerwesens will ich dem folgenden Ausflug in diese mittelalterliche Welt zugrunde legen, nämlich zwei Pilgerführer und zwei Augenzeugenberichte.

Da ist zunächst der sogenannte *Liber Sancti Jacobi*, das *Jakobs-Buch*. Wahrscheinlich wurde es um 1140 verfasst, spiegelt also die Verhältnisse auf dem Jakobsweg im frühen 12. Jahrhundert und besteht interessanterweise aus fünf Einzelteilen, die von ganz unterschiedlichen Seiten Licht auf die Pilgerfahrt nach Santiago de Compostela werfen. So findet sich im ersten Teil eine donnernde Strafpredigt gegen die Unsitten und Missbräuche, die schon damals an den Pilgerorten entlang des Weges und vor allem in Santiago selbst eingerissen waren. Der zweite Teil enthält eine Sammlung von Wundern, die jenen Heiligen zugeschrieben werden, deren Gräber sich in Frankreich und Spanien über die Länge des Jakobswegs verteilen – wobei der Autor nach eigenem Bekunden nur die glaubwürdigsten Wunder aufgenommen hat. Und der fünfte Teil stellt einen regelrechten Reiseführer für Jakobspilger dar, aufschlussreich und amüsant zu lesen auch deshalb, weil der Autor künftige Pilger in unverblümten Worten auf die wenig erfreulichen Eigenschaften jener Völker vorbereitet, deren Bekanntschaft sie unterwegs zu machen gezwungen sind. Als Verfasser dieses letzten Teils gilt Aymeric Picaud, ein Priester aus der Nähe von Poitiers im Westen Frankreichs; nicht ausgeschlossen allerdings, dass das gesamte Werk von seiner Hand stammt. Zweifellos hat er mindestens eine Pilgerfahrt nach Santiago selbst unternommen – darauf lassen schon die bösen

Erfahrungen schließen, die er in den fünften Teil reichlich einfließen lässt.

Ganz anders geht der Autor des zweiten Pilgerführers an die Sache heran, nämlich der deutsche Hermann Künig von Vach, ein Bettelmönch vom Orden der Serviten. Im Anschluss an seine Reise nach Santiago, die in das Jahr 1495 gefallen sein dürfte, hat er ein praktisches Handbuch für Pilger unter dem Titel *Die walfart und Straß zu sant Jacob* verfasst, das knapp und trocken sämtliche Stationen des Jakobswegs zwischen Einsiedeln in der Schweiz und Santiago de Compostela aufführt – in gereimten Versen, wegen der Einprägsamkeit. Damit sich der ganze Führer zur Not auswendig lernen ließ. Seine größte Sorge gilt dem leiblichen Wohl des Pilgers, denn, wie es an einer Stelle von einem südfranzösischen Streckenabschnitt heißt:

Auf dem Wege findest du weder Trinken noch Essen,
deiner Flasche und Sack sollst du nicht vergessen.
Und sollst dich mit Wein und Brot wohl beladen,
fürwahr, es bringt dir keinen Schaden.
Du findest zwar zwei oder drei Tavern,
aber die geben den armen Brüdern nicht gern.

Noch gegen Ende des 15. Jahrhunderts geht es für einen Jakobspilger also manchenorts ums Überleben, und deshalb ermahnt Hermann Künig seine Leser zwar gelegentlich zu einem festen Glauben, liefert ihnen aber vor allem zuverlässige Informationen über Etappenlängen und -ziele, Durststrecken, Übernachtungsmöglichkeiten und Gasthäuser sowie die Freundlichkeit oder Garstigkeit von Einheimischen und Wirten. Vom heiligen Jakobus abgesehen, geht er auf wundertätige

Heilige nicht ein – vielleicht, weil Künig für deutsche Pilger schreibt, und denen scheint vor allem an einer effizienten Routenplanung gelegen gewesen zu sein.

Was man daraus nicht schließen darf: dass Wunder dreihundertfünfzig Jahre nach dem *Liber Sancti Jacobi* allgemein an Glaubwürdigkeit verloren hätten oder die Reliquienverehrung aus der Mode gekommen wäre. Denn der erste Augenzeugenbericht, den ich heranziehen will, stammt aus derselben Zeit wie der Pilgerführer des Hermann Künig und bekundet gleichwohl ein reges Interesse an allem, was die Heils- und Kirchengeschichte an Wundertätigem und Wunderlichem zu bieten hat. Es sind die Reiseerinnerungen des niederrheinischen Ritters Arnold von Harff (1471–1505), der von 1496 an zwei Jahre lang als Pilger unterwegs war und dabei vom östlichen Ende des Mittelmeers bis zum Atlantik kam, nämlich über Rom nach Jerusalem und von dort quer durch Südeuropa nach Santiago de Compostela. Ich habe ihn im ersten Kapitel bereits genannt. Harff hat nun seine ganz eigene Art, mit Widersprüchen und Unwahrscheinlichkeiten umzugehen: Er registriert sie durchaus, stört sich aber nicht daran. Ungereimtheiten lässt er einfach auf sich beruhen. Von dem Apostel Thomas sind mehr als zwei Arme erhalten? «Die Irrtümer der Geistlichen lasse ich Gott entscheiden», kommentiert er lakonisch. Und zählt im Übrigen getreulich auf, was die Klöster und Kirchen auf seinem Weg an heiligen Sehenswürdigkeiten zu bieten haben – vieles davon mindestens ebenso verblüffend wie Hiobs Misthaufen oder die ägyptische Finsternis im Glas.

Der zweite Reisebericht stammt von einer Frau, der ebenfalls bereits erwähnten Engländerin Margery Kempe (um 1373–1438). Im Jahr 1413 bricht sie auf, und zwar allein, ohne Begleitung – was für einen Mann schon ungewöhnlich genug gewesen wäre, für eine Frau aber eigentlich nicht in Frage kam. Und in den nächsten Jahren finden wir sie in Jerusalem, in Rom, in Santiago, sogar in Wilsnack und in Aachen – allen Unbilden trotzend, alle Gefahren missachtend, obwohl sie keineswegs zu den Furchtlosen gehört. Doch die Welt der Wunder, die sie an den heiligen Stätten der Christenheit erlebt, hat eine unwiderstehliche Anziehungskraft für sie und eine überwältigende sinnliche Qualität. Sie reagiert körperlich auf die Nähe des Heiligen. Und wo Arnold von Harff mit kühler Neugier registriert, was es so alles gibt, kann bei Margery Kempe schon der Anblick einer Hostie ekstatische Zustände auslösen. Mit dem Erfolg, dass sie ihrerseits in den Ruf einer Heiligen gerät und selbst diejenigen ihr Wunder zutrauen, die ihre exaltierte Frömmigkeit unerträglich finden. Ihre Unternehmungslust ist im Übrigen so ungebremst wie die des rheinischen Ritters, weshalb wir dieser Frau einen der aufschlussreichsten und farbigsten Pilgerberichte überhaupt verdanken.

Dies sind die wichtigsten Quellen für unsere imaginäre Reise auf den Spuren mittelalterlicher Pilger. Womit also beginnen? Am besten wohl mit dem *Liber Sancti Jacobi* von 1140, dessen zweiter Teil sich trefflich zur Vorbereitung dieser Reise eignet. Wir haben es hier mit einer Mischung aus Legenden- und Mirakelsammlung zu tun, die uns zunächst einmal die wichtigsten Heiligen entlang des Jakobswegs vorstellt und uns außerdem darüber informiert, für welche Wunder sie im Einzelnen gut sind, wie zuverlässig sie helfen, wodurch sie in der Vergangenheit von sich reden gemacht haben – kurz, weshalb sich ein Besuch ihrer Gräber dringend empfiehlt. Da gibt es im südfranzösischen Arles beispielsweise die Überreste des heiligen Genesius, und über den erfahren wir nun Folgendes:

«In einem Dorf bei Arles … befindet sich eine prächtige,

sehr hohe Marmorsäule, die sich auf dem Land hinter der Kirche des Heiligen erhebt, daran fesselte die treulose Bevölkerung den heiligen Genesius und enthauptete ihn. Bis heute erscheinen dort Purpurspuren von seinem rosaroten Blut. Der Heilige warf jedoch nach seiner Enthauptung sein eigenes Haupt mit den Händen in die Rhône, und sein Leichnam wurde vom Fluss bis zur Basilika des heiligen Honorat getragen, wo er ehrwürdig begraben liegt. Sein Kopf gelangte aber durch die Rhône bis ins Meer und durch einen Engel bis zur spanischen Stadt Cartagena, wo er nun herrlich ruht und viele Wunder bewirkt.»

Allerdings wird Genesius weit übertroffen vom heiligen Ägidius, dessen Grab sich ebenfalls in Arles befindet. Denn «nach den Propheten und Aposteln ist keiner unter den übrigen Heiligen würdiger, heiliger oder glorreicher als er, niemand gewährt seine Hilfe schneller. Wenn Bedürftige, Bedrängte und Beängstigte ihn anrufen, steht er ihnen gewöhnlich vor allen anderen Heiligen am schnellsten bei. Wie schön und wertvoll ist es, sein Grab zu besuchen!» Dann folgen Kostproben seiner bisherigen Wundertätigkeit, und wir lesen: «Ein Kranker zieht seine Tunika an und wird gesund; ein von einer Schlange Gebissener wird durch seine unerschöpfliche Tugend geheilt; ein vom Teufel Besessener wird befreit; ein Seeunwetter hält ein … Eine ursprünglich ungezähmte Hirschkuh wird auf sein Geheiß domestiziert … Ja, sogar zwei durch Skulpturen mit Bildern der heiligen Apostel verzierte Türen aus Zypressenholz gelangen von Rom durch die Fluten des Meeres bis zum Rhônehafen, ohne Lenkung, nur durch seinen mächtigen Befehl. Mich verlässt die Erinnerung», so beschließt der Autor diesen Bericht, «um alle seine ehrwürdigen Taten erzählen zu können, weil es so viele und so bedeutende gibt.»

Rast auf dem Dürnbachhorn. Die Ankunft am Ziel kann für einen Pilger bedeuten, bei sich selbst anzukommen. Für mich ist das eine Aufgabe, die sich mir immer wieder aufs Neue stellt. Auch ich kann nur dann für andere da sein, wenn ich ganz bei mir bin, wenn ich zwischendurch zu mir selbst komme.

So werden sie ausgesehen haben, die Santiago-Pilger des Mittelalters – so, wie der Düsseldorfer Bildhauer Bert Gerresheim den heiligen Rochus darstellt, mit Wanderstab, Pelerine und einer Jakobsmuschel an der Hutkrempe.

Unten: Die Sabinerberge östlich von Rom. In diese unwirtliche Bergwelt zog sich der heilige Benedikt als junger Mann zurück, um mit Gott und sich selbst allein zu sein. Drei Jahre dauerte seine Eremitenexistenz. In dieser Zeit bot ihm eine Felsgrotte notdürftigen Schutz vor Wind und Wetter.

Seit meiner ersten Wallfahrt nach Altötting im Jahr 1957 war Pilgern für mich stets eine fröhliche Angelegenheit. Dank und Gotteslob bilden von jeher den Mittelpunkt meines Glaubens, und dieser Grundstimmung verleihe ich am liebsten durch Musik Ausdruck. Auf fast allen meinen Reisen habe ich deshalb ein Musikinstrument im Gepäck.

Oben: Der französische Marienwallfahrtsort La Salette in den Bergen von Grenoble. Die Pilgerstätte erhebt sich oberhalb der Stelle, an der die Jungfrau 1846 zwei Hirtenkindern erschienen sein soll. Nach meinem Abitur habe ich 1961 eine Pilgerfahrt dorthin unternommen.

Unten: Die Kathedrale von Canterbury hat ihre heutige Gestalt erst nach der Ermordung von Thomas Becket angenommen. Jahrhundertelang war sie der bedeutendste Wallfahrtsort Englands. Der Heilige ruhte hier in einem Schrein – bis 1538, als die Grabanlage auf Befehl des englischen Königs Heinrich VIII. zerstört wurde.

Oben: Der berühmte Marienwallfahrtsort Lourdes war in meiner Jugend das Pilgerziel meiner Träume. 1965 war ich zum ersten Mal dort. Damals habe ich begriffen, dass dieser Ort für eine Hoffnung wider besseres Wissen steht. Für einen Glauben, der stärker als alle Vernunftgründe ist. Die wenigsten hier werden für sich selbst mit einem Wunder rechnen, aber alle werden davon überzeugt sein, dass hier Wunder geschehen.

Rechts: Wie La Salette geht auch Lourdes auf eine Erscheinung der Jungfrau zurück. Im Gegensatz zu älteren Wallfahrtsorten kommt Lourdes daher ohne Reliquien aus. Der Ausstrahlung von Lourdes tut das keinen Abbruch. Auf meinen Reisen habe ich die Erfahrung gemacht, dass die Madonna von Lourdes auch außerhalb Europas und über alle Religionsgrenzen hinweg die Liebe Gottes zu den Menschen verkörpert.

Oben: Die Gebeine des heiligen Ambrosius – ein besonders prächtiges Beispiel für eine Reliquie. Ambrosius war Bischof von Mailand (374–397 n. Chr.) und Lehrer des Kirchenvaters Augustinus. Sein Leichnam liegt, von zwei Märtyrern flankiert, unter dem Hauptaltar der Kirche Sant'Ambrogio in Mailand.

Unten: Die Darstellung des berühmten Hühnerwunders von Santo Domingo de la Calzada in der St.-Jakobs-Kirche in Überlingen (Bodensee). Auf diesem Bild stecken die Hühner am Bratenspieß, als wieder Leben in sie fährt.

Oben: Alte Religionen gehen in Fleisch und Blut über, weil der Körper die Bewegungen der Seele mitvollzieht. Diese Frömmigkeit des Körpers wird einem besonders deutlich in Äthiopien vor Augen geführt, wo die Diakone der äthiopisch-orthodoxen Kirche während des Gottesdienstes zum Klang großer Trommeln tanzen.

Rechts: Im Leben der Mönche finden sich alle Elemente einer Pilgerreise wieder: Ausstieg, Aufbruch, das Unterwegssein mit all seinen Strapazen, Ausdauer und Wagemut, den das Pilgern erfordert, sowie das Ziel, an dem sich der Weg ausrichtet. Aber natürlich kann ein jeder seinen Lebensweg als Pilgerweg begreifen.

Oben: Simeon der Säulensteher (um 390–459 n. Chr.) war der berühmteste Heilige seiner Zeit. Auch lange nach seinem Tod pilgerten Menschen aus aller Welt, selbst aus Britannien und Äthiopien, zu seiner Säule im Nordwesten des heutigen Syrien. Mit dem Bau großer Pilgerherbergen schuf der Bischof von Antiochia die notwendige touristische Infrastruktur für solche Menschenmengen. Eindrucksvolle Reste dieser antiken Hotels haben sich bis heute erhalten.

Unten: Eines der größten Benediktinerklöster des Hochmittelalters erhob sich am Ufer der Loire südlich von Nevers. Es bildete ein Etappenziel für Jakobspilger und war auf die Beherbergung großer Pilgermassen eingerichtet. Bis heute benennt sich dieser Ort nach der Tugend, die damals von den Mönchen dort geübt wurde: La Charité-sur-Loire – die an der Loire praktizierte Nächstenliebe.

Andere Heilige sind auf ein bestimmtes Wunder spezialisiert – so der heilige Leonhard, dessen Grab die Pilger auf keinen Fall auslassen sollen, wenn sie durch Limoges kommen: «Göttliche Milde verbreitete den Ruf des heiligen Bekenners Leonhard von Limoges schon weit und breit auf dem ganzen Erdkreis, seine Stärke führte schon unzählbare Tausende aus Gefängnissen. Zu Tausenden sind eiserne Fesseln in dessen Basilika vereint, die teils so fremdartig wirken, dass man sie kaum beschreiben kann … Wenn du dort die Säulen mit so zahlreichen, ja, unzähligen Eisenteilen beladen siehst, wirst du noch mehr staunen, als ich jetzt zu sagen vermag … Vor allem ist an ihm bewundernswert, dass er in sichtbarer, menschlicher Gestalt den Gefangenen in Kerkern erscheint; sogar jenseits des Meeres, wie die von ihm durch Gottes Macht Befreiten bezeugen.»

Bisweilen scheinen sich die überirdischen Kräfte auch einen milden Scherz zu erlauben, wie im Fall des heiligen Hilarius von Poitiers. Der verspürte während eines Konzils den Wunsch zu sitzen, und prompt wölbte sich unter ihm der Boden auf «und gewährte ihm so eine Sitzfläche». Ich kann mir ein Schmunzeln nicht verkneifen, wenn ich mir dieses Wunder vorstelle – es hat einfach zu viel Ähnlichkeit mit einer Szene aus einem Fantasyfilm, der mit raffinierten digitalen Tricks arbeitet. Und vielleicht stimmt sogar die durchgehende Botschaft einer solchen Mirakelsammlung mit der eines Fantasyfilms neuester Produktion überein: In dieser Welt der Wunder ist nichts, rein gar nichts unmöglich, könnte sie lauten. Alles ist vorstellbar, alles ist denkbar. Viele dieser Wunder haben für den Leser gar keinen Wert, aber sie beeindrucken. Sie verblüffen. Sie erregen sein Staunen. Dazu passt der überschwängliche Ton, in den der Autor regelmäßig verfällt. Und dazu passt auch die bunte Mischung aus teils grausigen Begebenheiten – wie der des heiligen Genesius, der seinen eigenen Kopf in die Rhône wirft –, teils zu Herzen gehenden Geschichten – wie der des heiligen Leonhard, der Christen aus sarazenischen Kerkern befreit. Kurzum: Diesem zweiten Teil des *Liber Sancti Jacobi* liegt eine geschickte literarische Dramaturgie zugrunde, abgestimmt auf den Geschmack eines breiten Publikums.

Nichts ist unmöglich, alles ist vorstellbar – mit dieser Nachricht liefert der Verfasser dem Leser ein erstes Argument für eine Pilgerreise. Und er hat ein zweites zu bieten. Im Abschnitt über den Gefangenenbefreier Leonhard hebt er als Besonderheit dieses Heiligen hervor, dass dessen Kraft sogar über das Mittelmeer hinaus bis an die jenseitige afrikanische Küste reiche. Was nichts anderes heißt als: Leonhard ist die Ausnahme, was seine Reichweite angeht. Im Normalfall sieht es anders aus. Da ist der Radius eines Heiligen begrenzt. Da hat jeder Heilige seinen abgezirkelten Wirkungskreis. Da nimmt die heilige Energie, die von seinem Grab ausstrahlt, mit der Entfernung ab. In aller Regel muss man sich deshalb persönlich in den Bannkreis eines Heiligen begeben, wenn man in den Genuss seiner Wohltaten kommen will. Gefangenen steht das nicht frei, weshalb der heilige Leonhard über ebenjene Bewegungsfreiheit verfügt, die Eingekerkerten vorenthalten bleibt. Gewöhnliche Heilige aber sind gewissermaßen ortsfest. Wäre es anders, könnte man sich eine Pilgerreise sparen.

Noch viele andere Wunder solcher Art finden sich in dieser Sammlung, alle reichlich phantastisch. Was bedeutet es nun, wenn der Verfasser beteuert, nur die glaubwürdigsten, die sozusagen wahrsten Wunder zusammengetragen zu haben? Alles Lug und Trug? Ich für meinen Teil bin sicher, dass er sie im guten Glauben aufgezeichnet hat. Genauso wie auch seine Leser die Realität dieser Wunder nicht bezweifelt haben dürften. Wir heutigen Leser hingegen werden vermutlich sagen: Da rührt einer ganz geschickt die Werbetrommel. Die Gastwirte entlang des Jakobswegs werden es ihm gedankt haben. Aber natürlich sind all diese Wunder aus der Luft gegriffen. Alle frei erfunden.

Wirklich?

Vielleicht sollten wir mit unserem Urteil doch zurückhaltender sein, denn ganz ohne Wunder scheint es an den Pilgerorten des Mittelalters nicht abgegangen zu sein. Mit Werbekampagnen allein erreicht man auch heute nicht viel, wenn das Produkt zu wünschen übriglässt – sie haben in der Vergangenheit genauso wenig ausgereicht, um Millionen von Menschen über Jahrhunderte hinweg in Bewegung zu setzen. Stärker als von solchen offiziellen Mirakelsammlungen hing der Ruf eines Heiligen von der Mund-zu-Mund-Propaganda jener Pilger ab, die irgendeine Art wundersamer Erfahrung mit ihm gemacht hatten, die eine unerklärliche Heilung oder eine auffällige Gebetserhörung mit ihm in Zusammenhang brachten. Solche Leute sprachen aus eigener Erfahrung. Sie werden subjektiv davon überzeugt gewesen sein, ein Wunder erlebt zu haben, und waren auch für ihre Zuhörer glaubwürdige Zeugen.

Jedenfalls gaben sie oft noch am Ort des Geschehens ihr Wunder zu Protokoll; die Wächter, die zum Schutz der kostbaren Reliquien angestellt waren, fungierten in solchen Fällen als Zeugen und bestätigten Spontanheilungen. Nach ihrer Heimkehr erzählten Pilger dann Verwandten und Bekannten davon. Es gehörte zur Dankbarkeit für eine Gebetserhörung, dass man die Großtat eines Heiligen bekannt machte, und so verbreitete sich der Ruhm regionaler Heiliger allmählich bis in die entferntesten Gegenden – unter den Pilgern, die Wilsnack an der Elbe aufsuchten, kam zum Beispiel ein Gutteil aus Norwegen, und die Windeln Jesu in Aachen erfreuten sich ausgerechnet bei Pilgern aus Ungarn großer Beliebtheit. Doch wie auch immer solche Wunder aus heutiger Sicht zu bewerten sind – dass sich an Pilgerstätten Dinge taten, die aus dem Rahmen des Erwartbaren fielen, ist nicht von der Hand zu weisen. Und ein populärer Heiliger musste eine gewisse Zuverlässigkeit an den Tag legen, sonst geriet er wieder in Vergessenheit. Wenn die Wundererzählungen versiegten, versiegte auch der Pilgerstrom.

Dass es überhaupt für nötig befunden wurde, Wunder schriftlich festzuhalten und einem größeren Publikum bekannt zu machen, hängt allem Anschein nach mit der Entstehung der ersten Wallfahrtstätten zusammen. Einzelne Wundererzählungen tauchen bereits im 10. Jahrhundert auf, und sie drehen sich bezeichnenderweise um den heiligen Jakobus in Santiago. Dessen Grabstätte im hintersten Galicien war dermaßen abgelegen, dass es wohl besonderer Maßnahmen bedurfte, sie überhaupt ins Gespräch zu bringen – da war es keine schlechte Idee, Wundergeschichten über ihn in Umlauf zu bringen. Der Glaube an die übernatürliche Kraft von Heiligen aber ist viel älter. Der hatte seinerzeit schon eine lange Tradition.

In Rom existiert ein aussagekräftiges Beweisstück aus der Anfangszeit dieses Glaubens. Dort wurde bei Bauarbeiten im 19. Jahrhundert unter dem Altarraum der Basilika Sankt Paul vor den Mauern ein Sarkophag aus unbearbeitetem Marmor entdeckt, und darin eingeschlossen ein einfacher Sarg. Die Abdeckplatte des Sarkophags trug die lateinische Aufschrift «Paulus Apostel Märtyrer». Nicht ausgeschlossen also, dass dieser Sarkophag tatsächlich den Sarg des Apostels Paulus birgt, der ganz in der Nähe enthauptet worden war. Für uns aber ist die Deckplatte von besonderem Wert. Sie weist nämlich drei Öffnungen auf, eine kreisrunde und zwei rechteckige, und diese Öffnungen dienten unzweifelhaft dem Zweck, Gegenstände in den Sarkophag hinabzulassen. Durch die runde Öffnung wurde wahrscheinlich an besonderen Feiertagen ein Weihrauchkessel ins Innere gesenkt. Und durch die eckigen Öffnungen konnten Bänder, Tücher und Kleider hinuntergelassen und mit dem Sarg des Apostels in Berührung gebracht werden – aus welchem anderen Grund als in der Hoffnung, etwas in die Hand zu bekommen, das mit der Kraft des Heiligen getränkt war? Da die Deckplatte aus der Zeit Kaiser Konstantins stammt, können wir heute also mit Sicherheit sagen: Der Glaube an die Wunderkraft heiliger Gebeine lässt sich weit zurückverfolgen, bis ins frühe 4. Jahrhundert.

Mit anderen Worten: Der jungen Kirche galten die Gebeine von Märtyrern und anderen Heiligen als etwas unendlich Kostbares. Sie waren Kraftquellen, sie hatten heilige Energie gespeichert und gaben diese ab, auf unbegrenzte Zeit. Aus diesem Grund wurden die frühen Kirchenbauten oftmals direkt über den Gräbern von Märtyrern errichtet; bisweilen führte ein Gang zu diesen Gräbern, sodass ein jeder sie berühren konnte. Und später wurde es allgemein Sitte, die Altäre neuer Kirchen mit den Reliquien von Heiligen auszustatten. Bis heute hat sich daran nichts geändert – auch in meinem Heimatkloster Sankt Ottilien besitzen wir eine kleine Sammlung von Reliquien, auch in Sant'Anselmo, meinem derzeitigen Amtssitz in Rom, gibt es einen Vorrat an Reliquien.

Allerdings führte dieser Brauch alsbald zu einem Problem: Der Bedarf an heiligen Knochen stieg seit dem frühen Mittelalter sprunghaft an. Das Christentum breitete sich immer rascher aus, nun auch nördlich der Alpen, und mit jeder neuen Kirche, die im karolingischen Reich geweiht wurde, mit jedem neuen Kloster, das am Jakobsweg entstand, stellte sich die Frage: Wie an die benötigten Überreste von Heiligen herankommen? Der Vorrat war ja begrenzt, und er schmolz dahin.

Anfangs, in den turbulenten Zeiten der Völkerwanderung, während des 6., 7. Jahrhunderts, war es wohl so, dass Mönche oder Kleriker die sterblichen Reste ihres Heiligen mitnahmen, wenn sie zur Flucht gezwungen waren, und Teile davon jenen Klöstern überließen, die ihnen unterwegs Schutz gewährten. Später entwickelte sich ein regelrechter Handel mit wunderwirkenden Körperteilen, und manche Romreise eines Kirchenmanns diente vor allem dem Erwerb von Reliquien. Zuweilen, wenn im Handel Engpässe auftauchten oder eine Klostergemeinschaft das nötige Geld nicht aufzubringen vermochte, bediente man sich auch kurzerhand selbst und entwendete irgendwo eine Reliquie – was keineswegs als Verbrechen galt, sondern als «frommer Diebstahl» gerechtfertigt wurde. Einer der berühmtesten Fälle dieser Art ereignete sich übrigens anno 672 im Bereich meines Ordens, nämlich die Entführung der Gebeine des heiligen Benedikts aus Montecassino, wo er ursprünglich bestattet worden war, und die Entführer waren niemand anders als die Mönche des bereits erwähnten Klosters St-Benoît an der Loire. Sie konnten allerdings gute Gründe für ihren Beutezug geltend machen, denn das Kloster von Montecassino lag seinerzeit verlassen da, und die Langobarden standen im Begriff, dort zu plündern. Später konnten die Mönche von St-Benoît sogar darauf verweisen, dass der Heilige seinen Umzug selbst gebilligt zu haben scheint, und zwar durch die Wunder, die er unverdrossen an seinem neuen Ort weiterhin bewirkte.

Wie dem auch sei – meine damaligen Mitbrüder hatten jedenfalls keine unübliche Beschaffungsmethode angewandt. Aber nicht einmal auf diesem Wege war dem chronischen Reliquienmangel abzuhelfen. Denn inzwischen hatte man die Erfahrung gemacht, dass Heilige nicht nur Schutz und Hilfe gewährten – sie spülten auch Geld in die Kassen von Klöstern und Kirchen, sie zogen Pilger an, sie belebten die Wirtschaft. Es war an der Zeit, Ersatz für echte Heilige zu schaffen, und der bestand in der Einführung sogenannter Berührungsreliquien.

Was ist darunter zu verstehen? Im Grunde kann eine Berührungsreliquie jeder Gegenstand sein, der in Kontakt mit einer Gestalt der biblischen Geschichte oder einem Heiligen gekommen ist – oder gekommen sein könnte. Holzsplitter vom Kreuz Christi fallen darunter, auch Erde aus dem Heiligen Land, Kleider, Gebrauchsgegenstände, Marterwerkzeuge oder die Windeln, in die Maria den Gottessohn gewickelt hat – und eben die Kutte des erschlagenen Thomas Becket, von der die Menschen in der nächtlichen Kathedrale von Canterbury Fetzen an sich zu bringen versuchten. Berührungsreliquien eröffnen dem Wunderglauben ein weites Feld, und wenn in einem mexikanischen Bergdorf unserer Tage ein Kranker mit dem Wasser aus den Blumenvasen der Kirche gewaschen wird, wenn Kleidungsstücke von ihm auf dem Altar ausgebreitet werden, bevor er sie wieder anzieht, dann haben wir es auch hier mit dem Glauben an die heilkräftige Wirkung von Berührungsreliquien zu tun.

Als der Ritter Arnold von Harff seine Reise unternahm, stand der Reliquienkult in voller Blüte. Und es verschlägt einem beinahe den Atem, wenn man liest, was er an heilsgeschichtlichen Memorabilia unterwegs zu Gesicht bekam, was sich vor allem an Berührungsreliquien in den Kirchen seiner

Zeit angesammelt hatte. Rom zum Beispiel ist ein einziges großes Reliquienschatzhaus, und auch Arnold von Harff kommt hier aus dem Staunen nicht mehr heraus. Als Erstes steuert er die Lateranbasilika an, wo hinter einem Gitter über dem Hochaltar die Häupter der Apostel Petrus und Paulus zu sehen sind. Dann geht er in seinem Reisebericht zum Grab des Evangelisten Johannes unter diesem Altar über, und ganz im Stil der Mirakelsammlung aus dem *Liber Sancti Jacobi* heißt es nun bei ihm: «Als er sich selbst hineingelegt hatte, da erschien eine helle Wolke um das Grab. Als sie vergangen war, fand man himmlisches Brot an seinem Platz liegen. Vor diesem Altar werden alle Sünden vergeben.»

Auf dem folgenden Rundgang durch diese Kirche entdeckt er eine Fülle von Berührungsreliquien, darunter die Handtücher, mit denen Christus seinen Jüngern nach der Fußwaschung die Füße trocknete. Ein Stück des Tischs, an dem er mit seinen Jüngern das letzte Abendmahl einnahm. Eine Steinplatte, auf der die Muttergottes in Ohnmacht fiel, als ihr verkündet wurde, dass ihr Kind gefangengenommen worden sei – wobei sich die Finger ihrer Hand als Abdrücke in den Stein einprägten. Einen Stab, den Mose auf seiner Wanderung durch die Wüste benutzte. Und ein Porträt Jesu Christi, vom Evangelisten Lukas eigenhändig gemalt und mithin lebensecht.

Als Nächstes sucht Arnold von Harff die Kirche Santa Maria Maggiore auf, wo ihn die Wiege beeindruckt, in der Jesus als Kind gelegen hatte, sowie ein Bündel Heu aus seiner Krippe in Bethlehem. Als ergiebiger aber erweist sich die dritte Kirche auf seinem Weg, Santa Croce in Gerusalemme, denn hier gibt es neben zahllosen anderen Heiltümern das Seil zu sehen, mit dem Christus ans Kreuz gebunden, bevor er daran genagelt wurde. Ein Stück des Schwamms, mit dem er in seiner letzten

Stunde am Kreuz getränkt wurde. Zwölf Dornen aus seiner Dornenkrone. Die Tafel mit der Kreuzinschrift, die Pontius Pilatus schrieb. Ein Häufchen Asche, das vom heiligen Laurentius übrig blieb, nachdem er auf einem glühenden Eisengitter zu Tode geröstet worden war. Sodann eine bauchige Flasche, in der das Haupt des heiligen Vincenz schwimmt, und außerdem zwei Becher, von denen der eine Milch der Muttergottes enthält und der andere mit dem Blut Jesu Christi gefüllt ist.

Auf seiner nächsten Station, in San Lorenzo, zeigt man ihm sodann die Steine, mit denen Stephanus gesteinigt wurde, und er bemerkt das Blut, das immer noch an ihnen klebt. Und aus den übrigen Kirchen Roms wäre noch der Strick zu erwähnen, mit dem sich der Verräter Judas nach seiner Tat erhängte, sowie die Brotkrumen, die von der Speisung der fünftausend am See Genezareth übrig geblieben waren. Und zu guter Letzt ein Rock Christi, den seine Mutter ihm in seiner Jugend angefertigt hatte und welcher mit ihm gewachsen war.

Unglaublich, was alles seinen Weg aus dem Heiligen Land nach Rom gefunden hatte! Arnold von Harff notiert akribisch das Reliquieninventar jeder Kirche, und so entsteht über viele Seiten seines Pilgerberichts hinweg allmählich ein mehr oder weniger vollständiges Register jener Gegenstände, die im Neuen Testament ihren Auftritt haben – oder gehabt haben könnten. Selbst die Frömmsten unter uns werden solche Sammlungen wahrscheinlich unter der Rubrik «Kuriositäten» abhaken. Doch was mögen sie den Pilgern des Mittelalters bedeutet haben? Was hat ein Mann wie Arnold von Harff ihnen wohl abgewinnen können?

5. «Gott möge über die Irrtümer der Pfaffen entscheiden»

Von heiligem Gebein und anderen Reliquien

Eine Geschichte aus meinem Heimatkloster Sankt Ottilien vorweg. Wir hatten dort einen betagten Bruder, den Pater Rochus – altertümlich in den Anschauungen, altertümlich auch in der Erscheinung mit seinem Spitzbärtchen. Fünfzig Jahre lang hat er das Amt des Gastpaters versehen, genauso lange ist er gewissenhaft seinen Pflichten als Zeremoniar nachgekommen, und obendrein erteilte er an unserem Gymnasium Religionsunterricht. Pater Rochus stand für eine klare Linie. Für ihn galt unwiderruflich: Der Papst hat immer das letzte Wort! Wenn wir bei einem vor Überraschungen sicher zu sein glaubten, dann bei ihm. Eines Tages aber ging er her und ließ sämtliche Reliquien in unserer Sakristei auf ihre Echtheit überprüfen.

Da kam's dann heraus. Unser Haupt der heiligen Ursula war in Wirklichkeit ein Holzkopf, in den oben ein kleines Knochenstückchen eingelassen war! Und eine andere Reliquie entpuppte sich gar als Hühnerbein. Kurzum: Manches von dem, was uns im Lauf der Zeit an Reliquien geschenkt worden war, verschwand dank der beinahe ketzerischen Akribie von Pater Rochus auf Nimmerwiedersehen in einem stillen Winkel unserer Sakristei.

Anderes aber behielt für uns seinen Wert. Die Sammlung in Sankt Ottilien besteht zum Teil aus Erbstücken, deren

Herkunft tatsächlich verbürgt ist. So wurde der Abtei zum Beispiel für den Einsatz benediktinischer Mönche in Korea ein Armknochen von Andreas Kim geschenkt, dem ersten koreanischen Priester und Nationalheiligen Koreas. Außerdem besitzen wir Gebeine von jungen Afrikanern, die 1886 am ugandischen Königshof für ihren Glauben ihr Leben gelassen haben – einige dieser Knochen in sehr schönen Jugendstil-Schmuckkästen –, sowie einen Armknochen der heiligen Ottilia. Diese nachweislich echten Reliquien wurden früher zu besonderen Festtagen auf dem Altar der Klosterkirche von Sankt Ottilien ausgestellt. Bei der letzten Kirchenrenovierung fanden sie ihren endgültigen Platz unter dem Hochaltar, wo sie nun jederzeit gut sichtbar sind.

Ein barbarischer Brauch? Mir erscheint er durchaus sinnvoll. Denn Sankt Ottilien ist ein Missionskloster, und nicht wenige unserer Mönche haben ihren Dienst in China, Korea und Ostafrika mit dem Leben bezahlt. Mit diesen Reliquien stellt sich die Mönchsgemeinschaft von heute in die Tradition ihrer Abtei. Sie bekennt sich zu dieser Geschichte und ruft sich die Opfer in Erinnerung, die ihre Vorgänger einst gebracht haben. Wir verfolgen mit unseren Reliquien also eine Verpflichtung, und ebenso verstehe ich auch den Reliquienkult des Mittelalters.

Gar keine Frage – ein Großteil der Berührungsreliquien, die Arnold von Harff in Rom zu Gesicht bekam, war gefälscht oder erfunden. Die allermeisten wahrscheinlich. Aber dieses phantasievolle Sammelsurium war doch mehr als eine Art christlicher Erlebnispark. Mag sein, dass der Betrachter damals all diese Stricke und Heubündel und Dornen zunächst einmal als Belegstücke für die Wahrheit der biblischen Geschichten genommen hat. Die Kirche verfolgte damit jedoch noch einen anderen Zweck: Sie demonstrierte Kontinuität. Sie stellte sich auch materiell in eine Tradition, die bis zu den Erdentagen Jesu Christi und noch weiter zurückreicht. Selbst mit dem kuriosesten Objekt unterstrich sie ihren Anspruch auf ein geistiges Erbe. Und gleichzeitig, das ist wahr, lieferte sie handfeste Gründe für die Glaubwürdigkeit des christlichen Glaubens – vor allem jenen Menschen, die den theologischen Gründen mit ihren verwickelten Argumentationsketten und verschlungenen Ableitungen nicht folgen konnten. Das Ganze war, wie gesagt, eben auch eine *Biblia pauperum*, eine Bibel fürs einfache Volk.

Die Welt will betrogen werden? Ich glaube, dass dieser Satz hier nicht zutrifft. Im Universum christlicher Symbole und Zeichen haben auch alle Arten von Reliquien ihren Platz. Das Problem der Echtheit scheint den Pilger, der sich mühsam bis Rom durchgeschlagen hat, im Übrigen gar nicht zu beschäftigen. Arnold von Harff, der aufgeklärte Edelmann vom Niederrhein mit seiner wachen Neugier, fragt auf seinem Rundgang durch die römischen Kirchen jedenfalls nicht nach Beweisen. Zumindest nicht laut. Er traut einfach seinen Augen. Vielleicht, weil selbst die unglaubwürdigsten Ausstellungsstücke auch auf ihn eine Faszination ausüben, der er sich gar nicht entziehen will. Offenbar gibt es in jener Zeit eine starke Sehnsucht nach authentischen Requisiten der Heilsgeschichte, und diese Sehnsucht will es nicht so genau wissen, die lässt sich auch durch Fälschungen befriedigen. Was für sie zählt, ist die Möglichkeit, mit den sichtbaren Grundlagen des Glaubens auf Tuchfühlung zu gehen und so gewissermaßen Augenzeuge der Heilsgeschichte zu werden. Und diese Sehnsucht ist uns ja, in abgewandelter Form, ebenfalls bekannt.

Warum sonst wäre alles, was aus dem Nachlass berühmter

Persönlichkeiten verkauft oder versteigert wird, so begehrt? Eine Gitarre von John Lennon, ein Filmkleid von Audrey Hepburn, eine Brille von Gandhi, ein Feuerzeug aus dem Besitz Peter Fondas – sind das keine Berührungsreliquien? Solche Dinge erhalten ihren einzigartigen Wert erst durch die Welt, aus der sie stammen, jene für normale Menschen unzugängliche Welt der modernen Heiligen, der Stars, oder der großen Gestalten der Geschichte. Und jeder, der sich etwas davon aneignet, hofft doch, dass damit ein Lichtstrahl aus dieser verklärten Welt auf ihn fällt. Offenbar ist der Verstand nach wie vor machtlos gegen den tiefverwurzelten Glauben, Gegenstände könnten eine besondere Kraft speichern und diese an ihre Besitzer wieder abgeben. Gewandelt hat sich seither nur die Sphäre, in der die Quelle dieser Kraft angesiedelt ist.

Mancher von uns wird sich wohl dennoch an den Kopf fassen angesichts einer Gutgläubigkeit, die einen Becher mit der Milch der Jungfrau Maria oder Brotkrumen von der Speisung der fünftausend für echt halten konnte. Man muss manchmal wirklich lächeln, wenn man liest, was seinerzeit alles als Wahrheitsbeweis durchging. In der mittelalterlichen Literatur stößt man gelegentlich auf einen recht unbekümmerten Umgang mit der Logik, und eines der schönsten Beispiele dafür liefert der deutsche Santiago-Pilgerführer des Hermann Künig von Vach.

Künig unternimmt dort den Versuch, ein recht bizarres Wunder schlüssig zu beweisen, und zwar in jener Passage, in der von dem spanischen Ort Santo Domingo de la Calzada die Rede ist. Jeder Jakobspilger von heute kennt dieses Städtchen, jeder wird sich der lebenden Hühner über dem Altar in der dortigen Kirche erinnern, und den meisten dürfte die Legende geläufig sein, die dazugehört. Diese Hühner stellten im Mittelalter bereits eine Sehenswürdigkeit dar, und auch Hermann Künig geht – ungewöhnlich ausführlich für seine Verhältnisse – darauf ein. Ich will kurz erzählen, was es mit diesen Hühnern auf sich hat, weil sie uns geradewegs zu der versprochenen Kostprobe mittelalterlicher Logik führen:

Der Sohn einer Pilgerfamilie aus Köln wird in Santo Domingo zu Unrecht des Diebstahls bezichtigt und angeklagt. Der Bürgermeister verurteilt ihn gleichwohl zum Tode, der Knabe wird umgehend gehenkt, und die Eltern setzen betrübt ihren Weg nach Santiago fort. Auf dem Rückweg kommen sie wieder durch Santo Domingo, sehen ihren Sohn immer noch am Galgen hängen und stellen fest, dass er lebt. Ein Wunder ist geschehen: Der heilige Jakobus hatte den Knaben die ganze Zeit mit seinen Schultern abgestützt! Die Eltern eilen ins Rathaus, wo der Bürgermeister gerade an der Tafel sitzt, eine Schüssel mit gebratenen Hühnchen vor sich, und teilen ihm die frohe Kunde mit. Der aber lacht die Eltern aus und fährt sie an: «Euer Sohn ist so tot wie diese Hühner hier!» Woraufhin sich ein zweites Wunder ereignet, als nämlich seine Brathähnchen im nächsten Moment aufflattern und durchs Fenster davonfliegen. Natürlich wird der Sohn jetzt schleunigst vom Galgen geholt und seinen glücklichen Eltern zurückgegeben. So weit die Legende.

Hermann Künig nun nimmt das Hühnerwunder für bare Münze. Und er führt zwei Beweise dafür an, dass sich alles wirklich so zugetragen haben muss. In seinem Pilgerführer liest sich das folgendermaßen:

Ich weiß fürwahr, dass es nicht ist erlogen,
denn ich selber hab' gesehen das Loch,
daraus eins dem anderen nachgeflogen,
und den Herd, darauf sie gebraten wurden.

Mit anderen Worten: In Santo Domingo sind anno 1495 noch das Fenster im Esszimmer des Bürgermeisters und der Herd in seiner Küche zu sehen, und schon deshalb kann das Hühnerwunder nicht frei erfunden sein! Eine abenteuerliche Beweisführung – umso verblüffender, da der Autor als Mönch und Schriftsteller kein Ungebildeter gewesen sein kann.

Und gleichzeitig eine erhellende Kostprobe mittelalterlichen Denkens. Hier erleben wir gewissermaßen hautnah, welch starke, unmittelbare Überzeugungskraft Bilder auf den Menschen des Mittelalters ausüben. So stark, dass das Sichtbare bereits für den Beweis der Echtheit gehalten wird – auch dann, wenn es nur einen winzigen Ausschnitt der Realität illustriert, die es zu beweisen gilt. Das Sichtbare spricht für seine eigene Wahrheit. Sehen ist glauben. Diese Logik vorausgesetzt, könnte die Überlegung des Hermann Künig so ausgesehen haben: Das reale Fenster und der reale Herd lassen sich eindeutig in einen Zusammenhang mit der Geschichte vom Hühnerwunder bringen, folglich darf man sie als Indizien für die Wahrheit der ganzen Geschichte werten. Schließlich ist die Legende in diesen beiden Punkten durch den Augenschein überprüfbar.

Wir würden heute andere Beweise verlangen. Sehen bedeutet für uns noch lange nicht, auch zu glauben. Oder doch? Sind wir tatsächlich dagegen gefeit, Bilder für die Wirklichkeit selbst zu nehmen? Etwas für wahr zu halten, bloß weil wir es mit eigenen Augen gesehen haben, auf einem Zeitungsfoto, im Fernsehen, im Internet? Ich befürchte, dass uns Heutigen wieder einmal die Vorstellungswelt mittelalterlicher Pilger gar nicht so fremd ist. Denn auch wir halten Bilder oft genug für die Widerspiegelung einer bestimmten Wirklichkeit, obwohl wir sehr genau wissen, wie man mit Bildern manipulieren und

Wirklichkeit verfälschen kann. Auch wir erliegen schnell der verführerischen Macht von Bildern – und glauben am Ende womöglich, selbst dabei gewesen zu sein, bloß weil sich Bilder in unserem Kopf festgesetzt haben. In diesem Punkt zumindest hat Hermann Künig recht: Anschaulichkeit hilft der Vorstellungskraft nach.

Vor der bezwingenden Macht des Augenscheins kapitulierten seinerzeit selbst ausgewiesene Kenner der biblischen Geschichte. Leute wie der Mainzer Domherr Bernhard von Breydenbach zum Beispiel, ein Theologe und Jurist. 1483 bereist er als Pilger das Heilige Land, wo sich die Berührungsreliquien seit der Kreuzfahrerzeit rasant vermehrt haben. Eine wildwuchernde fromme Phantasie hat die heiligen Orte der christlichen Tradition um zahllose Nebenschauplätze ergänzt – um Steine, auf denen Jesus sich ausgeruht hat, um Treppen, auf denen Maria weinend zusammengebrochen ist, um Brunnen, an denen die Jungfrau ihre Wäsche gewaschen hat. Breydenbach registriert, dass vieles davon keine biblische Grundlage hat. Deshalb ist er zunächst auch irritiert, als man ihm in Jerusalem den Kerker zeigt, in dem Jesus gefangen gehalten wurde – «obwohl es nicht in den Evangelien beschrieben ist», wie er in seinem Reisebericht anmerkt. Aber dann siegt bei ihm die Überzeugungskraft des sichtbar Vorhandenen, und er beschwichtigt sich selbst mit den Worten: «Doch da derselbe Kerker noch heute gezeigt wird, mag man es nur gütlich glauben, wie auch andere Dinge, die man nicht geschrieben findet und doch sieht.»

Sehen ist glauben. Allerdings – bei aller Faszination, bei aller Wundergläubigkeit und frommen Nachsicht: Dieser Glaube ist auch im Mittelalter nicht blind. Nicht jede Fälschung wird kommentarlos hingenommen, nicht jede Unwahrscheinlichkeit stumm geschluckt. Interessant an Hermann Künigs Kommentar ist nicht zuletzt, dass er ihn überhaupt für nötig hält. Dürfte er davon ausgehen, dass das Hühnerwunder von Santo Domingo über alle Wahrscheinlichkeitsbedenken erhaben ist, könnte er sich seine Beweisführung sparen. Manchem fällt eben doch auf, dass es in dieser Welt der Wunder nicht immer mit rechten Dingen zugeht.

Geoffrey Chaucer zum Beispiel, dem Dichter der *Canterbury Tales.* Chaucer verfasst sein Werk um 1390, und er nimmt angesichts der üblichen frommen Täuschungsmanöver kein Blatt vor den Mund. Im Prolog zu den *Canterbury Tales* lässt er einen Ablasshändler auftreten, den er sogleich und mit diebischem Vergnügen als windige Figur, als durchtriebenen Geschäftsmann, als Betrüger entlarvt. Von dem heißt es nämlich:

Denn in seiner Satteltasche hatte er einen Kissenbezug,
den er als den Schleier Mariens ausgab.
Er sagte, er habe ein Stück des Segels,
das Petrus benutzt hatte, um auf den
See hinauszufahren, bis Jesus Christus ihn berief.
Er hatte ein Kreuz aus Messing, mit Steinen besetzt,
und in einem Glas hatte er Schweineknochen.
Doch mit diesen Reliquien kam er, wenn er
auf dem Land einen armen Pfarrer gefunden hatte,
an einem einzigen Tag zu mehr Geld,
als dieser Pfarrer in zwei Monaten einnehmen konnte.

So oder ähnlich werden die Praktiken im Reliquienhandel seinerzeit gewesen sein, und wie Chaucer dürfte mancher den Schwindel durchschaut haben.

Doch schon im frühen 12. Jahrhundert tauchen erste Zweifel

auf. Kann man sich auf die Echtheit von Reliquien verlassen? Liegt der Heilige wirklich da, wo ich ihn im Gebet anrufe? Zumindest Gebildete stellen sich solche Fragen, und der Autor des *Liber Sancti Jacobi* kommt tatsächlich etlichen Fällen von Etikettenschwindel auf die Spur. Im französischen Corbigny zum Beispiel, wo die Reste des heiligen Leotard fälschlicherweise als Reliquie des viel berühmteren Gefangenenbefreiers Leonhard ausgegeben werden – aus durchsichtigen Gründen. Ähnlich unbekümmert um die Wahrheit wird der heilige Ägidius von Arles an den verschiedensten Orten vermarktet. «Die Ungarn, die seine Gebeine angeblich zu eigen haben», so liest man, «sollten vor Scham erröten, ebenso wie die Mönche von Chamalières, die vorgeben, seinen Leichnam vollständig zu besitzen. Ebenso müssen sich die Bewohner von Saint-Seine schämen, die über dessen Kopf zu verfügen glauben, und auch die Normannen von der Halbinsel Cotentin rühmen sich zu Unrecht mit dem Besitz von dessen ganzen Reliquien ...» Im Wettbewerb der Pilgerorte untereinander wird also damals bereits kräftig gemogelt, aber es bleibt nicht unbemerkt und auch nicht ungerügt.

In eine ähnliche Kerbe haut gelegentlich auch der ansonsten zurückhaltende Ritter von Harff. Die wundersame Verdoppelung von Heiligen macht ihn dann doch stutzig, und bisweilen ist aus seinem Pilgerbericht eine leichte Verärgerung über die Praktiken des Klerus herauszuhören. In der römischen Kirche Santa Maria Maggiore zum Beispiel notiert er: «In dem Chor über dem Hochaltar liege, so sagte man mir, der heilige Apostel Matthias leibhaftig ... Aber dies habe ich auch in Padua in der Lombardei ebenso an einem Grab geschrieben gefunden, dass sie dort glauben, dass der Apostel St. Matthias leibhaftig in dem Grabe liege, ohne das Haupt, das zu Trier in Deutschland sein soll ... Aber ich will es Gott überlassen, über die Irrtümer der Pfaffen zu entscheiden.» Und etliche Ungereimtheiten später reagiert er beinahe ungehalten, wenn er schreibt: «Gott möge über die Irrtümer der Pfaffen entscheiden, die niemals unrecht haben können und wollen.» Immerhin lässt er doch vieles mit dem klugen Argument gelten: Was man glaubt, das hilft manchmal. Wahrscheinlich ist er ein typischer Vertreter jener letzten Pilgergeneration vor der Reformation, die gern glauben möchte, was ihr an Wunderbarem begegnet, sich aber nicht mehr alles bieten lassen will.

Andere knüpfen sich die gängigen Betrügereien im Handel mit Berührungsreliquien vor. Ein beliebtes Angriffsziel von Kritikern ist die Unmenge an Splittern und Holzstücken bis hin zu balkengroßen Teilen vom Kreuz, die die Schatzkammern der christlichen Welt füllen. Der franziskanische Wanderprediger Bernhardin von Siena (1380–1444) etwa schimpft: «So zeigt man auch viele Stücke vom Holz des Kreuzes Christi, sechs Paar Ochsen vermöchten die Last nicht zu ziehen, wenn man alle zusammenfügte. Das ist das Machwerk von Betrügern.» Und der Humanist Erasmus von Rotterdam (1465/1469–1536) vermutet sogar, dass ein ganzes Lastschiff voll zusammenkäme, wenn man die Partikel alle auf einen Haufen zusammentragen würde. Mit anderen Worten: Da rumort es. Und mit dem Auftreten der Reformatoren rumort es immer lauter.

Plötzlich drohen die Heiligenreliquien, sich in Phantome aufzulösen. Martin Luther spricht es unumwunden aus. Kein Mensch wisse, sagt er, ob in Santiago de Compostela tatsächlich Sankt Jakobus oder nicht vielmehr ein toter Hund oder ein totes Ross liege. Die ganze Pilgerei sei deshalb unsinnig. Er jedenfalls rate den Leuten ab, in der Hoffnung auf Wunder kreuz und quer durch die Lande zu laufen. Was weniger bekannt ist: Auch kirchentreue Theologen sind schon seit geraumer Zeit entsetzt über das, was sich an bestimmten Wallfahrtsstätten abspielt. Und hierhin gehört nun die Geschichte von Wilsnack, der kleinen Stadt an der Elbe zwischen Tangermünde und Dannenberg, deren Ruhm zeitweilig an den der heiligsten Stätten der Christenheit heranreichte. Es ist eine regelrechte Skandalgeschichte. An Wilsnack scheiden sich die Geister wie an keinem anderen Pilgerort; und wo die einen Wunderkräfte am Werk sehen, erkennen die anderen nur noch faulen Zauber.

Alles begann damit, dass die Männer eines gewissen Ritters von Bülow an einem Spätsommertag des Jahres 1383 die alte Dorfkirche von Wilsnack in Brand setzten. Das ganze Gebäude sank in Schutt und Asche. In der folgenden Nacht erhielt ein Priester im Traum den Befehl, zum Ort des Frevels zurückzukehren. Und wie er nun an die Aufräumarbeit geht, entdeckt er in den Trümmern drei Hostien – alle drei unversehrt und obendrein mit Blut besprenkelt. Ein doppeltes Wunder also: Die Flammen haben den Hostien nichts anhaben können, und was sich da auf ihrer Oberfläche zeigt, kann nichts anderes als das Blut Jesu Christi sein.

Der Fund wird sichergestellt, die kirchliche Obrigkeit in Kenntnis gesetzt, die Sache spricht sich herum, und bald erweisen sich diese Hostien als wundertätig: Eine Müllerin, die ins Rad ihrer Mühle geraten und unter Wasser gedrückt worden war, liegt anderthalb Tage wie tot da, kehrt aber nach Anrufung des heiligen Bluts zu Wilsnack ins Leben zurück und wird wieder gesund. Ein Ritter überlebt seine Hinrichtung am Galgen und schreibt dies ebenfalls den Wilsnacker Bluthostien zu. Die Wunder häufen sich, die Geretteten machen sich auf den Weg nach Wilsnack, und Tausende, Zehntausende tun es ihnen in der Folgezeit gleich. Auf festen Routen strömen sie herbei, Pilger aus den Städten Norddeutschlands, aber auch aus Ungarn, aus Böhmen, aus Russland und Skandinavien. Bis heute zeigt man in der Wunderblutkirche von Wilsnack einen Walwirbel, das Geschenk einer norwegischen Pilgergruppe.

Doch bereits 1402 gerät Wilsnack in Misskredit. In jenem Jahr besucht ein Prager Bürger mit einer gelähmten Hand den berühmten Pilgerort und erlebt eine Enttäuschung – die Lähmung weicht nicht. Und die zweite böse Überraschung: Wohl in der irrigen Annahme, der Mann sei bereits abgereist, deklarieren die Wilsnacker Kleriker den Misserfolg öffentlich zum Heilungswunder. Wieder daheim, meldet der Betroffene den Vorfall dem Prager Erzbischof. Der stellt eine Kommission aus drei Professoren zusammen, die die Wunderberichte aus Wilsnack unter die Lupe nehmen sollen. Zeugen werden vernommen, und tatsächlich häufen sich die Anzeichen dafür, dass in Wilsnack vorsätzlich betrogen wird.

Ein Skandal bahnt sich an. Auch die klügsten Köpfe Deutschlands fällen nun ein vernichtendes Urteil über den Wallfahrtsort Wilsnack. Sie sprechen von Aberglauben, bestreiten grundsätzlich die Möglichkeit, dass aus Hostien Blut austreten könne, laufen gegen Wilsnack Sturm und erreichen damit – nichts. Bei den Intellektuellen ist der ganze Bluthostienkult längst gründlich in Verruf, doch das Volk bleibt unbelehrbar. Es pilgert weiterhin in hellen Scharen zu der Wunderblutkirche an der Elbe.

Im Jahr 1443 reist der Magdeburger Theologe Heinrich Tocke an den Ort des Geschehens, um sich mit eigenen Augen Klarheit zu verschaffen. Er lässt sich die Bücher mit den Wunderprotokollen vorlegen. Er besteht darauf, die legendären

Bluthostien selbst in Augenschein zu nehmen. Und er ist entsetzt. «Ich sah drei winzige Hostienstücke, die schon gleichsam aufgezehrt und verdorben waren, aber überhaupt nichts Rotes oder Rötliches war dort», schreibt er in seinem Bericht. «Was sollen wir also von dem Blut halten; und selbst wenn es ganz rötlich wäre, folgt daraus nicht, dass es Blut ist, und wenn es Blut wäre, folgt daraus nicht, dass es Blut Christi ist und so zu verehren sei, wie es die törichten Leute seit schon sechzig Jahren tun.»

Deutliche Worte. Eher klebe das Blut des Teufels daran als das Blut Christi, notiert Tocke verärgert. Aber auch Gutachten wie dieses können der Popularität von Wilsnack nichts anhaben. Die Stunde des umstrittenen Pilgerorts schlägt erst mehr als einhundert Jahre später. 1552 nämlich bemächtigt sich der protestantische Prediger Joachim Ellefeldt in einem handstreichartigen Überfall der Wunderhostien und wirft sie kurzerhand ins Feuer. Und diesmal verbrennen sie. Was der Einspruch der Theologen nicht vermochte, bewirkt diese Tat eines einzelnen Draufgängers: das Ende der Wallfahrt nach Wilsnack.

Ich finde diese Episode aus der langen Geschichte der Wallfahrten aus zwei Gründen bemerkenswert. Zum einen haben wir hier ein hervorragend dokumentiertes Beispiel für kritische Vernunft. Theologen und Geistliche zumindest haben durchaus ein wachsames Auge auf den Pilgerbetrieb. Etliches ist auch ihnen nicht geheuer. Sie lassen längst nicht alles durchgehen, und gegen den Wunderhostienkult in Wilsnack schreitet der Papst 1451 sogar mit einem Verbot ein.

Aber theologischer Sachverstand führt oftmals einen aussichtslosen Kampf gegen das, was das einfache Volk sich von Gott und seinen Heiligen verspricht – und das ist der zweite

Aspekt, der den Fall Wilsnack so interessant macht. Die «törichten Leute», wie Heinrich Tocke sie in seiner Empörung nennt, lassen sich einfach nichts sagen, wenn es um ihre Domäne geht, nämlich um Wunder und Legenden. Die besitzen ihren eigenen Glauben, und der hat mit dem Glauben der Theologen oft wenig gemeinsam. Diese Spannung zwischen hoher Theologie und Volksfrömmigkeit durchzieht die gesamte Geschichte des Christentums – aber sie ist keine christliche Besonderheit. Schon im alten Griechenland waren die religiösen Überzeugungen der Philosophen und der Glaube des einfachen Volkes zweierlei. Sokrates ist daran gescheitert. Er wurde angeklagt, die Götter lächerlich gemacht zu haben, weil er allein seinem eigenen Gewissen folgen wollte – und hingerichtet.

Die einfachen Gläubigen des Mittelalters lassen jedenfalls nur ein einziges Kriterium für die Echtheit einer Reliquie gelten: das Wunder. Alles, was Wunder bewirkt, ist für sie echt. Weiterer Beweise bedarf es nicht. Mitunter wird sogar versucht, ein Wunder gezielt herbeizuführen, dann etwa, wenn es um die Identifizierung von Reliquien ungewisser Herkunft geht. Wie dieses Prüfverfahren aussah, davon erzählt eine Legende, die ich wiederum der Geschichte des Klosters von Saint-Benoît-sur-Loire entnehme.

Sie werden sich erinnern, dass dieses Kloster Mönche nach Montecassino entsandt hatte, um den Leichnam des heiligen Benedikts nach St-Benoît zu überführen. In Montecassino, so berichtet die Legende, sahen sich die Ankömmlinge nun vor ein Problem gestellt, das ihnen Kopfzerbrechen bereitete: Benedikt lag nämlich nicht allein in seinem Grab. Die heilige Scholastica, seine Zwillingsschwester, war im selben Grab beigesetzt worden, und die Knochen der beiden ließen sich nicht säuberlich trennen. Also packten die ratlosen Mönche zunächst einmal den gesamten Grabinhalt in einen Korb und machten sich auf den Rückweg. Doch weil der Heilige in diesem Zustand, mit den Gebeinen seiner Schwester vermischt, daheim nicht präsentabel war, hielten sie vorher in einer Ortschaft an und sortierten die Knochen so gewissenhaft wie möglich. Aber konnten sie jetzt sicher sein? Hatten sie die Einzelteile wirklich richtig zugeordnet? Da kamen sie auf die Idee, das, was sie für die Überreste Benedikts hielten, einem jüngst verstorbenen Knaben ins Bett zu legen – und siehe da, der Junge kehrte ins Leben zurück. Das Wunder beseitigte jeden Zweifel, und die Rückkehrer konnten den Daheimgebliebenen nun eine Reliquie übergeben, deren Identität außer Frage stand.

Wunder überzeugen immer. Damals jedenfalls. Sie überzeugen, weil Gott seine Hand stets im Spiel hat. Nichts ist ausgeschlossen, alles ist möglich – dieser Glaube kommt als Quintessenz theologischer Höhenflüge in den Niederungen des einfachen Volkes an. Doch auch die Intellektuellen finden Vernunft und Wunderglauben grundsätzlich durchaus vereinbar. Und wir? Was ist für uns eigentlich davon geblieben? Können wir von alledem noch irgendetwas glauben, ohne die aufgeklärte Vernunft zu verraten? Oder blamiert sich jeder, der heute noch von Wundern spricht?

Die Antwort fällt nicht leicht. Ja, Wunder geschehen auch heute noch, müsste man sagen, wenn man von den Erfahrungen ausgeht, die in Lourdes gemacht werden. Dort geht es um Heilungen und Heilungswunder, und dass an diesem Ort tatsächlich überraschende Heilungen stattfinden, ist unbestreitbar. Sie werden von dem Ärztekomitee bestätigt, das in Lourdes im Einsatz ist, jeden einzelnen Fall registriert und sehr gründlich untersucht. Derzeit sind es nicht so viele, man zählt etwa siebzig im Jahr. Immerhin verzeichnen die Bücher der letzten einhundertfünfzig Jahre annähernd siebentausendzweihundert Heilungen, für die es zur jeweiligen Zeit keine medizinische Erklärung gab! Eine moderne Mirakelsammlung. Die Kirche hat aus dieser großen Menge unerklärlicher Heilungen allerdings nur die bemerkenswertesten Fälle als echte Wunder anerkannt, und das sind alles in allem siebenundsechzig.

Tatsache ist: Dergleichen kommt vor. Spontanheilungen ereignen sich in Lourdes bis auf den heutigen Tag, und nichts scheint mir dagegenzusprechen, dass an den Pilgerorten des Mittelalters sich ähnlich Erstaunliches, ähnlich Rätselhaftes zutrug. Zumal ich selbst von einem Mitbruder weiß, der in Lourdes von einer unheilbaren Krankheit geheilt wurde. Er litt an Multipler Sklerose – und kehrte als Gesunder aus Lourdes zurück. Ich kannte diesen Mitbruder gut. Er war kein Frömmler, war weder verschroben noch hysterisch. Und in den dreißig Jahren, die ihm nach seiner überraschenden Genesung noch an Lebenszeit vergönnt waren, blieb er von dieser Krankheit tatsächlich verschont.

Für mich sind solche unerklärlichen Heilungen ein Beweis dafür, dass der Glaube Berge versetzen kann. Und ebendeshalb bin ich dafür, über Wunder in einem weiteren Sinne zu sprechen. Denn Wunder sind nicht nur materiell oder biologisch zu verstehen. Sie betreffen niemals allein den Körper und seine Gebrechen. Nach meinem Verständnis führen sie vor allem einen Wandel auf der geistig-seelischen Ebene herbei, und diese Wirkung scheint mir auch an den Wundern Jesu Christi das eigentlich Bedeutsame zu sein.

«Dein Glaube hat dir geholfen» – mit diesen Worten begleitete Jesus manches seiner Heilungswunder. Das klingt, als wäre die plötzliche Genesung nichts weiter als ein Nebeneffekt des Glaubens, also der Bereitschaft, völliges Vertrauen zu Gott zu fassen. Und wer diese Worte so versteht, hat sicher recht. Ich bin überzeugt, dass Jesus sie genau in diesem Sinne gemeint hat. Er macht bei den Kranken, die zu ihm kommen, nicht einfach da weiter, wo die ärztliche Kunst seiner Zeit versagt. Er zaubert nicht ihre Krankheit fort. Er ist auch nicht der bessere Mediziner. Die Wunder Jesu sind Zeichen einer neuen Zeit, die mit ihm anbricht. Zeichen einer neuen Zeit des Glaubens, Zeichen einer neuen Zeit der Liebe – und beides, Glaube wie Liebe, sind Kräfte, die über alle Krankheit triumphieren. Durch diese Kräfte kommt der Mensch mit Gott und mit sich selbst – und nicht zuletzt mit seinen Mitmenschen – ins Reine, und das wirkt heilend auf Leib und Seele.

Praktisch gesehen könnte man sagen: Jede Verkrampfung und viele krankhafte Veränderungen der Organe haben seelische Ursachen. Wenn sich ein Kummer in die Seele frisst, dann frisst er sich auch in den Leib. Wird die Seele aber durch die Erfahrung der Liebe und die Kraft des Glaubens frei, kann sich auch eine Verkrampfung schlagartig lösen, kann auch der Leib dieselbe Erlösung wie die Seele erfahren. Körper und Seele nehmen aneinander Anteil, und wenn die Seele sich freut, freut sich der Körper auch. Ich würde deshalb niemals bestreiten, dass Gott in einem Menschen heilend wirken kann. Aber dürfen wir deshalb getrost von Wundern sprechen?

Ich würde sagen: Ja – vorausgesetzt, wir verstehen etwas anderes darunter als der Mensch des Mittelalters. Wunder wie die fliegenden Brathähnchen von Santo Domingo gehören einer magischen Vorstellungswelt an, mit der die Naturwissenschaften endgültig aufgeräumt haben. Mirakel in diesem

Sinne sind Hokuspokus. Aber warum sollte Gott nicht in einer Weise, die sich unserem prüfenden Blick entzieht, in die Natur hineinwirken? Er ist der Schöpfer. Und er hat seine Schöpfung nicht so angelegt, dass sie stur wie ein Uhrwerk abläuft. Wenn wir Wunder also als Zeichen einer umfassenden Heilung verstehen, einer Heilung an Seele und Leib, dann dürfen auch wir immer noch auf Wunder hoffen.

6. «Wenn man sie essen sieht, glaubt man, fressende Hunde vor sich zu haben»

Als die Fremde noch Zumutungen bereithielt

Vom Apostel Jakobus erzählte man sich folgende Legende: Ein tyrannischer Herrscher raubte einem ehrbaren Kaufmann alle Habe und sperrte ihn hoch oben in einem Turm ein. Der Unglückliche wandte sich in seiner Not an den Apostel und flehte ihn um Hilfe an. Da neigte sich der Turm so weit zur Seite, dass seine Spitze die Erde berührte und der Gefangene fliehen konnte. Die Wächter setzten ihm nach, aber Jakobus machte den Fliehenden für sie unsichtbar, und so entkam er.

Die Geschichte einer Rettung also. Die Geschichte eines Heiligen, der durch sein Eingreifen geschehenes Unrecht wiedergutmacht. Eine kleine, nette und völlig unglaubwürdige Geschichte. Eine Legende eben, ein hübsches Phantasieprodukt. Dergleichen für möglich zu halten, sollte man meinen, müsste auch dem Menschen des Mittelalters schwergefallen sein. Hier kann sich der Glaube ja nicht einmal an etwas Sichtbares klammern, an ein Fenster oder einen Herd zum Beispiel. Hier widerspricht einfach alles der Erfahrung und der Vernunft. Warum erzählt man sich solche Legenden trotzdem? Was gehört dazu, selbst einer so unrealistischen Geschichte noch etwas abgewinnen zu können?

Ich glaube, wir kommen hier zu einem grundlegenden Unterschied zwischen unserer Welt und der des Mittelalters.

Manches bisher, was uns auf den ersten Blick befremdlich erschien, hat sich dann doch als bekannt erwiesen, auch wenn es sich mittlerweile in abgewandelter Form zeigt. In diesem Fall aber trennt uns tatsächlich ein tiefer Graben von unseren Vorläufern auf den Pilgerwegen Europas. Denn ihnen war Wunschdenken eine Selbstverständlichkeit. Bei uns ist Wunschdenken verpönt.

Die modernen Naturwissenschaften haben uns unwiderruflich in die Welt der sogenannten Realitäten versetzt. Diese Welt richtet sich nicht nach unseren Wünschen. Sie ist, wie sie ist. Sie folgt natürlichen Gesetzmäßigkeiten, die anerkannt werden müssen und genutzt werden können, aber auf jeden Fall unerschütterlich gelten. In der Vorstellung des Mittelalters hingegen ist das ganze natürliche Universum auf die Wünsche des Menschen zugeschnitten.

Denn dieses Universum ist eine Schöpfung Gottes, und Gott ist darin allgegenwärtig. Unsichtbar, aber spürbar. Erfahrbar besonders an den heiligen Orten, mit denen der Mensch seine Welt ausstattet – diesen Orten der Nähe Gottes, diesen Orten des Heils. Auch sein eigenes Leben verdankt der Mensch dem Willen Gottes, mit dessen Fürsorge er daher jederzeit rechnen darf. In diesem Gott findet er mithin einen Verbündeten, der über alle Gesetzmäßigkeiten erhaben ist. Einen allmächtigen Verbündeten. Deshalb lebt der mittelalterliche Mensch in einer Welt, die ihm entgegenkommt. Die sich ihm zuwendet. Die für jeden Erbarmen und Freundlichkeit bereithält. Und die ihm, vorübergehend zumindest, zur Heimat werden kann, weil er sich selbst darin erwünscht fühlen darf. Von allen Seiten ist er von Erlösung, Hilfe und Rettung umgeben. Gewiss, genauso umlauern ihn die feindlichen Kräfte des Bösen, die Mächte der Finsternis. Aber die haben keinen Ort auf dieser Erde, die sind gewissermaßen auch nur zu Gast. Die hindern ihn jedenfalls nicht daran, die Welt seinen Hoffnungen anzupassen. In seiner Vorstellung. In seinem Glauben. Und in Legenden. In Legenden, die keine Rücksicht auf die Wahrscheinlichkeit nehmen müssen, weil sie der Freiheit des Wünschens entspringen.

Wir haben diese Freiheit heute nicht mehr. Wir unterliegen dem Zwang, unser Denken naturwissenschaftlichen Erkenntnissen anzupassen. Und müssen feststellen: Dieser Welt sind wir gleichgültig. Da ist kein freundlicher Wille am Werk. Da ist, rein wissenschaftlich betrachtet, überhaupt kein Wille am Werk. In dieser Welt sind wir nichts Besonderes mehr. Unsere Existenz verdanken wir einer chemischen Reaktion, keinem Gott, und alles, was wir bei der Erforschung dieser Welt zu finden hoffen dürfen, sind Gesetzmäßigkeiten, die auf jeden Stein genauso zutreffen. Wir haben das Recht verloren, die Welt so zu sehen, wie wir sie uns wünschen. Wir müssen uns an die Fakten halten.

Das hat Vorteile. Gerade weil wir darauf verzichten, uns unseren eigenen Reim auf die Welt zu machen, sind wir in der Lage, uns die meisten Wünsche selbst zu erfüllen. Technik und Wissenschaft sind an die Stelle des Wunders getreten. Der Mensch des Mittelalters konnte sich nur einen bescheidenen Teil seiner Wünsche aus eigener Kraft erfüllen – unsere technische Zivilisation ist eine regelrechte Wunscherfüllungsmaschine. Aber wir spüren auch: An unsere wahren Wünsche trauen wir uns nicht mehr heran. Die bleiben auf der Strecke, weil sie durch alle Technik dieser Welt nicht zu erfüllen sind. Vielleicht ist das ein Grund dafür, warum so viele Menschen wieder auf den Pilgerrouten der Vergangenheit unterwegs sind. Menschen, die es womöglich leid sind, nur nüchtern ein Fazit nach dem anderen zu ziehen. Denen bewusst geworden ist, dass heute ebenso viel zu wünschen übrigbleibt wie eh und je. Die sich in der Welt willkommener fühlen möchten, als es die Wissenschaft erlaubt. Könnte es sein, dass wir im Augenblick eine Rehabilitierung des verpönten Wunschdenkens erleben?

In Legenden jedenfalls siegt der Wunsch über die Wirklichkeit. Der Wunsch nach Gerechtigkeit zum Beispiel in der Legende vom Turm, der sich zur Erde neigt. Und in gewisser Weise gehören solche Legenden tatsächlich zur Alltagswirklichkeit des mittelalterlichen Menschen, der sich auf Pilgerfahrt begibt. Er erfährt nämlich am eigenen Leib, welche Energie das Wunschdenken freisetzen kann. Eine Energie, die sich als Wagemut, Ausdauer und Unerschrockenheit äußert. Und all dies wird er unterwegs beweisen müssen. Zumindest dann, wenn er ein weit entferntes Ziel ansteuert, lässt er sich auf eine Welt ein, von der er keine Vorstellung hat. In der alles ungewohnt ist. Noch gibt es keine Globalisierung, keine flächendeckende Pizzakultur, keine Holiday Inns, keine Handys. Wer aufbricht, ist für niemanden mehr erreichbar, er lässt wirklich alles zurück, was ihm Heimat ist. Er begibt sich in die Fremde und muss mit einem Schicksal rechnen, das sein bisheriges Leben über den Haufen wirft.

Das mussten auch drei Söhne einer Familie in meiner Heimat, dem Allgäu, im 16. Jahrhundert erfahren. Drei Ritter. Die Familienchronik erzählt, dass sie auf Pilgerreise gingen, aber nur einer davon zurückkam. Die Spur des ersten verliert sich irgendwo auf dem Weg nach Jerusalem. Der zweite blieb in Rom hängen. Und der einzige Heimkehrer fand etwas ganz anderes, als er ursprünglich gesucht hatte: Er war in der Schweiz dem Reformator Ulrich Zwingli begegnet und brachte ihn gleich in meine Heimat mit. Drei Pilgerfahrten, und jede mit unvorhergesehenem Ausgang.

Wir dürfen den mittelalterlichen Pilger also nicht einfach für eine Vorform jener Spezies halten, die wir heute als Touristen bezeichnen. Auch wenn man es nicht mehr heraushört, klingt im deutschen Wort «Pilger» noch der bedrohliche Unterton an, den das lateinische Ursprungswort *peregrinus* einst besaß. Denn unter *peregrinus* wird zunächst einmal jeder verstanden, der dazu verurteilt ist, sich auf fremder Erde zu bewegen. Ob als Verstoßener oder aus eigenem Antrieb – der *peregrinus* ist der Fremdling, der seinen Weg oder sein Heil im Ausland sucht, sich also außerhalb des Bezirks aufhält, in dem er den Schutz des Bürgerrechts genießt. So jemand muss ständig auf der Hut sein, denn mit Fremden macht man vielerorts ähnlich kurzen Prozess wie mit dem Sohn der Kölner Pilgerfamilie in der Legende vom Hühnerwunder. Eine ungemütliche Existenz aber auch deshalb, weil sie ihn fremden Gewohnheiten, einem anderen Recht und unbekannten Sprachen aussetzt. Und obendrein wird er von den Einheimischen mit Misstrauen betrachtet, weil er alle Bindungen aufgegeben hat, weil er nicht mehr unter der Beobachtung seiner eigenen Gemeinschaft steht, weil er als Ungebundener womöglich zu jeder Schandtat fähig ist.

Die erste Frage, die man an so einen richtet, gilt traditionell seiner Herkunft, damit man ihn wenigstens notdürftig einordnen kann. Halbwegs beruhigend schon, wenn er überhaupt einen Herkunftsort nennen kann. Und als Nächstes dann die Frage nach dem Motiv seiner Wanderschaft. In der vormodernen Welt verlässt keiner seine Heimat ohne Grund. Im Leben eines Menschen ist der Ort der Herkunft die wichtigste Konstante, und viele verbringen an dem Ort, wo sie geboren wurden, ihr ganzes Leben. Noch heute gilt es in traditionellen Gesellschaften als Unglück, nicht dort zu sterben, wo man das

Licht der Welt erblickte, seine Kindheit verbrachte, sein Elternhaus hatte. In Afrika habe ich das selbst einmal erlebt.

Da kam mir beim Verlassen eines Hospitals ein einbeiniger Mann entgegen und fragte, ob wir ihn im Auto mitnehmen könnten bis zu dem Tal, aus dem er stammte. Er sei zeitlebens Söldner gewesen, sagte er, jetzt wolle er in seine Heimat zurückkehren, um sich sein Grab zu schaufeln und zu sterben. Der Tod selbst scheint für ihn kein schrecklicher Gedanke gewesen zu sein. Die Vorstellung aber, in der Fremde zu sterben, muss ihm Angst gemacht haben. Dieser Mann hatte noch ein Empfinden für den Fluch der Heimatlosigkeit, den auch der *peregrinus* kannte.

Bedrohlich ist die Fremde schon deshalb, weil sie die eigene Identität angreift. Es kann das Selbstbild erschüttern, wenn einen keiner mehr kennt. Daheim weiß jeder, wer ich bin, da stellt mich kein Mensch in Frage, da weiß ich schon deshalb, wer ich bin, weil es die anderen wissen. Doch wenn ich alles Bekannte hinter mir lasse, namenlos und sogar sprachlos geworden bin, besteht die Gefahr, dass ich am Ende selbst vergesse, wer ich bin. Und plötzlich steht man nackt vor sich selbst. Plötzlich fragt man sich, was denn übrig bleibt von einem, wenn man sich nicht mehr in den Augen der anderen spiegelt, wenn sich die Hülle der gesellschaftlichen Rollen, die man für sein wahres Ich gehalten hat, als nutzlose Verkleidung herausstellt und etwas ganz anderes zum Vorschein kommt.

Da kann man erschrecken. Und sich zu einer Revision seines gesamten Lebens gezwungen sehen, so wie Bruno, den ich im ersten Kapitel erwähnt habe. Der Mann, der in sechsundneunzig Tagen von München nach Santiago de Compostela gelaufen ist. «Wenn man unterwegs ist», erzählte er, «läuft die innere Uhr rückwärts. Man fängt bei seiner Kindheit an, geht danach alle Stationen seines Lebens durch und überlegt, ob man etwas hätte besser machen können. Stundenlang ist man mit seinen Gedanken ganz woanders, und einige Male habe ich mich gründlich verirrt, so gedankenverloren war ich. Pilgern ist gleichzeitig eine Lebensreise.»

Wir modernen und weltbewanderten Menschen befragen uns selbst, wenn wir in der Fremde allein mit uns sind. Ganz anders reagiert Aymeric Picaud, der Verfasser des Pilgerführers im *Liber Sancti Jacobi*. Er muss um 1140 nach Santiago gepilgert sein – und scheint keine wahre Freude daran gehabt zu haben. Jedenfalls aktiviert er einen bekannten Schutzmechanismus: Er macht das Fremde herunter. Er verschanzt sich hinter der Attitüde des Überlegenen. Je weiter er sich von zu Hause entfernt, desto unzivilisierter erscheint ihm die Welt ringsum, desto gereizter fallen seine Beschreibungen von Land und Leuten aus, und irgendwann lässt er kaum noch ein gutes Haar an den Eigenarten der Völker, mit denen er in Berührung kommt. Auch das ist menschlich. Auch der Tourismus unserer Tage bringt nicht nur Völkerverständigung und gegenseitige Wertschätzung hervor. Für uns sind die frühen völkerpsychologischen Betrachtungen Picauds vor allem deshalb aufschlussreich, weil viele Pilger so wie er empfunden haben dürften: Selbst ohne Raubüberfälle, wilde Tiere und betrügerische Wirte war die Fremde bedrohlich genug – einfach, weil es dort anders zuging als in den heimatlichen Gefilden. Abgesehen davon ist sein Pilgerführer stellenweise aber auch eine amüsante Lektüre.

Am Beginn seiner Wegbeschreibung schwelgt Aymeric Picaud in den Vorzügen seiner Heimat, des Poitou im Westen Frankreichs. Hier ist die Welt in Ordnung, und eine angenehmere Gesellschaft als seine Landsleute kann man nicht finden. Elegant gekleidet sind sie, «vom Gesicht schön, gewandt im

Wort, großzügig und gastfreundlich» und obendrein sportlich. Wohl dem Pilger, der die Route durchs Poitou wählt! Er wird keine Enttäuschung erleben. Doch dann, je weiter sich Picaud nach Süden vorarbeitet, verdüstert sich das Bild. Fast unmerklich zunächst, denn über die Gegend von Bordeaux ist er eigentlich des Lobes voll. Das Land ist reich an Wein und Fisch, schreibt er, man könnte höchstens an der rauen Sprache der Menschen dort Anstoß nehmen. Auch gegen die Gascogne ist im Prinzip noch nichts einzuwenden, weil das Land fruchtbar und lieblich ist, eine Augenweide. Die Gascogner allerdings! Diese Gascogner sind nun doch gewöhnungsbedürftig. Sie haben nämlich «ein loses Maulwerk, sie sind schwatzhaft, spöttisch, lüstern», und «wenn sie am Feuer sitzen, essen sie gewöhnlich ohne Tisch und trinken gemeinsam aus einem Becher». Obendrein zechen sie kräftig, sind ärmlich gekleidet und «schlafen alle zusammen auf wenig verfaultem Stroh, sogar das Gesinde mit Herr und Herrin»!

Man sieht: Sein Reiseführer liefert auch eine detailreiche Darstellung der Lebensverhältnisse in ländlichen Regionen. Picaud ist kein schlechter Beobachter. Und weil er nicht ungerecht sein will, billigt er den Gascognern wenigstens eine herzliche Gastfreundschaft zu.

Davon kann nun im Baskenland überhaupt keine Rede mehr sein. Schon die Landschaft «erscheint durch Wälder und Wildnis bedrohlich». Seine Bewohner aber sind der Schrecken jedes Pilgers. Allein ihr grimmiges Aussehen und ihre fremdartige Sprache flößen Angst ein. Zwar sind die Zeiten vorbei, in denen die Basken auf Pilgern wie auf Eseln zu reiten pflegten, aber immer noch sind sie halbe Tiere. Denn im Haus eines Basken «pflegen alle Hausbewohner, Knecht wie Herr und Magd wie Herrin, zusammen die in einem Topf vermischten

Speisen zu verschlingen, nicht mit Löffeln, sondern mit den Händen. Ebenso trinken alle aus einem Becher. Wenn man sie essen sieht, glaubt man, fressende Hunde oder Schweine vor sich zu haben. Wenn man sie reden hört, erinnert es an Hundegebell.»

Dann, als würde plötzlich die Erinnerung an erlittene Kränkungen in ihm aufsteigen, verliert Picaud schier die Fassung und steigert sich in einen regelrechten Wutausbruch hinein: «Es ist ein barbarisches Volk, das sich von allen Völkern in Gebräuchen und Wesen unterscheidet, voller Bosheit, von schwarzer Farbe, unansehnlich, verrucht, schurkisch, falsch, treulos und korrupt, wollüstig, trunksüchtig ... (ich lasse hier eine ganze Reihe weiterer Schmähungen aus) ... kurzum, zu jeglichem Guten unfähig, aber Lastern und der Sündhaftigkeit aufgeschlossen.» Was er unter Lastern und Sündhaftigkeit versteht? Picaud bleibt die Antwort keinen Augenblick lang schuldig und geht mit der Unbefangenheit des mittelalterlichen Menschen in die pikanten Einzelheiten: «In gewissen Gegenden», vertraut er dem Leser an, «zeigt der Mann der Frau und die Frau dem Mann – wenn sie sich erhitzen – ihre Schamteile.» Und das ist längst nicht alles. Die Basken pflegen nämlich auch «mit ihrem Vieh Unzucht zu treiben».

Solche Offenbarungen wirken wie eine – vorweggenommene – Parodie auf moderne ethnologische Untersuchungen, und man fragt sich, ob der Autor dem Leser all dies nur der abschreckenden Wirkung halber verrät. Schauergeschichten dieser Art kann man ja in abendlicher Runde am Lagerfeuer oder am langen Tisch in der Pilgerherberge zum Besten geben und ausschmücken und wird sich dem Baskenland dann mit einer Mischung aus Grauen und nicht ganz keuscher Faszination nähern. Immerhin weiß der Pilger jetzt, was ihn auf seinem

Weg durch die Pyrenäen erwartet – und dass es schlimmer eigentlich nicht werden kann.

Tatsächlich zeigt sich Picaud im Folgenden etwas milder gestimmt, und seine Urteile fallen in dem Maße gnädiger aus, in dem das ersehnte Ziel näher rückt. Spanien, das muss er zugeben, ist ein reiches Land. Seine Bewohner taugen zwar ebenfalls nicht viel – schlecht und lasterhaft nennt er sie –, doch mit seiner Erwähnung von Gold und Silber, von Milch und Honig schlägt er immerhin eine gedankliche Brücke von Spanien zum Gelobten Land. Erst den Galiciern kann er wieder etwas abgewinnen, denn «sie ähneln unserem französischen Volk im Vergleich zu allen übrigen unkultivierten spanischen Völkern durch ihre Gebräuche am meisten». Der einzige Wermutstropfen: Sie gelten als jähzornig und streitsüchtig. Alles in allem merkt man ihm nun aber die Erleichterung an, sich den Zumutungen des Ungewohnten einstweilen nicht mehr aussetzen zu müssen. Im Santiago de Compostela seiner Zeit geht es ziemlich französisch zu.

Nein, anfreunden kann sich Aymeric Picaud mit der Fremde nicht. Die Reise nach Santiago wird ihn eher in seiner Heimatliebe bestärkt haben, und sein Pilgerführer wird bisweilen als Indiz dafür herangezogen, dass die Pilgerei Vorurteile genährt und Ressentiments geschürt habe. Das ist nicht auszuschließen – auch heutige Reisende kommen, wie gesagt, nicht immer mit der besten Meinung von ihren Auslandsaufenthalten zurück. Andererseits findet sich weder bei Arnold von Harff noch bei Hermann Künig von Vach eine Spur von Ressentiment. Im Gegenteil – Harff beschleicht manchmal das Gefühl, seine Beschreibung des Orients könne für christliche Ohren zu wohlwollend ausfallen. Mit den Muslimen scheint er vorzüglich zurechtgekommen zu sein. Und Hermann Künig findet Mentalitätsunterschiede in seinem Reiseführer nach Santiago überhaupt nicht erwähnenswert. Mag sein, dass die Fremde mittlerweile deutlich weniger fremd geworden war, denn zwischen ihren Schriften und dem *Liber Sancti Jacobi* liegen dreihundertfünfzig Jahre und die Erfahrungen etlicher Generationen von Jerusalem- und Santiagopilgern.

Allerdings muss auch Arnold von Harff seinen Reisebericht noch gegen die Angriffe von Landsleuten verteidigen, die sich die Welt jenseits ihres Horizonts einfach nicht vorstellen können und vieles deshalb für erfunden halten. In seiner Vorrede entrüstet er sich über die «mutwilligen und unbändigen Kläffer und Ehrabschneider», die seinen Schilderungen keinen Glauben schenken wollen. Wer zu Hause bleibe, kontert er, wer nur sein kleines Stückchen Erde kenne, wer seine Lebensgewohnheiten für die einzig möglichen halte, der sei eben ein vernagelter Provinzler. Aus Borniertheit meinen solche Leute dann, «was die Pilger berichten, sei erlogen».

Die Zumutungen der Fremde, das ist das eine – die Bedrohung der eigenen Identität und die irritierende Erfahrung, dass es andernorts ganz anders zugeht. Dazu kommen für den mittelalterlichen Pilger die ganz konkreten, alltäglichen Plagen, nämlich die Strapazen des Weges, Hunger, Durst, Hitze, Kälte, Erschöpfung und Krankheit. Selbst wenn alles gutgeht, muss er sich Schritt für Schritt zum Ziel durchkämpfen, von Ungeziefer zerstochen, unausgeschlafen, schweißgebadet oder durchnässt. Das zumindest ist jedem Pilger von Anbeginn seiner Reise an klar: Nur durch geduldiges Ertragen unsäglicher Mühen kann er Gott näherkommen. Und dennoch ist das Pilgern im Mittelalter ein Massenphänomen. Den ernsten, spirituellen Hintergrund einmal beiseitegelassen, könnte man fast von einem Volkssport reden. Man schätzt, dass im 15. Jahrhundert fast die Hälfte der europäischen Bevölkerung zumindest eine Pilgerreise unternimmt.

Allein die Stadt Santiago de Compostela beherbergt im Spätmittelalter alljährlich bis zu einer halben Million Pilger. Ihre Zahl wird mit Hilfe von Erbsen festgestellt – für jeden Wallfahrer, der die Kathedrale von Santiago betritt, wandert eine Erbse in die aufgestellten Kästen am Eingang. Weitere Millionen von Wallfahrern sind nach Rom, Jerusalem oder zu weniger bekannten und näher gelegenen Pilgerzielen unterwegs. Aus Sicherheitsgründen ziehen die meisten in kleinen Gruppen von fünf bis zehn Teilnehmern ihre Straße. Männer sind dabei in der Mehrheit, aber auch Frauen und Kinder laufen mit. Etwa ein Drittel der Pilger dürften Frauen gewesen sein, darunter viele wohlhabende Damen mit ihrem Gefolge. Frauen begleiten auch ihre behinderten Kinder oder ihre siechen Ehemänner zu den heiligen Stätten – das Gebet von Frauen gilt als besonders wirksam.

Aber die Unterscheidung nach Geschlechtern bietet nur ein unvollkommenes Bild von der bunten Zusammensetzung solcher Pilgergruppen. Da gesellen sich Priester und Mönche zu Laien, Gesunde zu Kranken und Krüppeln, hohe Herren zu armen Schluckern und Büßer zu Abenteurern. Geoffrey Chaucer stellt eine solche Pilgergruppe am Anfang seiner *Canterbury Tales* vor. Den Ausschlag für ihre Zusammensetzung werden dramaturgische Gesichtspunkte gegeben haben. Aber untypisch für diese zusammengewürfelten Haufen dürfte es nicht gewesen sein, wenn er auf der Straße von Southwark nach Canterbury unter anderem einen Ritter samt Knappe und Diener, einen Müller, einen Gutsverwalter, einen Koch, einen Rechtsgelehrten, einen Bettelmönch, eine Priorin, einen Ablasshändler, einen Arzt und etliche Handwerker zusammenbringt – übrigens jeder beritten. Alles in allem kann man sagen, dass diese spätmittelalterliche Gesellschaft erstaunlich mobil ist. Wahrscheinlich begeben sich erst in der zweiten Hälfte des 20. Jahrhunderts wieder so viele Menschen auf Reisen wie damals.

Die Straßen beleben sich im Frühjahr, wenn die härtesten Unbilden der Witterung vorbei, auch die Höhenzüge schnee- und eisfrei und die Flüsse wieder passierbar sind. Dann, so schreibt Chaucer, würden sich die Menschen danach sehnen, auf Wallfahrt zu gehen, und erfahrene Pilger ziehe es zu weit entfernten Schreinen an fremden Gestaden. Bevor sie aufbrechen aber gibt es einiges zu tun, denn Pilgerfahrten zu entfernten Zielen müssen von langer Hand geplant und vorbereitet werden. Spontan bricht man allenfalls zu nahegelegenen Wallfahrtsorten auf, wenn etwa ein Wunder geschehen ist, für das man dem Heiligen unverzüglich Dank abstatten möchte. Im Übrigen aber gilt es, sehr überlegt vorzugehen. Der Aufbruch in die Welt der Wunder ist eben auch ein Aufbruch in eine Welt der Gefahren, der sich niemand unvorbereitet ausliefern möchte.

Die erste Absicherung eines Pilgers gilt dem häuslichen Frieden. Nachdem in einem Menschen der Plan zu einer Pilgerreise gereift ist, erbittet er deshalb als Erstes die Zustimmung seines Ehegatten. So gehört es sich, so wird es auch im *Liber Sancti Jacobi* empfohlen. Falls sich ein Wunder ereignet hat oder eines erhofft wird, dürfte es keiner nennenswerten Überzeugungsarbeit bedürfen. Falls aber der Pilgerwunsch aus heiterem Himmel kommt, berufen sich vor allem Frauen gern auf einen nächtlichen Traum, der ihnen die Reise befohlen habe. Ein Traum lässt sich nicht so leicht wegdiskutieren. Hat der Partner sein Einverständnis zur Reise gegeben, geht es als Nächstes an die Beschaffung der unentbehrlichen Ausrüstungsstücke.

Zwei Paar Schuhe seien unabdingbar, heißt es in einem Pilgerlied. Wenn man sie sich denn leisten kann. Manch einer wird sich mit einem Paar begnügen müssen und, wenn er Jakobspilger ist, auf die Schuster in den Pyrenäendörfern rechnen, die auf zerschlissenes Pilgerschuhwerk spezialisiert sind. Die idealen Schuhe scheinen Stulpenstiefel aus geschmeidigem Leder mit verstärkter Sohle gewesen zu sein, wie sie auf vielen Pilgerdarstellungen zu sehen sind. Sodann der Wanderstab, ein massiver Holzstock mit einem ordentlichen Knauf am oberen und einer Eisenspitze am unteren Ende. Der gibt in unwegsamem Gelände Halt, taugt auch zur Abwehr von Hunden und Wölfen – und sollten schmalere Wasserläufe den Weg versperren, kann man mit seiner Hilfe das Hindernis überspringen. Nicht zu vergessen der Hut, eine Art Schlapphut mit breiter Krempe, die gegen Sonne, Wind und Regen schützt, sowie der weite, ärmellose Pilgermantel, Wetterschutz und Bettdecke in einem. Ganz wichtig ist die Umhängetasche für das Allernotwendigste, für Speisevorräte, Kleidung und Reiseutensilien, eine flache Essschüssel zum Beispiel, auch Messer und Löffel, Arzneien, Becher und Angelschnur. Bisweilen wird die Tasche als Sack bezeichnet, und einem weichen Ledersack ähnelt sie auch. Und schließlich die Pilgerflasche, zumeist ein flaches Gefäß aus Ton, das unterwegs immer wieder aufgefüllt wird – mit Wasser nur dann, wenn man der Wasserqualität von Bächen und Brunnen trauen kann, sonst eben mit Wein. Sie wird am Gürtel befestigt oder am Pilgerstab aufgehängt.

Dies alles ist nicht nur praktisch und überlebensnotwendig. In dieser Aufmachung ist ein Pilger überall, wo er auftaucht, als solcher zu erkennen, und das ist mindestens ebenso wichtig, denn Pilger genießen auf den Straßen Europas einen besonderen Schutz. Für sie gilt ein internationales Recht, das sie von Wegegeld und Zollabgaben befreit und ihnen uneingeschränkte Bewegungsfreiheit zusichert. Ein Geleitbrief wird dem Pilger an den heiligen Stätten ebenfalls gute Dienste leisten, ein Empfehlungsschreiben seines Bischofs oder Pfarrers mit Unterschrift und Siegel, das ihm Unbescholtenheit und Rechtgläubigkeit attestiert. Wer dergleichen vorlegen kann, der kommt vielerorts in den Genuss einer Gratisunterkunft und kostenloser Verpflegung, sodass nicht einmal bettelarme Menschen auf eine Wallfahrt verzichten müssen. Dieses wertvolle Dokument wird dem angehenden Pilger im Verlauf eines letzten, feierlichen Gottesdiensts in seiner Heimatgemeinde ausgehändigt. Wenn der Pfarrer dann seine Tasche und seinen Stab gesegnet hat, ist die Stunde des Aufbruchs gekommen. Und da es ein Abschied für immer sein kann, hat ein Pilger vorher seine Angelegenheiten geordnet, seine Schulden beglichen und sein Testament gemacht.

Was bewegt ihn zu dieser Reise? Über die Anlässe und Gründe einer Pilgerfahrt ist schon einiges gesagt worden, aber da es ganz unterschiedliche gibt, will ich sie hier noch einmal zusammenfassen. Die einen nähern sich dem Schrein eines Heiligen mit ihrem Kummer und ihren Bitten um Genesung für sich oder kranke Angehörige. Andere haben in höchster Not ein Gelübde abgelegt, sind gerettet oder geheilt worden und wollen nun mit ihrem Dank und ihren Gaben vor den Heiligen treten – manche schleppen sich mit Geschenken bis zur Größe eines Walwirbels ab. Frauen pilgern nicht selten in der Hoffnung, von ihrer Unfruchtbarkeit erlöst zu werden, oder einfach nur, um dem zermürbenden Alltag daheim für eine Weile zu entfliehen. Auch berufsmäßige Pilger sind unterwegs, die die heiligen Stätten stellvertretend aufsuchen für jemanden, der unabkömmlich oder durch Siechtum geschwächt ist; nicht wenige machen ein gutes Geschäft daraus, für andere auf Wallfahrt zu gehen. Unter die Pilgergruppen mischen sich aber auch Verbrecher, die zu einer Sühnewallfahrt verurteilt wurden; ihre Strafe besteht also in einer zeitweiligen Verbannung von ihrem Heimatort. Und alle zusammen treibt der Wunsch, an ausgewiesenen Gnadenorten Vergebung ihrer Sünden zu erlangen.

Was nun die persönlichen Motive angeht – die werden in vielen Fällen nicht rein religiöser Natur gewesen sein. Auch ich wollte auf unserer Reise nach Ars und La Salette ja nicht nur beten und meditieren. Mich reizte damals genauso die Fremde, die Alpen, die Rhône, die französische Sprache, die französische Kultur. Auch für mich war die Busreise zu den christlichen Stätten Frankreichs und Nordspaniens insgesamt ein großes Abenteuer, und ich erinnere mich noch, wie faszinierend ich die Pyrenäen allein schon deshalb fand, weil ich dort unbekannte Arten von Gestein zu Gesicht bekam. Das ist ja das Schöne am Pilgern, dass es den Glauben mitten in die Fülle des Lebens hineinversetzt. Dass es nicht nur eine fromme Angelegenheit ist, sondern Andacht und Besinnung mit starken Eindrücken und außergewöhnlichen Erlebnissen verbindet.

Der mittelalterliche Mensch bricht sicherlich auf mit dem Versprechen Jesu Christi im Ohr, dass finden werde, wer sich auf die Suche begibt. Seine Welt ist voller Versprechen. Aber sie ist auch voller Verlockungen. Mancher dürfte froh sein, der Enge der heimischen Verhältnisse endlich zu entkommen und von der Erfüllung sehr irdischer Wünsche träumen – der Ritter Arnold von Harff wird den Satz «Weib, kann ich bei dir schlafen?» nicht ohne Grund in fünf verschiedenen Sprachen in seinem Reisetagebuch festgehalten haben. Oft müssen Verheißungen und Verlockungen gleichermaßen stimulierend gewirkt haben, da wird sich Heilssuche mit Erfahrungshunger und Wunderglaube mit der Hoffnung auf eine nie gekannte Freizügigkeit gemischt haben.

Aber keiner, der zu einem fernen Pilgerort aufbricht, weiß, was ihn erwartet. Ob er je sein Ziel erreichen, ob er je zurückkehren wird. Er muss bereit sein, sich dem Unvorstellbaren auszusetzen. Zu den Verheißungen und Verlockungen kommt also das Lebensbedrohliche des ganzen Unternehmens. Die Pilgerführer und Reiseberichte vergessen nie, die Schrecken der Fremde, die Gefahren des Weges auszumalen. Sie sind gespickt mit Warnungen – vor Flüssen mit ungenießbarem Wasser, vor Rossbremsen und Treibsand, vor den Zuständen an Bord der venezianischen Pilgerschiffe, vor Abzockern und Betrügern und Basken. Wer trotzdem loszieht, muss sich seines Glaubens an die Güte Gottes schon sehr sicher sein. Überall lauern Gefahren, und darum soll es im nächsten Kapitel gehen.

7. «Auf den Wegen der Heiligen gibt es Unrecht und Betrug im Überfluss»

Was einen Pilger unterwegs erwartete

Eigentlich ist alles gut organisiert. Die Pilgerrouten des Abendlands sind mit speziellen Pilgerherbergen reichlich bestückt, sogenannten Spitälern oder Hospizen. Wie die großen internationalen Hotels unserer Tage sind sie darauf eingerichtet, Heerscharen täglich wechselnder Reisender unterzubringen und zu verköstigen. Die meisten davon sind in der Hand christlicher Orden. Auch die Klöster nehmen Pilger in angegliederten Herbergen auf, und ist der Ansturm anders nicht zu bewältigen, richten die Mönche Massenquartiere im Kreuzgang oder der Kirche ein. Mein provisorisches Matratzenlager im Klostergang von La Salette seinerzeit stand also in einer langen Tradition.

Die Mönche sind die großen Gastgeber des mittelalterlichen Europas. Den Geist der Gastfreundschaft hatte unser Ordensgründer Benedikt von Nursia bereits im 6. Jahrhundert seinen Gemeinschaften eingehaucht. «Alle Gäste, die kommen, sollen wie Christus aufgenommen werden», heißt es in seiner Ordensregel, die eine Art Verfassung für sämtliche Benediktinerklöster darstellt, aber auch zur Richtschnur für andere Orden geworden ist. Und die Pilgerherbergen unter geistlicher Leitung genießen einen hervorragenden Ruf. Der *Liber Sancti Jacobi* bedenkt die drei wichtigsten mit einer eigenen

Erwähnung und großem Lob. «Drei unabdingbare Säulen hat der Herr in dieser Welt errichtet, um die Armen zu unterstützen», heißt es da, nämlich «das Hospiz zu Jerusalem, dasjenige auf dem St. Bernhard und das Hospiz von Santa Cristina auf dem Somport. Diese Häuser sind dort aufgestellt, wo sie nötig waren; es sind heilige Orte, Häuser Gottes, den Pilgern zur Erquickung, den Ermatteten zur Ruhe, den Kranken zum Trost, den Toten zum Heil und den Lebenden zur Hilfe. Die Erbauer dieser heiligen Orte sind ohne Zweifel des himmlischen Reiches teilhaftig.»

Das klingt überschwänglich und – wenn man vom letzten Satz absieht – beinahe wie dem Werbeprospekt einer Wellness-Hotelkette entnommen. Aber die hymnische Beschreibung scheint nicht weit von der Wirklichkeit entfernt gewesen zu sein. Das Spital in Jerusalem war lange Zeit das größte der christlichen Welt, und Pilger durften hier wirklich einen selbstlosen und aufopferungsvollen Service erwarten: Allein im Jahr 1170 wurden dort zweitausend erkrankte Reisende betreut und ebenso viele arme Pilger versorgt. Diese Hospize waren eben nicht mit heutigen Hotels vergleichbar, sondern eine Kombination von Krankenhaus, Pflegestation, Massenunterkunft, Großküche, Armenasyl und Kloster. Das Gegenstück zum Jerusalemer Spital auf dem Großen Sankt Bernhard, 1050 gegründet und von Augustinern geführt, war geradezu legendär. Es lag – und liegt – auf einem grimmigen Flecken Erde am bedeutendsten Alpenübergang des Mittelalters in einer Höhe von 2470 Metern, wo undurchdringliche Nebel und eisige Winde die Reisenden oft in ärgste Gefahr brachten; unzählige Rompilger dürften diesem Hospiz ihr Leben verdanken. Fast neunhundert Jahre lang ist man hier dem Grundsatz der kostenlosen Bewirtung treu geblieben.

Das letzte der genannten Spitäler, am Jakobsweg auf einem Pyrenäenpass errichtet, war ebenfalls dafür bekannt, Pilger mit größter Freundlichkeit zu empfangen. In späteren Jahrhunderten, als der Strom der Santiagopilger immer mehr anschwoll, entstanden entlang des Pilgerwegs regelrechte Bettenburgen. Das königliche Spital im spanischen Burgos etwa bot zweitausend Übernachtungsgästen Platz und war obendrein dafür berühmt, nicht am Essen zu sparen. Geschlafen wurde dort wie überall in großen Schlafsälen, nach Geschlechtern getrennt, und schon der gewaltige Ansturm zwang zu der Regelung, Pilger nicht länger als zwei oder allenfalls drei Nächte unentgeltlich zu beherbergen. Eine weitere Anlaufstelle lag am Oberlauf der Loire, eine riesige Klosteranlage, die auf ähnlich viele Durchreisende eingestellt war. Aus dem Namen dieses Ortes geht bis zum heutigen Tag hervor, was die Mönche damals als ihre eigentliche Aufgabe betrachteten. Er lautet La Charité – die Nächstenliebe.

Alles in allem lässt sich sagen: Die Kirche sorgte für eine erstaunlich gute touristische Infrastruktur – und blieb damit einer Tradition treu, die bis in die Antike und die Tage der Kirchenväter zurückreicht: Schon im 5. Jahrhundert ließ der Bischof von Antiochia eine Reihe großer Herbergen für jene Pilger bauen, die zu Tausenden in den Nordwesten Syriens reisten, um Simeon zu erleben, den berühmtesten aller Säulenheiligen. Auch nach dessen Tod riss der Pilgerstrom nicht ab; von den Enden der bekannten Welt kamen sie, aus Äthiopien und Britannien, und dort, wo man heute nur noch karge, einsame Landschaften findet, erinnern die eindrucksvollen Ruinen der bischöflichen Herbergen immer noch an jene längst vergangenen, turbulenten Zeiten.

Neben der Kirche tritt ein zweiter, wenn man so sagen darf:

Reiseveranstalter auf, und das sind die Venezianer. Die Durchführung von Pilgerfahrten ins Heilige Land befindet sich nämlich fest in der Hand venezianischer Reedereien, und die bieten tatsächlich eine Frühform des Pauschaltourismus an. Sie übernehmen nicht nur den Transport der Pilger mit Galeeren von Venedig nach Palästina und zurück, sie organisieren auch das komplette Besichtigungsprogramm mit Abstechern an den See Genezareth und den Jordan. Alles ist im Preis inbegriffen – die Seereise, Kost und Logis, Eintrittsgelder, Eselstreiber, Dolmetscher und Fremdenführer. Wer mit einem venezianischen Kapitän handelseinig wurde, durfte wirklich das Gefühl haben, sich einem professionellen Reiseveranstalter anzuvertrauen.

Eigentlich ist also alles gut organisiert. Und dennoch rät Hermann Künig von Vach dem Leser, seinen Pilgerführer nur ja aufmerksam zu studieren und alle Hinweise darin zu befolgen, wenn ihm sein Leben lieb sei. Dennoch spricht er gleich in den ersten Zeilen von großem Unglück, das schon so manchem Pilger unterwegs widerfahren sei. Warum? Weil die Realität des Pilgerns doch anders aussieht. Nämlich nicht selten so, wie er sie in der folgenden Passage seines Büchleins beschreibt:

Danach hast du einundzwanzig Meilen über die
Bardewesche Heide,
die tut den armen Brüdern viel zuleide.
Versorg dich mit Brot und auch mit Trank.
Ich sage dir fürwahr, wer dort wird krank,
der ist von den Welschen ganz verlassen,
sie begraben gar viele Brüder auf der Straßen,
die darauf Hungers gestorben sind.

Dann sterben auch viele aus Mangel an Pflege,
denn in der Gegend findest du nicht viele Spitäler …
Es gehen so viele Brüder auf dieser Straßen,
dass die Leute des Gebens sind ganz verdrossen.

Die bisweilen mörderische Strapaze des Pilgerns hat hier gleich mehrere Ursachen. In kargen und einsamen Gegenden wie der Bardeweschen Heide südlich von Bordeaux droht der Tod durch Erschöpfung, Verhungern oder Verdursten. Der ganze Landstrich ist trocken, sandig und beinahe unbewohnt, Flüsse und Brunnen fehlen, Spitäler sind dünn gesät, und die wenigen Einheimischen überlassen Notleidende offenbar ungerührt ihrem Schicksal, weil sie der Pilgerplage längst überdrüssig sind. Zudem muss jeder Schritt hier eine Qual sein, wie dem Pilgerführer des Aymeric Picaud zu entnehmen ist. Auch der geht nämlich auf diese Gegend ein und warnt vor den Rossbremsen, die einen tagelang verfolgen, und dem Treibsand, in dem man leicht bis zu den Knien versinkt. Wenn man jetzt noch bedenkt, welche Wirkung auf die Moral ermatteter Wanderer der Anblick der Pilgergräber gehabt haben muss, die den Weg hier gesäumt haben, kann man sich schon ein klareres Bild von der Alltagswirklichkeit des Pilgerns machen.

Sicher, nicht alle Streckenabschnitte zehren gleichermaßen an den Kräften. Auch Hermann Künig verheißt an anderer Stelle «gutes Volk und sicheres Wandern». Gefahren für Hab und Gut, Leib und Seele aber lauern überall, auf dem Land- wie auf dem Seeweg. Nähern wir uns einmal dieser abenteuerlichen Seite des Pilgerns anhand der Pilgerführer und Augenzeugenberichte des Mittelalters. Was erwartet zum Beispiel einen Pilger, der in Venedig seine bestens organisierte Pauschalreise nach Palästina antritt?

Eine ungemütliche Zeit, jedenfalls für die Dauer der Überfahrt, die einen Monat betragen kann. So lange nämlich teilt er sich mit vielen anderen Reisegefährten eine Großraumkabine unter dem Ruderdeck einer Galeere. Der Platz für seine Matte ist mit Kreidestrichen auf den nackten Planken markiert und gerade groß genug, dass ein erwachsener Mensch sich ausstrecken kann. Bullaugen gibt es nicht, Tageslicht fällt nur durch die Einstiegsluke, und die stickige, warme Luft ist mit menschlichen Dünsten aller Art geschwängert. Es herrscht drangvolle Enge und ständiger Lärm; das unablässige Knarren, Schnarchen, Trampeln, Fluchen und Randalieren betrunkener Matrosen lässt den Pilger des Nachts kaum Schlaf finden. Ungeziefer und Ratten ist er wehrlos ausgeliefert. Die schlechte Luft, die Langeweile, die Platznot und die ungewohnten Schiffsbewegungen zerren an den Nerven und greifen die Gesundheit an. Die im Preis inbegriffene Schiffskost lässt oft genug zu wünschen übrig. Und keinen Augenblick lang darf er seine Habseligkeiten aus den Augen lassen. Die Matrosen stehlen und werden bei geringfügigen Anlässen gewalttätig; Streit und Messerstechereien sind an der Tagesordnung. Die Ankunft in Jaffa, dem Hafen von Jerusalem, dürfte solch ein Pauschalpilger inbrünstig ersehnen und, wenn es endlich so weit ist, als Erlösung empfinden.

Natürlich geht es auch weniger beschwerlich. Wer es sich leisten kann, reist erster Klasse nach Jerusalem, mit Einzelkabine und als Tischgenosse des Kapitäns – so wie Arnold von Harff, der an Bord seiner venezianischen Galeere keine unangenehme Zeit verbracht zu haben scheint. Luxuspilger wie er sind zwar die Ausnahme, aber eine Seltenheit sind sie nicht. Auch auf den Landwegen trifft man sie an, zu Pferd oder auf einem Maultier, in Begleitung eines mehr oder weniger großen

Gefolges und mit Empfehlungsbriefen ausgestattet, die ihnen die Tore von Burgen und Bischofspalästen öffnen. Doch so privilegiert reisen selbstverständlich längst nicht alle. Und für den Durchschnittspilger ist der Landweg keinesfalls bequemer als der Seeweg.

Was es heißt, sich mit ungeeignetem Schuhwerk auf den Weg zu machen, weiß nach spätestens drei Tagen jeder, der es versucht. Für mich kam die Rettung auf dem Weg nach Altötting in Gestalt der alten Krämersfrau und ihres Franzbranntweins. Auch Brunos Geschichte beginnt damit, dass seine alten Bergwanderschuhe ihm das Pilgern bereits am Ammersee, gleich hinter München, verleideten. Von Schmerzen zermürbt, wollte er schon aufgeben, ließ sich dann aber doch von einem Freund zum Kauf moderner, komfortabler Wanderschuhe überreden – und sein Pilgervorhaben war gerettet.

Für uns also unvorstellbar, wie man Santiago oder Rom mit unbequemen Schuhen erreichen will – oder gar auf den nackten Sohlen! Aber im Mittelalter sind viele arme Pilger so unterwegs, in elendem, zerschlissenem Schuhwerk oder gar barfuß. Der Eindruck einer fast sportlichen Veranstaltung, den die Pilgerei unserer Tage erweckt, hat ohnehin nichts mit der damaligen Wirklichkeit zu tun. Es ist eine Bewährungsprobe für die Leidensfähigkeit und die christlichen Tugenden eines Menschen. Zu den unvermeidlichen Strapazen des Laufens kommt nicht selten die Sorge um gebrechliche Mitpilger – Gesunde stützen Krüppel, Kräftige helfen Geschwächten weiter, Kinder und Kranke müssen getragen werden. Wieder andere gehen über das unumgängliche Maß an Leiden hinaus und quälen sich freiwillig. Sie inszenieren ihre ganze Pilgerfahrt als Bußübung, indem sie den Weg von Anfang bis Ende mit Erbsen in den Schuhe zurücklegen, Kleidung aus kratzender

Wolle auf der nackten Haut tragen, ständig mit ausgebreiteten Armen gehen oder ein Kreuz geschultert haben, so wie wir damals zwischen München und Altötting. Manche beladen sich mit den Kerkerketten, von denen sie durch das Eingreifen eines Heiligen befreit wurden. Nicht wenige schleppen sich mit Blei und Eisen als Baumaterial für die Kathedrale am Zielort ab. Es kommt auch vor, dass einer völlig nackt unterwegs ist, Sonne, Regen und Insekten schutzlos ausgeliefert. Und bisweilen sieht man Leute, die sich eines Gelübdes wegen weder waschen noch scheren, noch Finger- und Zehennägel schneiden und durch ihren Gestank alle anderen in der Gruppe zu Leidensgefährten machen.

So ziehen sie dahin, fromme Lieder singend oder in ihre Bußübungen vertieft, manche wohl auch fluchend und grölend, da angetrunken. Zwanzig Kilometer pro Tag schaffen sie im Durchschnitt – keine schlechte Leistung, wenn man bedenkt, in welchem Zustand die meisten Straßen sind, Flüsse schwer zu überwindende Hindernisse darstellen und die Orientierung im unwegsamen Gelände oder bei Nebel leicht verlorengehen kann. Da es keine Landkarten gibt, besteht die Gefahr, sich zu verlaufen, ohnehin immer. Auch der Pilgerführer des Hermann Künig lässt einen im Stich, wenn man vor einer Straßengabelung steht. Er zählt zwar die Namen aller größeren Ortschaften auf, nennt auch zuverlässig die genauen Meilenzahlen der einzelnen Streckenabschnitte, aber die Wegbeschreibung ist so vage, dass Pilger dann doch wieder auf die Auskunft von Bauern und Hirten angewiesen sind – deren Sprache sie wahrscheinlich nicht verstehen. Dörfer und Städte kommen umherirrenden Pilgern immerhin mit einem akustischen Wegweiser zu Hilfe: Sobald die Dämmerung hereinbricht, Nebel aufzieht oder ein Schneetreiben einsetzt, lassen sie in regelmäßigen Abständen die Kirchenglocken läuten. Wenn der Pilgerweg in der Nähe eines Sumpfs verläuft oder durchs Gebirge führt, werden die Glocken manchenorts sogar die ganze Nacht über geläutet.

Regelrecht gefürchtet sind die Fährleute an den größeren Flüssen. Auch Aymeric Picaud verflucht sie. Da die meisten Pilger nicht schwimmen können, sind sie diesen Fährleuten auf Gedeih und Verderb ausgeliefert. Zu ihren üblichen Unarten gehört es, horrende Preise für die Überfahrt zu verlangen. Man hört aber auch von Fährleuten, die überladene Flöße absichtlich zum Kentern bringen, um sich der Habe ihrer ertrunkenen Fahrgäste zu bemächtigen. Andere verstehen ihr Handwerk nicht, lassen ihre Fähre weit abtreiben und setzen die Pilger am anderen Ufer einfach irgendwo in der Wildnis aus. Picaud weiß in seinem Pilgerführer auch von schwankenden Einbäumen zu berichten und rät dringend, sie nur in kleinen Gruppen zu besteigen und Tiere außerhalb des Kahns an einem Seil durchs Wasser hinter sich herzuziehen – egal, wie viele Fahrgäste ein Fährmann in solch ein Gefährt hineinstopfen will.

Ist das Pensum glücklich geschafft, hat man das Tagesziel erreicht und einen Platz in der Herberge gefunden, ist es mit dem Ärger oft mitnichten vorbei – selbst dann nicht, wenn augenscheinlich alles zum Besten steht. Interessanterweise empfinden nämlich viele Pilger einen Ekel vor den ungewohnten Speisen, die sie im Ausland vorgesetzt bekommen. Etwas Unbekanntes zu essen kostet offenbar größte Überwindung. Allerdings widersteht nicht nur der fremdartige Geschmack der unerfahrenen Zunge des gewöhnlichen Pilgers, die Erfahrung zeigt auch, dass sein ebenso unerfahrener Magen diese Speisen nicht verträgt. Selbst der Erste-Klasse-Passagier Arnold von

Harff leidet an Bord seiner venezianischen Galeere wiederholt an Durchfall. Außerdem schmeckt es auch ihm nicht, weshalb er sich von seinem Dolmetscher trotz der üppigen Mahlzeiten eine spezielle Kost zubereiten lässt, «um damit den Leib nach den Mahlzeiten zu stärken, was recht häufig geschah, wenn der Patron nicht schmackhaft nach unserer Weise gekocht hatte». Mit anderen Worten: Von den italienischen Gerichten an Bord rührt der deutsche Ritter kaum etwas an. Selbst einer wie er, der schon über den Tellerrand seiner engeren Heimat hinausgeschaut hat, findet daran keinen Gefallen.

Überhaupt die italienische Küche! Die Tage, in der sie sich allgemeiner Beliebtheit erfreut, sind noch fern. Ausländische Pilger dürfen selbst dann Hühner und anderen lebenden Proviant mit an Bord bringen und nach Absprache in der Kombüse sogar nach eigenem Geschmack kochen, wenn sie eine Pauschalreise gebucht haben, weil ihnen nicht zuzumuten ist, wochenlang die italienische Küche zu ertragen. Insbesondere die Salate in Olivenöl gelten als ungenießbar. Auf einen ähnlichen Widerwillen trifft man bei dem Franzosen Picaud hinsichtlich der spanischen Küche. «Sei es Aal oder Schleie, iss nie davon in Spanien oder Galicien», warnt er seine Leser, «denn zweifellos wirst du bald sterben oder erkranken ... Alle Fischarten, Rind- und Schweinefleisch in Spanien und Galicien verursachen bei Ausländern Krankheiten.»

Sein Fazit: Nur durch lange Gewöhnung kann man etwas Derartiges herunterbringen, ohne dass einem davon übel wird. Wobei mir die eingeweckten Rinderrouladen einfallen, die wir auf unserer Pilgerfahrt durch Frankreich und Spanien dabeihatten, und der Fleiß, mit dem die Köchin unseres Priesters unterwegs ihrer Arbeit nachging. Auch wir waren Selbstversorger. Natürlich wollten wir damit die Reisekosten so niedrig wie möglich halten, aber sicherlich spielte ebenso mit, dass uns vor allem die spanische Küche nicht geheuer war. Die Angst, sich im Ausland den Magen zu verderben, war selbst zu meiner Zeit noch groß. Wir dürfen jedenfalls festhalten: Neugier auf die Küche des Gastlandes fällt als heimliches Pilgermotiv im Mittelalter ganz gewiss aus.

Möglich, dass Hermann Künig in seinem Pilgerführer auch deshalb die Häuser deutscher Gastwirte am Jakobsweg empfiehlt, weil man hier am ehesten etwas für deutsche Mägen Verträgliches erwarten darf. In erster Linie aber hat man als Deutscher hier die Gewähr, nicht übers Ohr gehauen zu werden – und außerdem von Pöbeleien verschont zu bleiben. Künig kennt nämlich auch Spitäler, in denen deutsche Pilger nicht wohlgelitten sind, und warnt vor ihnen. Oft geben die Herbergen jener Zeit aber noch ganz anderen Grund zur Klage.

Längst sind zu den geistlich geführten Spitälern der Anfangszeit kommerzielle Gasthäuser und Herbergen gekommen, deren Wirte ganz allgemein den übelsten Ruf haben. Man beschuldigt sie, schlechten Wein, verdorbenen Fisch und vergammeltes Fleisch zu verkaufen, und das zu überteuerten Preisen. Oder die ermatteten Pilger mit schwerem Wein betrunken zu machen, um sie im Tiefschlaf in aller Ruhe bestehlen zu können. Ein Ratschlag dieser Zeit lautet, sich von Wirten ungerührt verspotten zu lassen, da man als Gast ohnehin den Kürzeren ziehe. Aber auch die Spitäler sind nicht mehr das, was sie einmal waren. Künig erwähnt einen Hospizleiter in Burgos, der Hunderte von Pilger vergiftet und sich den Besitz der Toten unter den Nagel gerissen haben soll. Die Martersäule, an der er mit Armbrustschüssen hingerichtet wurde, gilt unter Jakobspilgern als Sehenswürdigkeit.

Doch schon Picaud entrüstet sich dreihundertfünfzig Jahre

früher: «Auf den Wegen der Heiligen gibt es Unrecht und Betrug im Überfluss.» Jeder will seinen Anteil am großen Kuchen haben, und die arglosen Pilger werden mit unerschöpflicher Phantasie zur Kasse gebeten und geschröpft. In geradezu verbittertem Ton zählt Picaud Seite um Seite auf, was sich Betrüger so alles einfallen lassen. Da gibt es falsche Priester, die sich unterwegs an die Pilger heranmachen, ihnen die Beichte abnehmen und dann eine Geldbuße auferlegen, die sie selbstredend in die eigene Tasche stecken. An den Straßenrändern flehen Bettler um Almosen, die in vielen Fällen auch nicht echt sind. Manche bestreichen Arme oder Beine mit dem Blut eines Hasen, um den Eindruck frischer Verletzungen hervorzurufen, andere schwärzen sich Wangen und Lippen, um schreckliche Krankheiten vorzutäuschen. Und dann das ewige Problem mit den Gastwirten. Die einen kassieren ihre alten Gäste ab, wenn betuchte neue eintreffen, und werfen sie dann hinaus. Andere haben unterteilte Fässer in der Wirtsstube stehen, die mit Weinen unterschiedlicher Qualität gefüllt sind. Vor dem Essen lassen sie ihre Gäste vom guten Wein probieren, nach dem Essen servieren sie ihnen den billigen. Und überall, in Kneipen wie auf Märkten, werden völlig überzogene Preise genommen, für Ware, die oft nichts taugt. Kurzum: Ein Pilger, der nicht unablässig auf der Hut ist, wird in kurzer Zeit um seinen letzten Groschen gebracht.

Eine billige Angelegenheit war eine Pilgerfahrt zu entfernten Zielen also nur für diejenigen, die ohnehin nichts besaßen und auf die Barmherzigkeit ihrer Mitpilger rechneten oder sich durchbettelten. Zwar mahnt der *Liber Sancti Jacobi* die Pilger des 12. Jahrhunderts, am besten gar kein Geld mitzunehmen und wie die Apostel ohne einen Pfennig in der Tasche loszuziehen, doch das Idealbild des bedürfnislosen Pilgers hat schon damals mit der Realität kaum etwas zu tun. Wie viel weniger im Spätmittelalter, wo Städte und ganze Landstriche vom Pilgerbetrieb leben, nicht anders als die bekannten Tourismusregionen unserer Tage. Da fallen Kosten für Essen, Trinken und Unterkunft an; Arzneimittel, Fähren und Brückenzoll müssen bezahlt werden; Souvenirs und Pilgerabzeichen wie die berühmte Jakobsmuschel kosten Geld; vor allem im Orient sind ständig Schmiergelder fällig. Nicht einmal das Beichten ist umsonst, und wenn man als Jerusalempilger den Hafen von Jaffa erreicht hat, baut sich die ganze Schiffsbesatzung an Deck mit Bechern in den Händen auf. Ein Pilgerratgeber empfiehlt, keines dieser Gefäße zu übersehen. Dass sie reichlich Almosen geben, wird von Pilgern ohnehin erwartet.

Mit anderen Worten: Pilgern ist nicht nur eine kräftezehrende und gefährliche Angelegenheit, es geht auch ins Geld. Besonders tief muss man für eine Fahrt nach Jerusalem in die Tasche greifen – auf einen Maurer beispielsweise kommen Kosten in Höhe zweier Jahreseinkommen zu, selbst wenn er nur eine Pauschalreise bucht. Und da sich gewöhnliche Pilger nirgendwo Geld leihen können, muss die Reisekasse in jedem Fall mitgeführt werden – in Münzen selbstverständlich. Vom Gewicht einer solchen Barschaft abgesehen, bedeutet sie auch ein beträchtliches Sicherheitsrisiko.

Denn kleinere Pilgergruppen sind ein gefundenes Fressen für Räuberbanden. Vor allem die Bergregionen werden von ihnen unsicher gemacht. Picaud verdächtigt die Basken ganz allgemein, es auf das Geld der Pilger abgesehen zu haben; der Pyrenäenübergang gilt aber auch anderen als besonders heikle Etappe. Und Arnold von Harff macht in Spanien überhaupt die schlechtesten Erfahrungen seiner ganzen Reise. Bei Burgos zum Beispiel wird seine Reisegruppe von Banditen überfallen. Zwei seiner Gefährten finden dabei den Tod; er selbst entkommt mit knapper Not zu Fuß und flieht in Tages- und Nachtmärschen, bis er die schützenden Mauern von Burgos erreicht. Sogar ausländische Banden scheinen in Spanien zu operieren, denn, so Harff: Der ganze Jakobsweg sei «wie geschaffen für jenes Gesindel, das bei uns zu Land gestohlen, Totschlag verübt, seine Herren ruiniert oder verraten hat».

Pilger, die den Seeweg wählen, haben es insofern leichter, als sie schneller ans Ziel gelangen. Die Schiffspassage ist deshalb nicht allein bei Jerusalempilgern beliebt, sondern auch bei Engländern und Norddeutschen, die nach Santiago wollen. Sicherer als an Land darf man sich an Bord aber nicht fühlen, denn Pilgerschiffe sind für Piraten keineswegs tabu, wie die beiden folgenden Fälle zeigen. So wird im Jahr 1378 ein Pilgerschiff aus Danzig noch kurz vor der nordspanischen Küste von englischen Piraten überfallen, die grausam unter den Pilgern wüten. Und 1453 kapern Sarazenen im Mittelmeer ein Schiff mit dreihundert Pilgern – die Männer werden erschlagen, die Frauen vergewaltigt. Wer solche Begegnungen überlebt, für den endet die Pilgerfahrt nach Jerusalem auf den Sklavenmärkten Konstantinopels oder Nordafrikas. Solche Sorgen dürften Arnold von Harff auf seiner Reise durchs Mittelmeer allerdings nicht geplagt haben. Denn seine Galeere hatte ein ganzes Waffenlager an Bord, fast wie für eine Feldschlacht, war außerdem gut mit Geschützen bestückt und beschäftigte, wie er erzählt, vier Steinmetze, die von morgens bis abends nichts anderes machten, als Kanonenkugeln aus unbehauenen Steinen zu schlagen.

Der einfache Pilger jedenfalls musste mit allem rechnen. Schon ein Fluss konnte ihm zum Verhängnis werden, schon ein spanisches Fischgericht aufs Krankenlager werfen. Wenn man sich nun all diese Gefahren, Widrigkeiten und Unwägbarkeiten vergegenwärtigt – ist es da nicht ein Wunder, dass überhaupt jemand pilgerte? Wer von uns heute würde denn eine Pilgerfahrt unter diesen Umständen auch nur in Erwägung ziehen? Wie ängstlich studieren wir die Reisewarnungen des Auswärtigen Amts, bevor wir ein außereuropäisches Land besuchen, wie leicht lassen wir uns durch die Nachricht von Taschendiebstählen und aufgebrochenen Autos von einem Reiseziel abschrecken! Kurz, wie furchtsam sind wir im Vergleich zu unseren Vorläufern auf den Pilgerwegen Europas geworden und wie bequem! Vielleicht sind diese alten Routen auch deshalb wieder so beliebt, weil sie uns zur Rückbesinnung anregen, zur Rückbesinnung auf eine Zeit, in der sich das Gottvertrauen eines Pilgers tagtäglich bewähren musste. Vielleicht reizt es uns, in die Fußstapfen von Menschen zu treten, die ihrer Angst eine grenzenlose Zuversicht entgegenzusetzen hatten. Vielleicht beneiden wir diese Menschen um ihre Ziele und die Gewissheit, dass diese Ziele alle Mühe und Risiken lohnen.

Wie erklärt sich ihre Unerschrockenheit? Vor allem durch ihren Glauben, meine ich. Es ist nicht die Unerschrockenheit des Abenteurers, der sich in der Gefahr beweisen will. Oder des Entdeckers, der von sagenhaften Reichtümern träumt und darum alle Bedenken beiseitewischt. Oder des athletischen Menschen, der halsbrecherische Kunststücke wagt. Es ist die unauffällige Unerschrockenheit von Durchschnittsmenschen, die um die tägliche Gefährdung ihrer irdischen Existenz wissen und trotzdem nicht um ihr Leben bangen. Der Glaube schenkt Zuversicht, das ist meine Überzeugung und meine Erfahrung. Und diese Erfahrung kann man nicht nur als Christ machen. Solche Zuversicht finden wir auch bei den Gläubigen anderer Religionen.

Mir kommen da die Mekkapilger in den Sinn, die ich auf dem Flughafen von Kairo erlebt habe. Im Wartesaal gleich nebenan, nur durch eine Glasscheibe von uns getrennt, befanden sich Hunderte von Muslimen, jeder in seinem weißen Pilgergewand. Unablässig brachen alle zusammen in laute Rufe und Gesänge aus, und ich muss zugeben, dass ich beinahe Angst bekam. Ihre demonstrative Art der Furchtlosigkeit war nicht gerade nach meinem Geschmack, aber sie war doch eine Bestätigung dafür, dass sich aus jedem Glauben Mut und Kraft schöpfen lässt. Und dann lieferten mir diese Pilger wieder einmal den Beweis dafür, dass der Glaube niemals bloß ein individueller Kraftakt ist. Er braucht das Gemeinschaftserlebnis, weil es den Menschen in seiner religiösen Identität bestärkt.

Diese Identität entwickelt man nicht aus sich allein heraus. Ob als Christ oder als Muslim, man erfährt sie als Teil einer Gruppe – vor allem dann, wenn man gemeinsam unterwegs ist zu einem gemeinsamen Ziel. Und gerade für muslimische Pilger war dieses Ziel vor dem Zeitalter des Luftverkehrs mit ganz besonderen Reisestrapazen verbunden. Was hat diesen Menschen nicht alles zu schaffen gemacht, wenn sie zu Zehntausenden in langen Karawanen von Kairo aus an der Ostküste des Roten Meeres entlang nach Mekka zogen – Hitze, Hunger, Durst, Krankheit, Beduinenüberfälle oder der Tod von Kamelen, der unweigerlich den von Pilgern nach sich zog. Auch Katastrophen gehören zur Geschichte der Hadsch, und sie wurden allem Anschein nach mit unerschütterlichem Gleichmut hingenommen. Katastrophen wie die, die der türkische Autor Muammer Tuksavul Anfang des 20. Jahrhunderts im Hafen von Dschidda als Kind erlebte.

Es war gegen Ende der Hadsch. Wie viele andere schiffte sich auch die Familie des Autors ein, um die Heimreise anzutreten. Da beobachtete der junge Muammer, wie eines der vielen Segelschiffe, jedes randvoll mit Pilgern, mit einem Mal Schlagseite bekam und Hunderte von Menschen vom Deck ins Meer stürzten. Er war entsetzt. Was ihn aber noch mehr als das eigentliche Unglück erschütterte, war, dass kein Mensch, kein Boot den Ertrinkenden zu Hilfe eilte. Niemand kümmerte sich um sie. Bald trieben ringsum im Hafenwasser die Leichen. Fassungslos wandte sich Muammer an einen alten Hausdiener seines Vaters. Und der antwortete ihm: Es sei nun einmal das Schicksal dieser Leute gewesen, zu ertrinken. Sie hätten die heilige Kaaba gesehen, sie hätten Gott um Vergebung gebeten, und nun seien sie zu Gott zurückgekehrt. «Sie sind selig», beschloss der Alte seine Erklärung.

Die Schicksalsergebenheit ihrer Glaubensbrüder muss für muslimische Pilger ein zusätzlicher Risikofaktor gewesen sein, den Verlust des Lebens scheinen sie als Nebeneffekt des Pilgerns eingeplant haben zu müssen. Mit Gleichgültigkeit dieser Art immerhin brauchten christliche Pilger nicht zu rechnen. Nach allem, was wir wissen, erlebten sie ein hohes Maß an Hilfsbereitschaft und Solidarität. Die Erlebnisse mit durchtriebenen Wirten und rücksichtslosen Fährleuten dürften für ihre Reiseerfahrungen nicht bestimmend gewesen sein. Denn den Schurken standen die Eremiten gegenüber, die Pilger unter ihrem Dach nächtigen ließen. Die Mönche, von denen sie jede Unterstützung erwarten durften. Die vielen Privatleute, die für Pilger jederzeit ein Stück Brot und oft genug ein Nachtlager übrig hatten. Die Hospize, wo Pilgern manchmal sogar zur Begrüßung die schmerzenden Füße gewaschen wurden. Und nicht zuletzt die Mitpilger, die sich der armen Schlucker in ihrer Gruppe annahmen, sie mit durchzogen, ihnen bisweilen selbst die Schiffspassage ins Heilige Land bezahlten. Mehr als alles andere erstaunt mich immer wieder das Ausmaß an Barmherzigkeit, dem man damals auf allen Pilgerwegen begegnete.

Letztlich verstanden sich eben doch bei weitem die meisten Europäer als Angehörige dieser alle Gegensätze, alle Unterschiede überbrückenden katholischen Kultur, die sich den barmherzigen Samariter zum Ideal erkoren hat. Und jeder Pilger von heute wird bestätigen können: Die Strapazen zählen in der Erinnerung nicht mehr viel. Zu den prägenden Erfahrungen gehört vielmehr die Solidarität, die man unterwegs viel stärker erlebt und noch dankbarer empfindet als in anderen Lebenslagen.

8. «Es ist niemand da, dem nicht die Haare zu Berge stehen»

Endlich am Ziel!

Wir wissen, was sich der Pilger des Mittelalters vom Ziel seiner Reise verspricht. Aber was erwartet ihn am Ende seines Weges tatsächlich? Wie geht es an den großen Wallfahrtsorten zu, was ist da los, und auf welche Art wird der Heilige dort verehrt? Bevor ich auf die klassischen Pilgerorte zu sprechen komme, möchte ich den Schauplatz einer zeitgenössischen Wallfahrt aufsuchen, nämlich das mexikanische Tila. Der kleine Ort im Bergland von Chiapas ist alljährlich im Juni das Ziel einer großen Indiowallfahrt, und auf dem Höhepunkt des Festes dürfte die Atmosphäre dort derjenigen ziemlich nahekommen, die einen mittelalterlichen Pilger an seinem Zielort empfing. Grund der Pilgerfahrt nach Tila ist der in ganz Mexiko berühmte Schwarze Christus, eine besonders kunstvoll geschnitzte Figur aus Ebenholz, die nachweislich seit 1539 verehrt wird. Ich selbst hatte nie das Glück, diesem Ereignis beizuwohnen. Die folgende Schilderung verdanke ich einem befreundeten Schriftsteller, der Tila zur Zeit der Wallfahrt in den neunziger Jahren besucht hat. Der Text beginnt mit dem Morgen des großen Tags, an dem die Pilgergruppen in dem Bergstädtchen Tila eintreffen:

«Die Zufahrtsstraße unten im Tal war verstopft mit buntbemalten Autobussen aus allen Teilen Mexikos. Sie dienten als

Beförderungsmittel und Nachtquartiere in einem; viele Hängematten hinter den verstaubten Scheiben waren zu dieser Morgenstunde noch schwer von schlafenden Körpern. Doch schon arbeiteten sich Heerscharen von Menschen die steile Straße nach Tila hinauf, Pilger und Händler, die gebeugten Rücken bepackt mit Trinkwasserkanistern oder Säcken voll Mais, Schüsseln mit Gebäck auf dem Kopf, Körben voller Fürchte unterm Arm, einige an Krücken, andere mit Bündeln von Kerzen und Kruzifixen behängt, einer mit sechs lebenden Truthähnen kopfüber an einer Stange über der Schulter. Gottlob brauchte der mühselige Aufstieg nicht in einem Zug bewältigt zu werden, denn links und rechts der Straße hatte sich jeder Hauseingang in einen kleinen Laden, ein provisorisches Café verwandelt, und überall boten sich Pfannen mit aromatisch duftenden Gerichten für eine Verschnaufpause an.

Oben angekommen, geriet der Menschenstrom ins Stocken, weil die Gassen der kleinen Stadt durch Buden und Verkaufsstände fast unpassierbar geworden waren. Hier, im Umkreis der Kirche, überwog das Angebot an Nahrung für einen unersättlich bilderhungrigen Glauben. Massenhaft wurden Gemälde mit dem Kopf des Erlösers in jedem nur denkbaren Stadium der Agonie feilgeboten, auch Kruzifixe in allen Farben, überwiegend aber in Rosa und Lindgrün, und Bildmontagen, auf denen der sterbende Christus über der Ortskulisse von Tila erschien. An den Straßenecken saßen allenthalben Indiofrauen hinter aufgehäuften Stoffpüppchen, reglose Säuglinge an ihren Brüsten, und mitten in diesem Stoßen und Drängen wühlte sich ein Händler durch die Menge, der sich riesige gerahmte Christusbilder auf den Rücken geschnallt hatte.

Ein Eisentor bildete den letzten Engpass, dahinter öffnete sich der Vorplatz der Kirche. Vor diesem Tor saß eine alte Frau inmitten hoher Kräuterhaufen, die nach Kamille dufteten. Und niemand durchschritt das Eisentor, ohne ihr vorher ein Kräutersträußchen abgekauft zu haben.

Auf dem Vorplatz hatte die wartende Menge eine Gasse freigelassen, durch die sich in kurzen Abständen Gruppen von Wallfahrern auf das weit geöffnete Portal der Kirche zubewegten. Ihr leiser Gesang wurde übertönt von den schmetternden Trompeten, den Akkordeons, Geigen und bauchigen Gitarren der Mariachi-Kapellen, die jeden Pilgerzug anführten – und wenn sie die Kirche betraten, dann klangen die Trompeten hell und süß und siegessicher zu Ehren des Schwarzen Christus vorn über dem Altar.

In der großen Kirche von Tila drängte sich bereits eine ordentliche Menschenmenge, trotzdem fanden Neuankömmlinge immer noch einen Platz. Aller Augen waren auf den hellen, weiten Altarraum unter der Kuppel gerichtet und auf das hoch aufragende Betonkreuz an der Stirnwand, wo ein Mann sich soeben in die Höhe reckte, um der alles überragenden Gestalt des Schwarzen Christus von Tila einen neuen Lendenschurz aus blutrotem Samt um die Hüften zu binden.

Der Einmarsch der Pilgergruppen und Musikkapellen riss nicht ab. Mariachis in voller Galamontur jauchzten in ihre Trompeten. Triumphfanfaren, Jubelschreie erfüllten das Kirchenschiff, und an den Rändern schoben sich die Schlangen der Gläubigen Schritt für Schritt auf ihren Christus zu, um nach Stunden des Wartens endlich von beiden Seiten an das Kreuz heranzutreten, die durchbohrten Füße des Gekreuzigten zu küssen und die mitgebrachten Kerzen und Kamillebüschel am Holz seiner Unterschenkel zu reiben. Dann reckten sie die Arme hoch, strichen mit den Händen imaginäres Blut von seinen Knien und Waden und rieben es sich ins Gesicht, ins Haar, auf Nacken, Arme und Beine, als imprägnierten sie sich mit diesem Blut, dem unsichtbaren Blut des Schwarzen Christus von Tila. Und zwischendurch gab es immer jemanden, der sich mit einem neuen Lendenschurz an den Hüften des Gekreuzigten zu schaffen machte.

Unterdessen hatten die beiden Franziskanerpatres vorne am Altar alle Hände voll zu tun. Große Menschentrauben hatten sich dort gebildet, es war ein Drücken und Schieben, und immer weitere Pilger drängten von hinten nach. Einer der Patres war unablässig damit beschäftigt, geweihtes Wasser durch einen Trichter in Plastikflaschen abzufüllen, die ihm von allen Seiten hingehalten wurden. In dem Getümmel behauptete sich ein alter Mann, der, laute Fürbitten sprechend, mit seinem Kräuterbündel auf Gläubige in seiner Nähe einschlug. Der zweite Pater war dabei, die Pilger um ihn her mit einem weihwassertriefenden Rosenstrauß zu segnen. Ein Mann, der gleich vor ihm kniete, hielt die hölzerne Nachbildung eines Zeburinds in die Höhe, und als der segenspendende Sprühregen auf ihn niederging, drohte er in einem Meer von Kruzifixen an ausgestreckten Armen zu versinken. Es war ein Prachtexemplar von Zeburind mit fettem Höcker, und es wurde aus den Kruzifixen gerettet und zu den Votivgaben auf dem Altar gestellt. So ging es Stunde um Stunde, und wohin man schaute, spielten sich Szenen eines starken, einfachen Glaubens ab.

Gegen Mittag wehten über den Vorplatz der Kirche verführerische Düfte. Tatsächlich – in den Gassen unterhalb der Kirche reihte sich ein Straßenrestaurant ans andere, jedes eine offene Kochstelle mit einem langen Tisch und kleinen, wackligen Holzstühlen. Überall im Umkreis der Kirche wurde gegessen, das ganze Zentrum von Tila war ein Jahrmarkt der Köstlichkeiten: dampfende Schweineköpfe, Truthahnfleisch in scharfer, dunkler Soße, eingelegtes Hühnchen, Fleischbällchen, heißes Fettgebäck, süße Kokosplätzchen. Nach der Seele kam nun der Leib auf seine Kosten, und eine Stärkung tat auch not, denn vor den Pilgern lag der zweite und mühsamere Teil ihrer Wallfahrt, nämlich der Aufstieg zum Gipfel des benachbarten Bergs, wo durch den Wolkennebel hindurch ein großes Kreuz zu erkennen war. Dort oben sei der Schwarze Christus gefunden worden, so hieß es, in einer Höhle, und niemand dürfe Anspruch auf den Ehrentitel eines Tilapilgers erheben, der nicht auch am Ort der wunderbaren Auffindung gebetet hätte.

Wo der Aufstieg begann, lagen frisch zugehauene Knüppel bereit, provisorische Wanderstäbe. Nur wenige allerdings machten davon Gebrauch, obwohl der Weg nach oben nichts anderes war als ein Pfad, den Tausende von Pilgerfüßen in Jahrhunderten in den Berg gestampft hatten. Über Geröllkaskaden, glitschige Felskanten und lehmige Böschungen ging es immer steil bergan, doch offenbar ließ sich niemand davon abschrecken: In der Menschenschlange, die sich im Zickzack den Berg hinaufwand, liefen alte, gebückte Frauen mit, befanden sich junge Mütter mit Kleinkindern auf den Hüften, traf man ganze Familien an. Manche sangen leise, und viele waren barfuß. Unterwegs gab es Zwischenstationen, an denen sich Berge von Kräuterbüscheln auftürmten. Dort wurde innegehalten, und jeder klopfte sich mit diesen Büscheln ab. Die Unermüdlichen setzten ihren Weg danach sogleich fort, während andere eine Rast auf den Felsblöcken am Rand einlegten, eine Schale Maisgrütze tranken und Atem schöpften. Aber keiner verweilte lange, alle zog es bald wieder weiter diese steile, steinige Pilgerspur hinauf zur Krippe ihres Schwarzen Christus.

Oben angekommen, vollzog jeder dasselbe Ritual. Er entzündete eine Kerze, kniete nieder, sprach ein Gebet, setzte die brennende Kerze dann zu Füßen des turmhohen Gipfelkreuzes zwischen Kräuterbüscheln und Zöpfen aus Menschenhaar ab und zwängte sich hinein in die Grotte. Sie war nicht mehr als ein enger Felsspalt, von Kerzen erhellt, ganz unspektakulär, aber sie hatte auf himmlische Geheiß den Schwarzen Christus hervorgebracht, zu einer Zeit, als der Schoß der Erde noch fruchtbar war und heilige Bilder gebar. Wen interessierte schon, dass dieser Christus als das Werk eines guatemaltekischen Bildhauers aus dem 16. Jahrhundert galt? Stimmen mochte es ja, aber den Kern der Sache traf es nicht. Und der Kern der Sache war, dass der Christus von Tila aus dem Zusammenwirken von Himmel und Erde hervorgegangen war, von christlichem Himmel und indianischer Erde, und dass sich keine Stelle besser als diese zu seinem Ursprungsort eignete: eine Höhle auf dem Gipfel eines Berges, der von den Wolken gestreift wird. Deshalb war es richtig, diesen Ort zu verehren. Und deshalb erreichte die Wallfahrt nach Tila nicht unten ihr Ziel, in der Kirche mit dem berühmten Kruzifix, sondern dort oben, zwischen Himmel und Erde.»

Hier erlebt man also sehr schön, wie sich Festfreude und Lebensgenuss auf eine selbstverständliche und altertümliche Weise mit tiefer Frömmigkeit und Leidensbereitschaft mischen. Da verdichten sich im Ritual der Ankunft die Erfahrungen eines ganzen Menschenlebens. Das Bemerkenswerteste an diesem Bericht aber ist für mich der Glaube dieser Pilger. Dort, in Tila, kann man offenbar jene volkstümliche Version des christlichen Glaubens erleben, die auch bei den Pilgern des Mittelalters anzutreffen gewesen sein muss – eines Glaubens, der von Inbrunst, hingebungsvollem Ernst und einem frommen Urvertrauen geprägt ist. Und diesem Glauben begegnet man nicht nur in Tila, sondern vielerorts in Lateinamerika und ebenso in Afrika – in Äthiopien zum Beispiel, einem Land mit langer, christlicher Geschichte. Auch dort gibt es eine alte Pilgertradition, und auch dort erinnert manches an die Frühzeit des Pilgerns bei uns.

Die Äthiopier besitzen innerhalb der Grenzen ihres Landes vier Pilgerorte von herausragender Bedeutung, nämlich den Gischen Mariam, einen dreitausendzweithundert Meter hohen Berg, auf dessen Gipfel das Kreuz Christi vergraben sein soll; die ehemalige Hauptstadt Axum, wo der äthiopischen Überlieferung zufolge die Bundeslade der Israeliten aufbewahrt wird; Lalibela, die Stadt der unterirdischen Felsenkirchen, und Kulebi, alljährlich der Schauplatz des Gabrielsfestes. Diese Orte ziehen zu den großen Festtagen Zehntausende von Pilgern an, und schon Wochen vorher gerät das Land buchstäblich in Bewegung. In allen Dörfern und Städten brechen die Menschen auf, in kleinen oder größeren Gruppen, laufen wie unsere Pilger des Mittelalters, tagaus, tagein, am Rand staubiger Straßen mit sehr wenig Gepäck und bewältigen so oft Hunderte von Kilometern. Andere legen den Weg in kleinen, überfüllten Pilgerbussen zurück, aus deren Lautsprechern weithin hörbar geistliche Lieder ertönen. Staubbedeckt treffen sie am Vortag des Festes am Zielort ein, strömen von allen Seiten zusammen, lassen sich im Umkreis der heiligen Stätte nieder, kampieren in Zelten oder verbringen die Nächte im Freien, in ihre Umhänge gewickelt. Man ahnt, welche Kräfte das Pilgern auch bei uns früher freigesetzt haben muss, wenn man miterlebt, wie wenig das körperliche Wohl für diese Pilger zählt, mit welchem leidenschaftlichen Ernst sie dafür aber an allen religiösen Zeremonien teilnehmen. Und nicht zuletzt erinnert der riesige Menschenauflauf an den großen äthiopischen Wallfahrtsorten an das, was europäische Pilger im Mittelalter erwartete.

In Aachen zum Beispiel. Da war, wenn man so sagen darf, auf dem Höhepunkt der Pilgerfeste die Hölle los. Aachen zählte neben Wilsnack und Köln zu den bedeutendsten Pilgerorten Deutschlands. Das hing mit dem außerordentlichen Reliquienschatz der alten Kaiserstadt und seinen vier Prunkstücken zusammen, nämlich einem Kleid Mariens, den Windeln Jesu, dem Enthauptungstuch Johannes des Täufers und dem Lendentuch Christi. Der Aachener Dom galt als die wertvollste kirchliche Schatzkammer nördlich der Alpen, und die öffentliche Ausstellung dieser Schätze war ein Großereignis. Zur Heiltumsschau des Jahres 1510 etwa soll, wie ein Augenzeuge berichtet, eine so ungeheure Menschenmenge in Aachen zusammengeströmt sein, dass die Häuser rings um den Dom mit Balken abgestützt werden mussten, damit sie nicht unter dem Gewicht der Schaulustigen an den Fenstern und auf den Dächern einstürzten. Und im Menschengewühl in den Straßen habe man sich kaum auf den Beinen halten können. «Ich versichere euch», schreibt unser Berichterstatter, «das Gedränge war derartig, dass, wenn irgendjemandem ein Geldstück aus der Hand gefallen wäre, es ihm unmöglich gewesen wäre, es aufzuheben.»

Der Anblick der Reliquien scheint diese Menschen in einen regelrechten Taumel versetzt zu haben. Man hätte meinen sollen, fährt der Augenzeuge fort, «die ganze Stadt zittere von dem lauten Schall der Männer und Frauen, die ‹Barmherzigkeit!› schreien, und es ist niemand da, dem nicht die Haare zu Berge stehen und Tränen in die Augen treten». Gleichzeitig wurden ununterbrochen zahllose Widderhörner geblasen, sodass der Lärm ohrenbetäubend gewesen sein muss. Das Ganze ging also mit enormen Gefühlsaufwallungen einher, und ein moderner Beobachter hätte wahrscheinlich erschrocken von einer Massenhysterie gesprochen.

Die Aussicht auf tiefe seelische Erschütterung war sicherlich ein Hauptgrund für eine Pilgerfahrt. Jedenfalls bei ernsthaften Pilgern. Doch ging es nicht überall so turbulent wie in Aachen zu. In Santiago beispielsweise führten sich die Pilger gesitteter auf, zumindest im frühen 12. Jahrhundert, wenn man dem *Liber Sancti Jacobi* Glauben schenken darf. Das mochte auch damit zusammenhängen, dass frisch eingetroffene Pilger ihre erste Nacht am ersehnten Ziel in der Kathedrale zuzubringen pflegten, also in einem Raum, der eine gewisse Mäßigung der Leidenschaften gebot. Doch die Darstellung im *Liber Sancti Jacobi* lässt die Geräuschkulisse in dem nächtlichen Gotteshaus erahnen und die allgemeine Unruhe, die mit der Anwesenheit Hunderter von Menschen verbunden war. In stiller Andacht, wie es heute als schicklich empfunden würde, verweilten auch die Santiagopilger nicht.

Gleich nach der Ankunft, so erfahren wir, scharten sich die Pilgergruppen um den Altar mit dem Schrein des heiligen Jakobus, und zwar nach Nationen getrennt. Für Deutsche, Franzosen und Italiener gab es reservierte Plätze, alle anderen mussten sich arrangieren. Jeder trug eine brennende Kerze in der Hand, sodass die Kirche – wie es heißt – hell erstrahlte, und alle hielten sich mit Gesängen und Gebeten wach. Es muss auch jede Gruppe fleißig musiziert haben, offenbar auf mitgebrachten Instrumenten, und da im *Liber Sancti Jacobi* nicht nur von Flöten, Leiern und Fiedeln die Rede ist, sondern auch von Pauken und Posaunen, wird man sich die Begleitmusik dieser Nächte nicht allzu dezent vorzustellen haben – wer lässt sich gern übertönen, wenn alles darauf ankommt, dass der Heilige einen erhört? Darunter mischten sich die Stimmen von Pilgern, die laut ihre Sünden bekannten oder Psalmen rezitierten, und dies alles nun, das Beten, Singen, Rezitieren und Sündenbekennen, in sämtlichen Sprachen der Christenheit. Wahrscheinlich brachte man sich gegenseitig in Stimmung, und wenn unser Text von einem ununterbrochenen Fest in der Kathedrale von Santiago spricht, dann darf man wohl auch hier von einer ausgesprochen lebhaften Atmosphäre ausgehen.

Diese frühe Quelle deutet weiterhin an, dass es nicht immer friedlich dabei zuging. Pilger waren bestrebt, mit dem Heiligen auf Tuchfühlung zu gehen, seinen Schrein zu berühren, sein Bild zu küssen und so lange wie irgend möglich im Energiefeld seines Grabes zu verweilen – da wird es oft zu einem heftigen Gerangel um die besten Plätze gekommen sein. Der *Liber Sancti Jacobi* jedenfalls kritisiert den rücksichtslosen Egoismus mancher Pilger und erwähnt den Fall einer französischen und einer baskischen Pilgergruppe, die sich vor einem Altar dermaßen in die Haare gerieten, dass es zwei Todesopfer gab. Im Spätmittelalter scheinen die Sitten dann noch weiter verfallen zu sein. Santiago sei gänzlich entweiht gewesen, heißt es, ein Rummelplatz. Und ein deutscher Pilger schildert die Zustände im Jahr 1494 mit unverhohlener Verärgerung folgendermaßen: «Dauernd ist ein solches Volksgeschrei in der Kirche, dass man sich auf einem Jahrmarkt wähnt … Der heilige Apostel wäre es wert, dass man ihn mit größerem Respekt verehrt.»

Etwa zur gleichen Zeit kam Arnold von Harff nach Santiago, und auch sein Kommentar fällt wenig schmeichelhaft für den zweitgrößten Wallfahrtsort Europas aus. Etwas abfällig spricht er von einem kleinen hübschen Städtchen mit einer großen Kirche, erwähnt mit keinem Wort die Sehenswürdigkeiten dort und verweilt lediglich bei der Auseinandersetzung, die er mit seinem Ansinnen provoziert, den Leichnam des Heiligen sehen zu wollen.

Harff geht dabei ziemlich unverfroren vor. «Viele streiten offen ab, dass der Apostel da liege», bemerkt er und will es jetzt wissen, wendet sich in der Kathedrale an einen Wächter, verlangt, einen Blick ins Grab des Jakobus werfen zu dürfen, und bietet ihm dafür eine beträchtliche Summe. Was er sich davon verspricht, bleibt offen. Glaubt er, die Gebeine identifizieren zu können? Will er sich wenigstens davon überzeugen, dass das Grab nicht leer ist? Wir erfahren es nicht, aber so weit kommt es auch nicht – der Wächter erteilt ihm eine Abfuhr. Wer das nicht glaube, sagt er, der werde von Stund an verrückt wie ein tollwütiger Hund. «Damit hatte ich Auskunft genug», kommentiert Harff diesen Vorfall – und behält diesen spöttischen Unterton bei, wenn er danach auf die Andenkenstände vor der Kathedrale zu sprechen kommt, wo unzählige große und kleine Muscheln feilgeboten werden. «Die kannst du kaufen und dir eine auf deinen Mantel binden und sagen, du seist dort gewesen», bemerkt er süffisant.

Ich weiß ja selbst, von meinen Besuchen in Lourdes und anderen großen Wallfahrtsorten – da geht es nicht immer feierlich, da geht es nicht immer fromm zu, da kann einen ernsthaften Christen manches stören. Bei Arnold von Harff allerdings kommt noch etwas anderes hinzu: Santiago lässt ihn kalt, weil er bereits zwei Pilgerziele von ganz anderem Kaliber besucht hat, nämlich Rom und Jerusalem. Er ist dem Papst begegnet, er ist dieselben Straßen und Wege wie der Erlöser abgeschritten, er hat am Ursprungsort des Christentums und in der Hauptstadt der Christenheit mit eigenen Augen gesehen, was andere aus der Heiligen Schrift nur dem Hörensagen nach kennen –

dagegen fällt Santiago natürlich ab. Außerdem ist er nach bald zweijähriger Pilgerfahrt ein abgebrühter Reisender, der für Leute, die daheim mit Jakobsmuscheln Eindruck schinden wollen, nur ein müdes Lächeln erübrigen kann. Er selbst hat ganz andere Souvenirs im Gepäck, nämlich zum Beispiel einen eisernen Ring, den er höchstpersönlich an allen heiligen Steinen Jerusalems gewetzt hat – eine echte Berührungsreliquie! Kurzum – ein Mann mit seiner Erfahrung kommt in Santiago de Compostela nicht auf seine Kosten.

Nun ist die Bedeutung dieser Stätte ohnehin nicht mit dem heilsgeschichtlichen Rang von Rom und Jerusalem vergleichbar. Santiago hat einen Apostel zu bieten, immerhin, doch nur in Rom und Jerusalem begegnet man der ganzen Fülle der christlichen Tradition. Aber geht es dort grundsätzlich anders zu, weniger kommerziell, weniger «touristisch»? Ist dort mehr von heiligem Ernst zu spüren?

Tatsächlich sind die Verhältnisse an beiden Orten völlig unterschiedlich. Grob gesagt ist es so, dass mit Jerusalem überhaupt kein anderer Ort der Christenheit mithalten kann. Hier befindet man sich in der Heimat Jesu Christi, an der Quelle des Glaubens, hier ist alles heiliger Boden und jeder Stein eine mögliche Berührungsreliquie. Außerdem folgen Jerusalempilger dem Vorbild Jesu Christi im allerengsten Sinne, denn Jesus selbst hatte zu den großen jüdischen Festen Pilgerreisen nach Jerusalem unternommen – zunächst als Kind mit seinen Eltern, später mit seinen Jüngern. Kein Wunder, dass Pilger aus allen Teilen der christlichen Welt Jerusalem schon in der Antike aufsuchten.

Es gibt ein phantastisches Zeugnis dieser ältesten christlichen Pilgertradition, und zwar die Mosaikkarte von Madaba (im heutigen Jordanien): eine Landkarte Palästinas aus rund vierhunderttausend bunten Mosaiksteinchen, die im 6. Jahrhundert den Boden einer Kirche zierte. Sie zeigt das Heilige Land aus der Vogelperspektive, ist in ihrer geographischen Genauigkeit verblüffend und überwältigend in ihrem Reichtum an Details wie Krokodile, Jordanfähren, Dattelpalmen, Ortschaften und Städten, alle mit ihren griechischen Namen versehen. Jerusalem ist so präzise wiedergegeben und so akkurat beschriftet, dass man sogar einzelne Gebäude identifizieren kann. Vermutlich diente dieses Mosaik zur Information von Pilgern, die aus dem Osten kamen und das Heilige Land besuchen wollten. Hier konnten sie sich orientieren, hier konnten sie auf dem Boden der Kirche wie in einem Reiseführer lesen und ihre Reiseroute planen. Es ist das einzige Mosaik der Antike, das eine Landkarte abbildet – schon daraus lässt sich ermessen, welchen Rang das Heilige Land im Bewusstsein der Christenheit einnahm.

Die überragende Bedeutung Jerusalems schlägt sich überdies in der Annahme nieder, die Stadt sei der Nabel der Welt. Harff präzisiert diese Vorstellung noch, er lokalisiert das Zentrum des Universums in der Grabeskirche, die über der Fundstätte des Kreuzes errichtet worden war: «Dort solle, so sagt man, die Mitte der Welt sein, wie Gott das selbst bestimmt habe», schreibt er. Heiliger kann also kein Ort dieser Erde sein, näher kann man Gott nirgendwo kommen, und viele mittelalterliche Pilger geraten schon in Verzückung, wenn sie Jerusalem nur betreten. Die Gegenwart Jesu ist allenthalben zu ahnen; manch einer reagiert darauf mit Jubelschreien oder Freudentränen.

Andererseits empfiehlt sich christlichen Pilgern, im Heiligen Land größte Zurückhaltung an den Tag zu legen. Denn seit dem Untergang der Kreuzfahrerstaaten 1291 ist die ganze

Region in den Händen der muslimischen Sarazenen, und seither lautet die erste Pilgerregel, sich so unauffällig wie möglich zu verhalten. Zwar sind die neuen Herren geschäftstüchtig genug, den Pilgerbetrieb bald wieder zuzulassen, auch die Franziskaner dürfen sich 1313 in einem Kloster auf dem Zionsberg in Jerusalem einrichten, aber die Bevölkerung ist außerordentlich empfindlich gegen christliche Glaubensäußerungen wie gegen europäische Gepflogenheiten im Allgemeinen, weshalb für Pilger strenge Regeln gelten: auf keinen Fall eine Frau anschauen – Sarazenen sind extrem eifersüchtig! Bloß keinem Mann freundschaftlich auf die Schulter klopfen oder gar am Bart zupfen – er wird sich in eine Furie verwandeln! Einem Muslim, der einen Schluck Wasser erbittet, um keinen Preis Wein aus der eigenen Pilgerflasche anbieten – er wird nach dem ersten Schluck auf einen losgehen! Keine Moschee betreten – das wäre der sichere Tod! Dann: muslimische Friedhöfe meiden! Auf christliche Gebete und Gesänge in der Öffentlichkeit verzichten! Und keine Gegenwehr leisten, wenn man angegriffen wird! Mit diesen Vorsichtsmaßregeln wird jeder Pilger gleich nach seiner Ankunft in Jerusalem vertraut gemacht. Die Klugheit gebietet es einem Christen, seine Launen und frommen Anwandlungen zu unterdrücken, und vielleicht geht es hier auch deshalb gesitteter und ernster zu als an anderen Pilgerorten.

Für derlei Einschränkungen wird man allerdings reichlich entschädigt. Durch die Grabeskirche zum Beispiel, wo Pilger sich eine ganze Nacht lang in das Leiden Christi versenken können. Durch eine Stadtbesichtigung, in deren Verlauf man alle Haupt- und Nebenschauplätze der Heilsgeschichte berührt. Oder durch einen Abstecher zur Taufstelle Jesu am Jordan, wo man einzigartig günstig an eine begehrte Reliquie kommt, indem man nämlich einfach eine Flasche ins Wasser taucht. Alles in allem lässt sich sagen: Im Heiligen Land erlebt man als Pilger keine der üblichen Enttäuschungen. Es wird ein wirklich spektakuläres touristisches Programm geboten, und niemand braucht sich über die Niedertracht geschäftstüchtiger Mitchristen zu ärgern. Entweder, man wertet jede Unannehmlichkeit als Schikane missgünstiger Muslime, von denen ohnehin nichts anderes zu erwarten ist. Oder aber man macht eine ganz andere Erfahrung und stellt zu seiner größten Verblüffung fest, dass diese Sarazenen so übel gar nicht sind. Arnold von Harff und die Engländerin Margery Kempe zum Beispiel kommen gut mit ihnen zurecht. Zwar haben auch sie gelegentlich Grund, sich über ruppige Beamte und feindselige Dorfbewohner zu ärgern, doch im Großen und Ganzen finden sie die Muslime erstaunlich umgänglich. Und grundsätzlich muss man sagen: Dass die Sarazenen den christlichen Pilgerbetrieb überhaupt dulden, ist ein Zeichen ungewöhnlicher Toleranz. Der umgekehrte Fall, ein muslimisches Pilgerzentrum auf dem Territorium eines christlichen Staates, wäre undenkbar gewesen. Und ist es vielleicht heute noch.

Eine völlig andere Welt erwartet Pilger in Rom, der Stadt der Päpste, der christlichen Metropole schlechthin. Hier können sie sich frei bewegen und ihre Zeit nach Gutdünken einteilen. Die sieben Hauptkirchen Roms mit ihrem unermesslichen Reliquienschatz gehören zum Pflichtprogramm – auch Harff absolviert es, und zwar mehrfach. Im Übrigen warten Hunderte weiterer Kirchen und Klöster auf jene, die Stille und Andacht suchen. Jede Nation unterhält eine eigene Pilgerherberge in Rom; die Engländer beispielsweise steigen im Hospiz des heiligen Thomas von Canterbury in der Nähe des Tiberufers ab. Als Höhepunkt einer Romwallfahrt wird es natürlich empfunden, eine Messe mit dem Papst zu erleben. Abgesehen davon hat Rom durch die Vielzahl von Apostel-, Heiligen- und Märtyrergräbern eine einzigartige Aura, und als Pilger fühlt man sich hier in die heroische Frühzeit des Christentums versetzt, die Zeit der Verfolgung, der Standhaftigkeit und des Triumphs über das Heidentum.

Das Rom der Gegenwart ist nun allerdings alles andere als heroisch. Vor allem im Spätmittelalter und an der Wende zur Renaissance müssen sich Pilger in der Heiligen Stadt auf die unheiligsten Verhältnisse gefasst machen.

Desillusionierend ist schon der bauliche Zustand Roms. Ganze fünfzehntausend Einwohner verteilen sich auf ein Gewirr dunkler, verschmutzter Gassen; viele Häuser sind baufällig, viele Kirchen zerfallen, von der einstigen Pracht der antiken Welthauptstadt ist eine Schutthalde übrig geblieben. Und ähnlich heruntergekommen ist die Moral der Bewohner, angefangen beim Papst und der Geistlichkeit. Für Geld wird einem Laien jede beliebige Sünde erlassen; auch Priester brauchen nur zu zahlen, wenn sie sich mit einer Konkubine vergnügen wollen. Im Übrigen lebt die Stadt praktisch ausschließlich vom Fremdenverkehr; fast jeder verdingt sich irgendwie an die Touristen, fast jeder hat es auf deren Kasse abgesehen. Von den Kirchenleuten abgesehen, trifft man in Rom hauptsächlich auf Gastwirte, Handwerker, Fremdenführer, Huren, Bettler und Diebe. Nach einem gängigen Sprichwort ist Rom das Sündenbabel der christlichen Welt, und für einen Pilger, der die Zustände auf dem Jakobsweg und in Santiago schon anstößig findet, ist das, was er an Zügellosigkeit, knallhartem Geschäftssinn und allgemeiner Verrohung in der Hauptstadt der Päpste erlebt, eine wahre Prüfung seines Glaubens.

Der spanische Autor Francisco Delicado hat über das Rom

seiner Zeit, das Rom des frühen 16. Jahrhunderts, einen einzigartig aufschlussreichen Roman geschrieben: *Lozana, die Andalusierin.* Seine Hauptfigur, ebenjene Lozana, ist Teil dieses grellbunten, internationalen Kosmos von Rom. Sie kennt sich aus, sie ist mit allen Wassern gewaschen, und ihre unverblümten Kommentare fügen sich zu einem drastischen Sittenbild der Heiligen Stadt.

Der Autor lässt durchblicken, dass sämtliche Frauen, die in seinem Buch auftreten, als Huren arbeiten, gleichgültig, welchem Beruf sie nachgehen. Lozana macht da keine Ausnahme: Offiziell betreibt sie Wahrsagerei und Heilzauber, nebenher verdient auch sie ihr Geld als Prostituierte und Kupplerin. In dieser Stadt, in der es zu allen Zeiten von Geistlichen und Pilgern wimmelt, ist Prostitution eine Einnahmequelle wie jede andere, denn, so erklärt Lozana einem Fremden: In Rom herrsche völlige Freiheit – und völlige Sittenlosigkeit. Jeder tue, was ihm beliebt, ob es gut oder verwerflich sei. Wer nackt durch die Straßen laufen wolle, der würde von niemandem daran gehindert. Rom sei, kurz gesagt, der Triumph der großen Herren, das Paradies der Huren, das Fegefeuer der Jünglinge, eine Täuschung der Armen, ein Nest der Diebe und die Hölle für alle. Als heiliger Ort, als Hort christlichen Glaubens, kommt Rom in dieser Beschreibung – wie in dem ganzen Buch – nicht vor. Hier herrscht von der ersten bis zur letzten Seite der illusionslose Blick von unten auf eine Stadt, die Pilger mehr als jeder andere Wallfahrtsort irritiert haben dürfte.

Die Verheißungen des Ziels werden durch die Wirklichkeit also nicht immer eingelöst. Manchmal erlebt man dort Offenbarungen ganz anderer Art. Aber das passiert auch heute noch – an den bekannten Pilgerorten unserer Tage mit ihrem Massenbetrieb und ihrer Mischung aus Kitsch und Kommerz muss man ebenfalls mit Enttäuschungen fertigwerden. Erstaunlicher dürfte es dem heutigen Leser mittelalterlicher Pilgerberichte vorkommen, dass sich trotzdem, selbst durch die empörenden Zustände in Rom, keiner ihrer Verfasser zu einer fundamentalen Kritik am Christentum hinreißen lässt. Wie schnell nimmt man in unserer Zeit Missstände in der Kirche zum Anlass, alles über Bord zu werfen und Glauben, Gott und Kirche gleich ganz den Rücken zu kehren. Aber diese Menschen können trennen, zwischen der Wahrheit des Glaubens und den Verfallserscheinungen des christlichen Lebens, zwischen der Kirche, die ihnen eine geistige Heimat bietet, und dem erschreckenden Bild, das ihre Repräsentanten bisweilen bieten.

Ich selbst habe einmal erlebt, dass Menschen diese innere Spannung sehr wohl aushalten, dass sie mit diesem Widerspruch durchaus leben können. Es war in Mexiko, auf einer Rundreise durch die Hauptstadt. Mein Fahrer war Mexikaner, und sein Lieblingsthema war die Habgier der Geistlichen. Immer wieder kam er darauf zurück, schimpfte auf die Kirche und ihren Reichtum und war nicht zu bremsen. Später aber, in der Kirche der Jungfrau von Guadalupe, sah ich ihn, wie er sich unter die Gläubigen einreihte, die vor dem Bild der Jungfrau beten wollten, und ebenso wie alle anderen den Weg vom Eingang bis zum Altar auf seinen Knien zurücklegte. Nicht dass er von seiner Kritik etwas zurückgenommen hätte, aber seine Seele sollte auch nicht zu kurz kommen.

Im Mittelalter stoßen wir jedenfalls immer wieder auf das Phänomen, dass sich beides vereinbaren lässt: eine teils beißende Kritik an den Praktiken der Kirche und eine grundsätzliche Bejahung des Glaubens. Ich halte das für eine weise Einstellung. Ich übe mich bis heute darin.

9. «Rom erreichte ich um die Fastenzeit ...»

Zwei mittelalterliche Pilger in Rom und Jerusalem

Pilgern ist schon eine besondere Form des Reisens. Da richtet man sich auf seinem Weg an realen, geographischen Fixpunkten aus, die zugleich einer anderen Dimension, einer anderen Ebene von Wirklichkeit angehören. Und diese andere Wirklichkeit ist seltsam immun gegen die Unheiligkeit der Zustände, die dort herrschen. Keine menschliche Verdorbenheit kann der Heiligkeit dieser Orte etwas anhaben. Ihre spirituelle Energie ist unzerstörbar – es sei denn, sie büßen den Nimbus ihrer Heiligkeit gänzlich ein, wie es in Wilsnack der Fall war.

Wallfahrtsstätten werden daher von Pilgern auch jahrhundertelang anders wahrgenommen als alles, was der Weg bis dahin zu bieten hat. Die Städte, die sie auf ihrer Reise berühren, sind Durchgangsstationen und für sich genommen auch nicht uninteressant. Je nach Bildung und Horizont studieren Pilger unterwegs aufmerksam das fremde Leben, die Sitten, die Sprache, die politischen und wirtschaftlichen Verhältnisse, auch die Schönheit von Kunstwerken, Kirchen und Prachtbauten. Das Jakobs-Buch appelliert immer wieder an den Schönheitssinn der Pilger und weist sie auf besonders kunstvoll gearbeitete Schreine und Altäre oder architektonische Besonderheiten hin – insofern nimmt es die Kunstreiseführer unserer Zeit vorweg. Am Ziel aber drängt sich plötzlich anderes in den Vordergrund, da überschattet das Empfinden der Präsenz des Heiligen oft jedes Interesse an der irdischen Realität. Noch heute kann man sich der spirituellen Ausstrahlung von Städten wie Rom oder Jerusalem kaum entziehen, wie viel weniger die Pilger des Mittelalters.

Nehmen wir unsere beiden Augenzeugen Arnold von Harff und Margery Kempe als Beispiele dafür, wie Menschen damals ihre Ankunft am Ziel erlebten. Begleiten wir sie nach Jerusalem und Rom und schauen wir uns an, wie die heiligen Stätten auf sie wirkten – und ob sie tatsächlich fanden, was sie dort zu finden hofften.

Harff und Kempe gehören beide dem 15. Jahrhundert an, könnten aber, wie gesagt, unterschiedlicher kaum sein. Harff haben wir bereits als aufmerksam registrierenden, vielseitig interessierten Beobachter kennengelernt – als Renaissancemenschen, der uns in seiner kühlen, distanzierten Art fast schon modern vorkommt. Margery Kempe hingegen ist ihrer Mentalität nach unverkennbar ein Kind des Mittelalters. Sie kennt keine Distanz, sie betreibt ihre Pilgerfahrt mit glühender Inbrunst als eine Reise zu Gott. Und auch die Reiseerfahrungen der beiden unterscheiden sich gründlich. Während Harff alle Mittel zur Verfügung stehen, während er sich ein Höchstmaß an Sicherheit und Bequemlichkeit leisten kann, muss Margery Kempe sich durchschlagen, bisweilen durchbetteln. Und während der niederrheinische Ritter überall leicht Anschluss findet, macht sich die Engländerin bei ihren Mitreisenden meist sehr schnell unbeliebt. Was mir an Margery Kempe gefällt: ihre Tüchtigkeit und Schläue, wenn's drauf ankommt. Ihre Geistesgegenwart. Und wie sie sich kopfüber in ein unkalkulierbares Abenteuer stürzt, wagemutig aus Gottvertrauen.

1413 bricht sie auf. Da ist sie vierzig, hat einen Ehemann und

Kinder. Als sonderbar gilt sie schon seit längerem. Während ihrer ersten Schwangerschaft hat sie einen seelischen Zusammenbruch erlitten, von dem sie sich erst erholte, als Jesus ihr in einer Vision erschien. Seither erlebt sie ständig Zustände intensiver Erregung, die sich für ihre Umwelt als heftiges Weinen, Schluchzen und Schreien äußern. Daheim wissen die Leute nicht, wo sie Margery einordnen sollen – unter die Verrückten oder unter die Heiligen? Für die Pilgergruppe, der sie sich unterwegs anschließt, ist der Fall allerdings eindeutig: heilig oder nicht, sie ist unerträglich. Eine Nervensäge. Hatte man ihr als Alleinreisender zunächst gern den Schutz der Gruppe gewährt, würde man sie jetzt am liebsten irgendwo in der Wildnis aussetzen und ihrem Schicksal überlassen. Selbst das Abendessen verleidet sie einem mit ihren unaufhörlichen Ermahnungen und ihren Weinkrämpfen. Als Pilger und Christenmenschen wollen es ihre zermürbten Reisegefährten dann doch nicht bis zum Äußersten kommen lassen, zähneknirschend schleppt man sie mit, aber alle atmen auf, als Venedig endlich erreicht ist. Es dürfte nicht schwerfallen, sie hier abzuschütteln.

Man ignoriert sie von nun an. Man findet eine geeignete Galeere, schließt mit dem Kapitän einen Vertrag, bucht aber keinen Platz für Margery. Man organisiert in der Stadt alles, was Reisende für die Überfahrt und im Orient benötigen – Matratzen, Decken, Essgeschirr, Proviant, Arzneimittel, leichte Kleidung –, und berücksichtigt Margery dabei genauso wenig. Schon fühlen sich ihre ehemaligen Begleiter sicher, schon glauben sie, die Engländerin abgehängt zu haben, da taucht sie wieder auf und erzählt ihnen: Gott habe sie vor diesem Schiff ohnehin gewarnt. Sie nehme jetzt eine andere Galeere. Und nach der anfänglichen Erleichterung bemächtigen sich der Gruppe die schlimmsten Befürchtungen: Was hat Gott sich dabei gedacht? Ist das eigene Schiff etwa zum Untergang verdammt? Kann Margery womöglich tatsächlich in die Zukunft sehen? Kurzentschlossen kündigen sie ihrem Kapitän, buchen allesamt auf dem Schiff, das Margery für sich ausgesucht hat – und verfluchen ihre Ängstlichkeit während der ganzen einmonatigen Seereise. Die übrigens ohne Zwischenfälle verläuft.

Ist Margery Kempe eine raffinierte Strategin? Oder folgt sie nur in aller Unschuld ihren Eingebungen? Das lässt sich nie entscheiden. Oft ist sie nicht Herr ihrer Sinne, und dann wieder scheint sie Situationen blitzartig zu erfassen. Ebendas ist es, was sie von Arnold von Harff grundsätzlich unterscheidet – die Unberechenbarkeit eines Menschen, der sich gleichermaßen von irrationalen Impulsen wie von klugen Erwägungen leiten lässt. Ihr Reisebericht erhält dadurch die Züge eines mittelalterlichen Schelmenromans – zu dem auch das, was nun folgt, passen würde.

Kaum wird Margery Jerusalems ansichtig, hat sie eine Vision. Vor ihrem geistigen Auge erscheint das himmlische Jerusalem, so wie es die Offenbarung des Johannes beschreibt, die Straßen mit Gold und Edelsteinen gepflastert. Vor Ergriffenheit kann sie sich kaum noch auf ihrem Esel halten, Begleiter müssen sie stützen. Freudentränenüberströmt erreicht sie die Stadt, und als ihre Reisegruppe bald darauf in den Vorhof der Grabeskirche einzieht, ist es nicht mehr Margery allein, die außer sich gerät. Allesamt verfallen sie hier, am Ort der Leiden Christi und seiner Auferstehung, in Trance oder Ekstase.

Manche sinken wie ohnmächtig nieder, liegen wie tot oder wälzen sich, von der Heiligkeit des Pflasters durchdrungen, im Staub. Andere taumeln und stolpern benommen umher oder gehen in die Knie und beten unter Tränen, die Arme ausgestreckt wie ein Gekreuzigter, oder hocken laut schluchzend am

Boden, die Hände vors Gesicht geschlagen, oder stehen wie angewurzelt, am ganzen Leib zitternd, schlotternd, bebend. Die Frauen kreischen wie im Kindbett, weinen hemmungslos und stoßen verzückte Schreie aus. Auch Margery wird ihrer Erschütterung den drastischsten Ausdruck verliehen haben. Kurz, ein jeder überlässt sich seinen Gefühlen, bis die Sarazenen einschreiten und den ganzen verwirrten Haufen ungerührt ins nahegelegene Hospiz des heiligen Johannes scheuchen.

Angesichts solcher Szenen ahnt man, wie nah die Passion Christi diesen Menschen von jeher gegangen ist, wie stark sein Leiden sie ein Leben lang beschäftigt hat und wie heftig sie dem Augenblick ihrer Ankunft in Jerusalem entgegengefiebert haben müssen. Offenbar überwältigt sie hier das Gefühl, am irdischen Ziel ihrer Glaubenshoffnungen angelangt zu sein, dem Schauplatz ihrer Erlösung von Sünde und Tod. Margery erfasst in ihrer Vision des himmlischen Jerusalems intuitiv, was ein jeder empfindet: Das reale Jerusalem bildet die letzte Vorstufe zum jenseitigen Paradies, das die Erlösten erwartet. Verständlich, dass es im Vorhof der Grabeskirche nicht ohne Gefühlsaufwallungen abgeht.

Auch die folgenden Tage haben es in sich. Im Eilschritt geht es von einem heiligen Ort zum nächsten, und keiner davon lässt die Engländerin kalt. Der Brunnen, an dem die Muttergottes die Kleider des Jesusknaben gewaschen hat, der Hof, in dem Petrus seinen Herrn dreimal verleugnete, der Baum, an dem sich Judas erhängte – alles versetzt sie erneut in Erregung. Der Höhepunkt ihres Jerusalemaufenthalts aber erwartet Margery und die anderen in jener Nacht, die Pilger traditionell in der Grabeskirche zubringen.

Alle versehen sich mit Proviant, denn auch das Abendessen wird in der Kirche eingenommen. Dann fällt das Portal hinter ihnen ins Schloss, und nun befinden sie sich für eine ganze Nacht an jenem Ort, den Gott selbst – wie Harff sich ausdrückt – zum Mittelpunkt der Welt bestimmt hat. Also unmittelbar über der Stelle, wo das Kreuz Christi gestanden hat, wo die Erde sein heiliges Blut getrunken hat und wo er sich als Auferstandener erstmals gezeigt hat.

Der Leser von Margerys Reisebericht kann sich denken, dass ihr nun einiges bevorsteht. Zunächst reiht sie sich noch fügsam in die Prozession ein, zu der sich die Pilger jetzt formieren, um einer Gruppe von Mönchen durch das Labyrinth der Grabeskirche zu folgen. Kerzen in den Händen, Hymnen und Gebete auf den Lippen, werden alle Stationen des Leidenswegs Christi abgeschritten, und als der Zug die Kreuzigungsstelle erreicht, passiert es: Margery wird von einer Vision befallen, heftiger und klarer als alles, was sie sich bis dahin in ihrem Geist ausgemalt hat. Inmitten der allgemeinen Erregung fällt sie zu Boden, die Arme ausgebreitet, von einer unsichtbaren Macht geschüttelt, spitze Schreie ausstoßend, und sieht nun den sterbenden Jesus vor sich, als wäre sie in der Stunde der Kreuzigung dabei, erblickt seine Wunden und bemerkt, wie das Blut in Strömen an seinem Körper hinunterläuft. Sie wird buchstäblich zur Augenzeugin dessen, was den Kern der Evangeliumsbotschaft ausmacht.

Welche erstaunliche Einbildungskraft, die einen Menschen Vergangenes in solcher Unmittelbarkeit, aus solcher Nähe, als reale Gegenwart erleben lässt! Ohne den Umweg über technische Hilfsmittel, zu denen ich in diesem Fall einen Film wie die *Passion Christi* von Mel Gibson zählen würde, gelingt es Margery Kempe, sich in ein weit zurückliegendes Geschehen hineinzuversetzen. Es bedarf lediglich einer Initialzündung, um die Kluft zwischen Vergangenheit und eigener Zeit zu überbrücken. Bedeutende Pilgerziele wie Jerusalem können darum zu wirklich aufregenden, erschütternden Orten werden: Sie eröffnen jedem die Möglichkeit, zum Teilnehmer an der Heilsgeschichte zu werden, auch viele Jahrhunderte später noch. Und nicht nur Margery – alle dürften am nächsten Morgen die Grabeskirche mit dem Gefühl verlassen haben, Augenzeugen der Passion und Bürgen für die Wahrheit der Ereignisse geworden zu sein, die im Evangelium verzeichnet sind.

Man kann wohl sagen: In Jerusalem erfüllen sich die Hoffnungen, die Margery Kempe an ihre Pilgerfahrt geknüpft hat. Aus ganz anderen Gründen wird aber auch Rom, die nächste Station ihrer Reise, zu einem großartigen Erfolg.

Wieder zurück in Venedig, schlägt sie sich in Begleitung eines irischen Bettlers nach Assisi durch, ohne von Söldnern oder Banditen belästigt zu werden – bei den chaotischen Zuständen, die auf den Straßen Italiens herrschen, geradezu ein Wunder. Und auch weiterhin kann sie sich auf ihr Glück verlassen. In Assisi macht sie die Bekanntschaft einer wohlhabenden Römerin, die sie gleich in ihre Reisegruppe aus Rittern und adligen Damen aufnimmt und sicher bis Rom geleitet. Dort nimmt Margery Quartier im Hospiz für englische Pilger – und trifft auf ihre alten Reisegefährten aus Jerusalem. Deren Entsetzen kann man sich vorstellen. Wenigstens fällt es in Rom leicht, sich tagsüber aus dem Weg zu gehen, denn hier gibt es kein festes Besichtigungsprogramm, hier erkundet jeder auf eigene Faust die Wunder der Stadt.

Selbstverständlich hat Margery kein Auge für die glanzvollen Reste der heidnischen Antike. Aber sie macht auch wenig Aufhebens von dem märchenhaften Reliquienschatz der römischen Kirchen, den Harff so akribisch beschreibt. Sie hat nur eins im Sinn: Gott in Rom so nahe zu kommen, wie ihr das in

Jerusalem gelungen ist. Deshalb begibt sie sich erst gar nicht auf Besichtigungstour, sondern betet an stilleren Orten und verbringt Stunden ausgestreckt auf dem Boden einer Kirche. Einmal ist es ihr vergönnt, das Antlitz Jesu Christi wie in einer himmlischen Projektion auf einer Kirchenwand zu sehen, doch großartige spirituelle Erfahrungen bleiben einstweilen aus – bis sie ihrer Herberge verwiesen wird. Dort ist man nämlich inzwischen zur Überzeugung gelangt, dass sie vom Teufel besessen ist, und setzt sie vor die Tür. Damit beginnt für sie ein existenzielles Abenteuer, das ihr unendlich viel mehr bedeutet als alle Reliquien Roms.

Darf sie sich jetzt nicht beinahe auf eine Stufe stellen mit den heiligen Märtyrern, denen man in dieser Stadt auf Schritt und Tritt begegnet? Eine erregende Vorstellung: Sie versetzt Margery dauerhaft in eine leichte Form der Ekstase. Mit dem Erfolg, dass sie nun unablässig Visionen hat. In jeder Frau, die ihr in den Straßen Roms mit einem Kind auf dem Arm begegnet, erblickt sie die Muttergottes mit dem Jesusknaben, und jeder gutaussehende Mann erscheint ihr wie eine Verkörperung Jesu Christi. Während der Messen verfällt sie in heftigste Verzückung, schreit, stöhnt, gerät beim Anblick der Hostie vollends außer sich – und gewinnt auf diese Art mit der Zeit tatsächlich eine kleine Schar von Anhängern. Es dürfte sich dabei hauptsächlich um arme Weiber vom Schlag einer Lozana handeln, aber immerhin: Diese Leute halten sie für eine Heilige und helfen ihr in der Folgezeit über manche Schwierigkeit hinweg.

Zum Weihnachtsfest des Jahres 1414 beschließt Margery, mit der Heiligkeit endlich radikal Ernst zu machen, und verteilt ihr letztes Geld unter die Bettler Roms. Jetzt können ihr auch ihre Anhängerinnen nicht mehr helfen, dazu sind sie zu arm, jetzt ist sie gezwungen, selbst zu betteln. Nicht dass sie sich dafür zu schade wäre.

Sie hockt sich im Viertel der Reichen an den Straßenrand, hält die Hand auf – und erlebt prompt das nächste Wunder: Ihre Freundin, die wohlhabende Römerin aus Assisi, geht vorüber, erkennt sie und bietet ihr an, alle Sonntage im Kreise adliger Frauen mit ihr zu speisen! Margery frohlockt. Sie hat es gewusst! Alles, was sie erlebt, verdankt sich göttlicher Fügung. Und mit jedem Tag darf sie sich in diesem Glauben mehr bestätigt fühlen.

Im Kreis der vornehmen Damen kommt sie so gut an, dass auch die Gäste ihrer Freundin sie zum Essen einladen. Vermutlich erlebt man sie in dieser Runde deshalb als aufrichtig bescheidene und sympathische Person, weil sie zum Schweigen verurteilt ist. Niemand hier würde ihre nervtötenden Monologe in englischer Sprache verstehen, und Margery spricht kein Italienisch. Fortan speist sie jedenfalls auf Kosten der römischen High Society, und nicht nur das. Es spricht sich in Rom herum, welch einflussreiche Gönnerinnen sie neuerdings hat, und im Hospiz für englische Pilger bereuen sie, Margery hinausgeworfen zu haben. Sie dürfe jederzeit wieder einziehen, lässt man sie wissen, und bietet ihr offenbar sogar kostenlose Unterkunft an, denn Geld hat sie ja keines mehr.

Damit ist ihr Triumph vollständig. Sie ist nicht nur rehabilitiert, sie hat alle Widersacher und alle Widrigkeiten besiegt – allein durch ihr Gottvertrauen und ohne unzumutbare Konzessionen an den gesunden Menschenverstand gemacht zu haben! Sie kostet ihren Erfolg noch ein paar Wochen lang aus, zieht mit der großen Osterprozession des Jahres 1415 noch von Kirche zu Kirche – und tritt danach die Heimreise an. Dass sie wohlbehalten nach England zurückkehrt, verdient nach alledem kaum erwähnt zu werden.

Sie unternahm weitere Reisen, nach Santiago de Compostela, nach Wilsnack und Aachen. Und diktierte ihre Erinnerungen gegen Ende ihres Lebens einem Priester, da sie selbst weder schreiben noch lesen konnte. Ihrem exzellenten Gedächtnis verdanken wir die Geschichte eines Menschen, der das Pilgern ausschließlich um aufwühlender seelischer Erfahrungen willen betrieb; ihrer Ehrlichkeit ist es zuzuschreiben, dass wir sogar von dem Widerwillen erfahren, den sie bei anderen auslöste. Margery Kempe wurde angetrieben von der Gewissheit, zu finden, und sie fand auch. Am Ziel tauchte sie voll und ganz in die Sphäre des Göttlichen ein, schöpfte gewissermaßen die spirituelle Potenz der heiligen Orte aus und sammelte dabei Erfahrungen mit Gott, die sie auf dem Weg ihrer Selbstfindung, ihrer Selbstverwirklichung weiterbrachten. Vermutlich entspricht sie, bei aller Absonderlichkeit ihres Wesens, dem mittelalterlichen Idealbild des ernsthaften Pilgers, der seine Reise unter das Gebot der Läuterung und der Heiligung stellt.

Und nun zu Arnold von Harff. Der Kontrast könnte nicht größer sein. Allein wie er seine Ankunft in Rom beschreibt: «Rom erreichte ich um die Fastenzeit und traf dort einen guten Freund ..., der mich in seiner Herberge sehr ehrenvoll empfing und mir dort alles ausführlich selbst zeigte mit Hilfe etlicher Kardinäle und seiner dortigen Freunde.» Da haben wir es: Es geht ums Zeigen und Besichtigen, und sogleich beginnt er seine Tour durch die römischen Kirchen, von der ich im vierten Kapitel bereits erzählt habe. Alles ist bestens arrangiert, alles wird mit gehöriger Aufmerksamkeit registriert, und nichts hinterlässt in seinem Bericht die geringste Spur von Ergriffenheit oder Rührung. Ja, hochinteressant sind sie durchaus, die Becher mit Milch und Blut, die Dornen aus der Dornenkrone, die Aschereste des heiligen Laurentius. Doch irgendwann ermüdet ihn seine eigene Aufzählung der unermesslichen Reliquienschätze, und er wendet sich erleichtert dem Leben in der Stadt zu.

Natürlich hat er keinen Blick für die schmutzigen Gassen, aus denen Margery Kempe achtzig Jahre zuvor ihre Anhängerinnen rekrutiert hat. Harff möchte ja keine Abenteuer mit Gott erleben. Er möchte etwas geboten bekommen, er möchte hinterher etwas zu erzählen haben, und kurz vor Ostern ist in Rom selbstverständlich jede Menge los. Im Kolosseum beispielsweise wird am Karfreitag ein Passionsspiel gegeben, aufgeführt von den Söhnen und Töchtern vornehmer römischer Familien. Und in der Peterskirche ist der Papst zu erleben, wie er zwölf armen alten Männern nach dem Vorbild Jesu Christi die Füße wäscht. Harff lässt sich weder das eine noch das andere entgehen, ist von der Darbietung im Kolosseum angetan und von der Fußwaschung sogar beeindruckt – denn dass ein Papst vor Bettlern in die Knie geht, ihnen die Füße wäscht und am Ende sogar jeden Fuß mit den Lippen berührt, das, findet er, «muss man wahrlich als demütig ansehen».

Andererseits macht sich Harff über diesen Papst keine Illusionen. Es ist der Spanier Alexander VI., der für die Nachwelt zum Inbegriff des skrupellosen Renaissancepapstes geworden ist, und sein Ruf ist schon zu Lebzeiten miserabel. Harff stößt gerade dazu, als römische Bürger mit den spanischen Truppen des Papstes aneinandergeraten. Es kommt zu einem heftigen Zusammenstoß, und bevor einige berittene Kardinäle dazwischengehen, bevor sich die Spanier in der Engelsburg verschanzen können, werden einige Soldaten von der wütenden

Menschenmenge erschlagen. Er nimmt diesen Vorfall zum Anlass, ein paar erklärende Worte über diesen Papst zu verlieren, über seine Kinder, über seine Untaten, hält es am Ende aber für ein Gebot der Pietät, die Kritik nicht allzu weit zu treiben. «... das will ich jetzt auf sich beruhen lassen», schreibt er, «und ebenso viele unsägliche Dinge, die ich in Rom sah, die wider den christlichen Glauben waren.» Und an anderer Stelle heißt es: «... davon wäre viel zu schreiben, was christlichen Leuten nicht bekannt sein sollte.»

Anders als Margery Kempe verlässt Arnold von Harff die «Ewige Stadt» also mit gemischten Gefühlen. Er ist von den heiligen Stätten einerseits angemessen beeindruckt, von den Zuständen in Rom andererseits ernüchtert und vielleicht sogar abgestoßen, aber um Gefühle geht es ihm ohnehin nicht, die kann oder will er sich nicht leisten. Ausschlaggebend ist für ihn: Er hat sich ein eigenes Bild von Rom gemacht, er kann sich ein Urteil aus eigener Anschauung erlauben. Nicht, dass ihm der Glaube gleichgültig wäre – die Gewissenlosigkeit des Papstes und seiner Umgebung geht auch ihm gegen den Strich. Doch der ganze Reliquienschatz Roms fesselt ihn nicht wirklich, und die intime Begegnung mit Gott sucht er schon gar nicht. Harff hat den Blick fest aufs Diesseits gerichtet. Bei ihm wird die Tiefe der Empfindung abgelöst durch die Breite der Interessen, und deshalb erlebt er die wahren Sensationen an Orten wie Venedig und Kairo, den Etappenzielen auf seinem weiteren Weg nach Jerusalem.

Ganz im Gegensatz zu Rom vibriert Venedig vor Tüchtigkeit und Unternehmungsgeist. Harff findet sofort einflussreiche Leute, die ihn herumführen – und kommt aus dem Staunen nicht mehr heraus. Vor allem das Arsenal fasziniert ihn, ein riesiger Komplex, der das Waffenlager Venedigs sowie Fabriken und Werften beherbergt. In allen Sälen sind jeweils Hunderte von Menschen mit der Herstellung von Schießpulver, Seilen, Rudern und Segeln beschäftigt. Haff nimmt alles mit wachen Sinnen in Augenschein, erkundigt sich, sammelt Informationen, interessiert sich auch für Nebensächliches, fragt einen Arbeiter, der Weinfässer schleppt, und erfährt, «es gebe zehn solcher Knechte, die nichts anderes täten, als den Arbeitsleuten jederzeit zu trinken zu bringen, und dass sie alljährlich für 1000 Dukaten Wein in dem Haus haben müssten ...»

Zahlen haben es ihm angetan. Sein ganzer Reisebericht ist mit Zahlen gespickt. Harff beziffert unentwegt den Wert von Waffen, Kleidern, Schmuck oder Waren, er zählt Treppenstufen, er misst Entfernungen, er berechnet und kalkuliert. Er sammelt das, was wir heute «Daten» nennen. Welten trennen ihn von einer Margery Kempe. Darf sich so jemand überhaupt noch Pilger nennen? Harff tut es, aber in jedem Fall ist er ein Pilger neuen Typs, ein Pilger mit der nie erlahmenden Neugier eines Bildungsreisenden und dem wachen Blick eines Forschungsreisenden. Ein Renaissancemensch, der seine Wunder in Venedig erlebt und seine Visionen in den Produktionsstätten des Arsenals hat.

Unterwegs legt er Wörterbücher an, kleine Sammlungen der nötigsten Ausdrücke und Begriffe in albanischer, griechischer, arabischer, hebräischer, türkischer und sogar baskischer Sprache. Dass er dabei an Pilger seines Schlages denkt, zeigt der in fast allen Sprachen wiederholte Satz: «Frau, kann ich bei dir schlafen?» Dann wieder beweist er zoologisches Interesse. Im Park des Großmeisters der Johanniter auf Rhodos entdeckt er Strauße, «sehr wunderliche Vögel», die ihre Eier allein durch ihren scharfen Blick ausbrüten, wie er erfährt. Später, auf dem Nil, erblickt er Krokodile, und jetzt fällt ihm auf, dass man ihm in Rom die geschuppte Haut eines Krokodils als Lindwurmhaut verkaufen wollte: «… was ich geglaubt habe, bis ich herausfand, dass es gelogen war.» Seltsam unbeteiligt spricht er an anderer Stelle von dem Sklavenmarkt in Alexandria, wo gefangene Christen feilgeboten werden, Männer, Frauen und Kinder. Ihr Anblick ist ihm kein persönliches Wort des Bedauerns wert, keine Gefühlsäußerung schleicht sich in seine Beschreibung ein, und man spürt hier etwas von der Emotionslosigkeit, mit der dieser Reichtum an Eindrücken und Erkenntnissen bezahlt werden muss.

Der Höhepunkt seiner Reise scheint für ihn Kairo gewesen sein. Hier, in der völligen Fremde, als venezianischer Kaufmann oder Mameluk verkleidet, ist er in seinem Element. Welch ein Unterschied zu den Berührungsängsten, die einen Aymeric Picaud auf seiner Reise nach Spanien befielen! Harff setzt sich der Fremde mit Vergnügen aus, lässt sich auf alles ein und liefert unter anderem eine hübsche kleine Reportage aus einer der zahlreichen Badestuben Kairos, wo «sehr gute Badeknechte» arbeiten, «die einen niederlegen, drehen und wenden mit allen Dehnungen der Glieder», weshalb es in jenen Ländern mehr gerade und biegsame Menschen gebe als in seiner deutschen Heimat. Er verwandelt sich in einen Ethnologen, lässt eine erstaunlich sachliche Abhandlung über den Islam folgen, erwähnt die Frauenbeschneidung und die Vielweiberei und macht sich Gedanken über das geheime Liebesleben der Musliminnen. Zwar werden sie von ihren Männern sehr streng bewacht, notiert er. Doch da sie in der Öffentlichkeit alle ihr Gesicht hinter einem schwarzen Netzschleier verbergen, vermöchte nicht einmal der eigene Ehemann seine Frau auf der Straße zu erkennen, sodass sich Musliminnen größere Freiheiten nehmen könnten als Christinnen.

Irgendwann muss er weiter. Im Schutz einer großen Handelskarawane legt er den Weg durch die Wüste nach Jerusalem zurück. Und hier scheint es ihn doch gepackt zu haben. Nicht dass er bei seiner Ankunft – oder zu irgendeinem anderen Zeitpunkt – in Ekstase geraten würde, aber seinem Bericht ist eine gewisse Ergriffenheit anzumerken, wenn er nun zu vielen Stätten die entsprechende Bibelstelle, das passende Jesuswort zitiert, als würden die Evangelien für ihn hier wirklich lebendig. Dabei geht er auch jetzt systematisch vor, bemüht sich, wie in Rom, um ein annähernd vollständiges Register der Sehenswürdigkeiten – und lässt dieselbe Nachsicht gegenüber dem Kuriosen und Unwahrscheinlichen walten. Unter dem Golgathahügel ist der Schädel Adams, des ersten Menschen, gefunden worden? Auf dem Ölberg sind die Fußabdrücke zu sehen, die Jesus im Augenblick seiner Himmelfahrt hinterlassen hat? Harff stellt das nicht in Frage, er diskutiert diese Dinge nicht. Er bezähmt für diesmal seine Neugier und lässt sich in der Grabeskirche gern zum «Ritter des Heiligen Grabes» schlagen. Wobei ihm ausnahmsweise ganz feierlich zumute wird.

Lange hält diese Stimmung nicht an. Der Abstecher an den Jordan – ein «edles und trübes Gewässer» – läuft für ihn und seine Begleiter auf ein Badevergnügen hinaus. Und dass er nach einem sechstägigen Ritt ums Tote Meer keine Spur der Salzsäule findet, in die Lots Weib verwandelt worden war, obwohl auch diese Säule zum Programm gehört, veranlasst ihn zu der spöttischen Bemerkung: «... eine schöne Lüge schmückt eine Erzählung sehr.» Doch alles in allem gewinnt man den Eindruck: Jerusalem hat ihn berührt. Da spürt man in seinen Beschreibungen mehr als den frommen Respekt, den Rom ihm abgenötigt hat, da ist tatsächlich so etwas wie Herzblut eingeflossen. Und der Ring, den er über alle heiligen Stätten Jerusalems gestrichen hat, um ihn später seiner Landesherrin als Geschenk zu verehren, spricht wohl ebenfalls dafür, dass Harff das Pilgern nicht bloß als Vorwand für eine Abenteuerfahrt gedient hat.

Er setzt seine Reise fort und zieht von Jerusalem auf dem Landweg durch die Türkei nach Spanien und Santiago de Compostela, das er, wie berichtet, als Enttäuschung empfindet. Über zwei Jahre nach seinem Aufbruch kehrt er am Martinsabend des Jahres 1498 in seine niederrheinische Heimat zurück und verfasst anschließend seinen Bericht – ein recht umfangreiches Werk, das den Doppelcharakter seiner Reise spiegelt: Es ist ein Handbuch für Pilger und eine Abenteuergeschichte zugleich. Wahrscheinlich wurde es deshalb vor allem in Adelskreisen noch lange Zeit gern gelesen.

Wie man sieht, wurde auch in der Vergangenheit unter Pilgern durchaus Unterschiedliches verstanden. Man konnte es mit frommer Leidenschaft betreiben, man konnte sich aber auch von einer allgemeinen Neugier auf die Welt leiten lassen. Uns dürfte dabei Arnold von Harff viel näher sein als Margery Kempe. Ihre unerschütterliche Gewissheit, zu finden, ihr geradezu tollkühnes Gottvertrauen und ihre Bereitschaft, sich tief und direkt in der Seele berühren zu lassen, ohne den Filter der Vernunft dazwischenzuschalten, dies alles muss heute ziemlich befremdlich wirken. Aber in ihrer Geschichte treten die Grundideen des Pilgerns klar hervor: die Ausdauer, das Ausgeliefertsein, die Bedürfnislosigkeit und die Begegnung mit Gott am Ziel.

Harff hingegen reist nicht mit heißem Herzen, sondern mit offenen Augen und kühlem Verstand, weshalb der Weg für ihn eine viel größere Bedeutung gewinnt als für Margery Kempe.

Und natürlich fällt auch der Ertrag ihrer Reisen völlig unterschiedlich aus. Harff dürfte sich in seiner Kritik an der Kirche bestätigt und gleichzeitig in seinem Glauben bestärkt gefühlt haben, ganz abgesehen von dem ungeheuren Erfahrungsschatz, den er nach Hause trug. Und Margery Kempe hat ihre Abenteuer mit Gott erlebt.

10. «Dein Leben hat einen Sinn! Du wirst Missionar!»

Mein Aufbruch ins Kloster

Kehren wir in die Gegenwart zurück. Was bisher gesagt wurde, vermag zu erklären, warum früher gepilgert wurde. Gleichzeitig könnte es jetzt umso rätselhafter erscheinen, dass heute immer noch gepilgert wird. Wunder, Reliquien, Heilige – für die Vernunft gehört all dies in die Rumpelkammer, aber gepilgert wird trotzdem. Erstaunlich. Wenn Pilgern mehr als eine etwas aufwendige Freizeitbeschäftigung sein soll, muss es eine tiefere Erklärung dafür geben. Könnte es sein, dass es schlafende Kräfte weckt? Kräfte, die sonst brachliegen? Kräfte, die gleichwohl gebraucht werden, um das Leben zu bewältigen? Lassen sich die Ideen, die dem Pilgern zugrunde liegen, vielleicht auf unser Leben übertragen? Mit anderen Worten: Kann man das Leben als eine besondere Form des Pilgerns verstehen?

Zumindest auf das Leben der Mönche trifft das meiner Ansicht nach zu. Denn in ihrem Leben finden sich alle Elemente einer Pilgerreise wieder: der Ausstieg, der Aufbruch, das Unterwegssein mit seinen Strapazen und der Ausdauer, der Beharrlichkeit und dem Wagemut, den es erfordert, sowie das Ziel, an dem sich der Weg ausrichtet. Grundsätzlich kann natürlich jeder seinen Lebensweg als Pilgerweg begreifen, im Leben eines Mönches zeichnen sich die Elemente einer Pilgerfahrt jedoch klarer ab. Mir selbst zum Beispiel stand das Ziel schon sehr früh deutlich vor Augen, lange bevor ich ins Kloster eintrat.

Mir fällt dazu eine Episode im Zusammenhang mit meiner Buswallfahrt durch Frankreich und Nordspanien ein. Bruder Dionys und ich standen seinerzeit im Kloster Sankt Ottilien kurz vor unseren ewigen Gelübden, unserer Bindung auf Lebenszeit, und es kam mir wie ein kleines Wunder vor, dass unser Abt überhaupt die Genehmigung zu dieser Fahrt erteilt hatte. Denn am Tag nach unserer Rückkehr sollte es für uns ernst werden, da begannen die Vorbereitungsexerzitien für die ewigen Gelübde, und eine Reise dieser Art hätte uns durchaus auf andere Gedanken bringen können. Musste unser Abt nicht damit rechnen, dass wir im letzten Augenblick noch abspringen würden? Später hörte ich, dass er zu einem Mitbruder gesagt hatte: «Wenn ich mir dieser beiden nicht so sicher gewesen wäre, hätte ich sie niemals ziehen lassen ...» Und er hatte recht. Mein Lebensziel stand tatsächlich seit Jahren für mich fest. Es wäre mir nicht im Traum eingefallen, dieses Ziel aufzugeben.

Die Gewissheit des Ziels stand am Anfang meines Weges. Sie war ausschlaggebend für mein ganzes Leben. Wie ein Pilger habe ich meinen Weg an diesem Ziel ausgerichtet, und nur deshalb erscheint mir mein Leben bedeutsam genug, etwas daraus zu erzählen. Die folgenden Kapitel stellen also gewissermaßen meinen persönlichen Pilgerbericht dar – oder anders gesagt: einen Rückblick auf mein Leben als Mönch, das sich für mich tatsächlich wie eine einzige lange Pilgerreise ausnimmt.

Wie jede Pilgerfahrt beginnt auch meine Geschichte mit dem Entschluss, aus der vertrauten Welt auszusteigen. Der Auslöser dafür war eine Broschüre, ein Heft der *Katholischen*

Missionen. Ich war vierzehn, als es mir beim Stöbern auf dem Dachboden in die Hände fiel, und es erzählte die Lebensgeschichte des Südseemissionars Pierre Chanel. Das reizte mich. Ich nahm meinen Fund mit in mein Zimmer – und war gefesselt von dem, was ich da las.

Obwohl von schwächlicher Konstitution, war Chanel einer dieser furchtlosen, glaubensfesten Missionare des 19. Jahrhunderts gewesen. Er hatte sich auf Futuna absetzen lassen, einer Insel im Pazifik, um Gottes Wort zu predigen, war dort aber auf Widerstand gestoßen. Der Häuptling gestattete ihm lediglich, Kranke zu pflegen und Sterbende zu betreuen, und es dauerte nicht lange, da wurde Chanel ermordet. Damit war seine Geschichte indes nicht zu Ende. Denn einige Zeit später trafen Mitbrüder von ihm auf dieser Insel ein. Nichtsahnend gingen sie an Land. Und nun kam die Stelle, die mich mehr als alle anderen beeindruckte: Nicht nur, dass die Mitbrüder des ermordeten Pierre Chanel nun freundlich aufgenommen wurden – die Inselbewohner verlangten auch, getauft zu werden. Denn im Augenblick seines Todes, so sagten sie, sei ihnen klargeworden, was es mit der Botschaft dieses Mannes auf sich gehabt hätte. Der Same war also aufgegangen, ganz ohne das Zutun dessen, der gesät hatte. Diese Vorstellung berührte mich zutiefst. Ich legte das Heft zur Seite und wusste: Jesus braucht dich! Dein Leben hat einen Sinn! Eine Aufgabe erwartet dich! Du wirst Missionar! Auf Erfolg brauchst du nicht zu schauen, den gibt Gott zu seiner Zeit. Eine Einsicht, die mich Zeitlebens vom Erfolgszwang befreit hat.

Eine Woche lang habe ich mich jeden Abend in diese Lebensbeschreibung vertieft. Heimlich, im Bett, und danach die Broschüre unter der Matratze versteckt, damit meine Mutter sie nicht entdeckte. Sie sollte keinen Verdacht schöpfen. Sie sollte nicht wissen, was in mir vorging; sie sollte sich nicht ängstigen, bevor ich mir selbst klargeworden war. In dieser Woche habe ich mich innerlich von meinem Elternhaus verabschiedet. Leicht fiel das nicht. Ich habe schwer mit mir gerungen, denn damals, Mitte der fünfziger Jahre, ging man noch davon aus: Als Missionar kommst du vielleicht niemals zurück. Du musst bereit sein, dein Leben zu opfern. Natürlich, das Neuland, die Ferne, das lockte mich. Aber die Vorstellung, alles hinter mir zu lassen und womöglich für immer von meinen Eltern Abschied nehmen zu müssen, machte mir arg zu schaffen. Wollte ich das? Traute ich mir das zu?

Etwas anderes wog genauso schwer. Für die Kirche war ich zwar längst gewonnen und in meinem Allgäuer Heimatdorf als eifriger Messdiener bekannt, sodass die frommen Damen der Gemeinde schon übereingekommen waren: Der Bub muss Pfarrer werden. Aber ich hatte mich mit diesem Gedanken durchaus nicht anfreunden können – mein Wunsch war stets gewesen, eine eigene Familie zu gründen. Auch von diesem Traum hätte ich also Abschied nehmen müssen. Aus all diesen Gründen kostete mich mein Entschluss große Überwindung. Aber nach Ablauf jener Woche war ich mir absolut sicher: Ich wollte Missionar werden. Ein Missionar wie Pierre Chanel. Und jetzt duldete die Sache keinen Aufschub mehr. Ich weihte meine Mutter ein.

Nun, das kam überraschend, aber zu meiner Erleichterung brachte sie Verständnis dafür auf. Es gelang ihr auch, meinem Vater den plötzlichen Entschluss seines Sohns schonend beizubringen. Und beide waren sich einig: Du musst zum Pfarrer gehen. Das tat ich, und nun überschlugen sich die Ereignisse. «Wie ich dich kenne, gehörst du nach Sankt Ottilien», befand der Pfarrer. «Weißt du was? Nächste Woche feiern sie dort das Fest des heiligen Benedikt, da fahren wir zusammen hin. Und wenn's dir dort gefällt, kannst du gleich die Schule wechseln.»

Gesagt, getan. Ich erinnere mich noch, wie ich mit meinem Pfarrer in der Sakristei von Sankt Ottilien stand und ein Hüne von Mönch hereinkam, Prior Paulus. Später, als ich Erzabt von Sankt Ottilien war, hat mir Paulus noch dreizehn Jahre lang als Prior gedient – ein einzigartig geradliniger, offener Mensch und väterlicher Freund, unvergesslich. Aber in diesem Moment bereitete er mir einen unsanften Empfang, indem er seine schwere Hand zur Begrüßung auf meine schmächtigen Schultern niedersausen ließ. Von allem hingerissen, wie ich an diesem Tag war, deutete ich seinen Prankenhieb als eine Art Ritterschlag für werdende Mönche. Später ministrierte ich meinem Pfarrer, ließ mir anschließend beim Mittagessen das Schnitzel schmecken, verdrückte auch noch ein zweites, trank vier Gläser Most dazu und schwärmte während der ganzen Rückfahrt von meiner ersten Begegnung mit Sankt Ottilien: «Da isst man gut, da trinkt man gut, da ist mein Platz!» Daraufhin war mein Pfarrer nicht mehr ganz so fest von meiner geistlichen Berufung überzeugt.

Trotzdem ging er sogleich ans Werk. Man muss das Eisen schmieden, solange es heiß ist, sagte er sich wohl, und schon vierzehn Tage später war ich Internatsschüler. Das heißt: Ich erhielt einen festen Platz im Schlafsaal, im Speisesaal und im Studiersaal des Missionsseminars von Sankt Ottilien, wie das humanistische Gymnasium des Klosters damals hieß. Und das war für mich das Höchste der Gefühle. Ich war überglücklich ... Weg von zu Hause! Nicht mehr unter der Aufsicht der Mutter, die mich nach Strich und Faden verwöhnt hatte! Endlich unter Gleichgesinnten – und auf dem besten Weg, Missionar zu werden! Der Ausstieg fiel mir viel leichter als gedacht, obwohl er mir von einigen Seiten so schwer wie möglich gemacht wurde.

Von den Lehrern meiner alten Schule in Memmingen vor allem. Mit denen hatte ich regelrechte Kämpfe zu bestehen. Ins Kloster wollte ich gehen? Sie fanden es unbegreiflich. Wie ich bearbeitet wurde! Wie ich beschworen wurde, in Memmingen zu bleiben, wenigstens bis zum Abitur – das Missionsseminar sei doch überhaupt nichts für mich, ich sei doch so gescheit, was könnte nicht alles aus mir werden ... Aber ich wollte gar nichts werden, ich wollte etwas tun. Den Einsatz für Christus empfand ich als so außerordentlich wertvoll, dass ich bereit war, vieles dafür aufzugeben. Auch später noch habe ich dafür Kopfschütteln geerntet. Als Novize lag ich einmal im Krankenhaus, da setzte sich ein junger Arzt zu mir ans Bett und meinte: «Sie wollen Mönch werden? Das darf nicht wahr sein. Das hat man Ihnen doch eingeredet!» Er konnte es nicht fassen. «Und Sie?», habe ich ihm geantwortet. «Sie wollen mir jetzt etwas anderes einreden, nicht wahr?»

Ich blieb bei meinem Entschluss. Ich setzte mich durch. Und schon das Leben im Internat von Sankt Ottilien bedeutete einen wirklichen Bruch mit meinem bisherigen Leben, denn damals fuhr man nicht jedes Wochenende nach Hause. Die Eltern sah ich fortan nur noch zu Weihnachten, zu Ostern und in den großen Ferien wieder. Bereut habe ich meinen Entschluss nicht. Jeder Tag in Sankt Ottilien brachte mich meinem Ziel ein wenig näher. Und nach dem Abitur kam die nächste große Entscheidung auf mich zu: Sollte ich den eingeschlagenen Weg fortsetzen? Sollte ich Mönch werden? Mönch im Missionskloster Sankt Ottilien?

Im Grunde war das gar keine Frage für mich. Ich hatte

durch meinen ersten Schritt so viel an innerer Freiheit gewonnen, ich würde durch den nächsten noch mehr gewinnen. Aber ich stand im Sommer 1961 unter dem Eindruck einer endgültigen Weichenstellung, und so sicher ich meiner Sache war – ich empfand es doch als Wagnis, nun einen Weg einzuschlagen, der mich so weit aus dem Leben der anderen Menschen herausführen würde. In dieser Stimmung unternahm ich mit meinem Freund die Pilgerfahrt nach Frankreich, nach Ars und La Salette, von der ich bereits erzählt habe. Zum letzten Mal konnte ich in diesen Tagen über mein Leben nach eigenem Gutdünken verfügen, nach eigenem Willen handeln.

Wieder daheim, schlug die Stunde des Abschiednehmens. Ich machte die Runde durchs Dorf und sagte Freunden und Bekannten ade. Am Tag meiner Abreise kochte mir meine Mutter eine echte Henkersmahlzeit, sehr üppig, nur vom Besten. Noch einmal saßen wir gemeinsam um den Mittagstisch, mein Vater, meine Mutter, meine achtjährige Schwester und ich – danach brachte mich jemand zum Bahnhof. Da stand ich nun mit meinen zwei Koffern und erwartete in Hochstimmung den Zug, der mich nach Sankt Ottilien bringen sollte. Dies war nun wirklich ein Aufbruch. Ein Aufbruch in ein neues Leben. Ein Aufbruch wie damals bei Abraham, dachte ich. Du hast dein Vaterhaus für immer verlassen, und jetzt gibt es für dich nur noch *ein* Ziel: das Kloster, die Gemeinschaft der Brüder und die Aussicht, Gott als Missionar zu dienen. Ich war durchdrungen von der Bedeutung dieses Augenblicks.

Auf dem Abschiedsfoto stecke ich in einem schwarzen Anzug, trage ein weißes Hemd und eine helle Krawatte, und es ist nicht zu übersehen, dass meine Mutter mich in den Wochen zuvor noch einmal richtig herausgefüttert hatte. Für sie bedeutete mein Fortgang einen herben Verlust – ich würde niemals Geld verdienen, würde also auch niemals für meine Eltern im Alter aufkommen können. Erbittert aber war sie nicht. Ihre letzten Worte, schon in der Tür gesprochen, sind mir bis heute im Ohr: «Wenn es dir im Kloster einmal nicht mehr gefallen sollte», sagte sie, «kannst du jederzeit zurückkommen. Unsere Tür steht immer für dich offen.» Ich war ihr dankbar dafür. Mit diesem Versprechen machte ich mich leichteren Herzens auf den Weg.

Als ich wenige Stunden später am Bahnhof von Sankt Ottilien ausstieg und mich kofferschleppend der weitläufigen Klosteranlage näherte, freute ich mich wie jemand, der endlich heimgekehrt ist. Meine neue Familie erwartete mich, darunter viele altvertraute Gesichter, denn unter den dreizehn Novizen meines Jahrgangs befanden sich elf ehemalige Klassenkameraden von mir. Die Hälfte meiner Klasse trat ins Kloster ein! Man kann sich das heute nicht mehr vorstellen, aber seinerzeit empfanden wir Schüler von Sankt Ottilien es geradezu als ehrenrührig, als eine Charakterschwäche beinahe, nicht Mönch zu werden, nachdem man seine Schulzeit an diesem besonderen Ort verbracht hatte.

Für uns Novizen wurde der Bruch mit der Vergangenheit nun in einem demonstrativen Akt besiegelt: Jeder legte seinen alten Vornamen ab und nahm einen neuen an. Ich entschied mich für Notker, nach Notker dem Stammler, dem ersten Dichter deutscher Zunge. Dieser Notker hatte im 9. Jahrhundert in Sankt Gallen gelebt und Hymnen verfasst, ein Mann des Gotteslobs also, den ich mir aus ebendiesem Grund zum Vorbild genommen hatte. Der Lobpreis Gottes ist für mich bis heute der schönste Ausdruck meines Glaubens – was vielleicht daran liegt, dass dieser Glaube vor allem auf Freude und Dankbarkeit beruht –, und schon damals ging es mir so. Mit dem Namen änderte sich auch unser Erscheinungsbild: Zum ersten Mal zog ich den schwarzen Habit und das Skapulier, das Schulterkleid der Benediktinermönche an. Das war eine Umstellung, auf dem stillen Örtchen besonders gewöhnungsbedürftig. Doch nach kurzer Zeit fühlte sich dieses luftige Gewand nicht mehr fremd an, da man in jenen Jahren schon als Novize niemals anders als im Habit herumlief.

Auf den inneren Aufbruch sechs Jahre zuvor war nun also der äußerlich vollzogene Aufbruch gefolgt, und nach wie vor war ich sicher, das Richtige getan zu haben. Der endgültige Abschied von zu Hause, der Ausstieg aus der Alltagswelt und der Eintritt in die ganz andere Welt eines Benediktinerklosters – all dies hat mich zwar noch manchen Kampf und manche Überwindung gekostet. Doch bei meiner nächtlichen Lektüre damals war ich zu der Einsicht gelangt, dass das Ziel alle Mühen des Weges lohnen würde.

Ich war aber auch deswegen so zuversichtlich, weil ich der Lebensbeschreibung von Pierre Chanel eine weitere ermutigende Gewissheit entnommen hatte: Die Mühen lohnen sich selbst dann, wenn man sein Ziel niemals erreicht, denn Gott schenkt den Erfolg, auch wenn man ihn selbst nicht erlebt. Ich musste dem Erfolg also nicht hinterherlaufen! Ich könnte Fehler machen, ich könnte sogar scheitern, und dennoch würde ich am Sinn meiner Arbeit nicht zu verzweifeln brauchen. Der Einsatz für Gott wäre unter allen Umständen jede Anstrengung wert. Diese Erkenntnis hat mich damals beflügelt – und mir später eine ungeheure Freiheit in meiner Arbeit gegeben.

Während des Noviziats habe ich dann gelernt, mich selbst auszuhalten. Das sei das Schwierigste, hatte uns Prior Paulus gesagt. Mir ging es in dieser Zeit wie einem Pilger, der tage- und wochenlang allein unterwegs ist, nur mit sich und seinen Gedanken und seinen Erinnerungen beschäftigt. Dieser Klärungsprozess ist notwendig, denn gleichgültig, wie fest man von seiner Eignung zum Mönch überzeugt ist – erst wenn man sich der eigenen Angst, den eigenen Zweifeln und Selbstzweifeln ausgesetzt hat, gewinnt man ein realistisches Bild von sich selbst. Erst dann ist man stark genug für das Leben in einer Klostergemeinschaft. Wer sich an Illusionen klammert und die eigenen Kräfte überschätzt, wer sich von uneingestandenen Motiven leiten lässt oder es nicht über sich bringt, zu den oberflächlichen Werten seiner Zeit auf Distanz zu gehen, der wird als Mönch zwangsläufig scheitern.

Zu den Illusionen, denen mancher Klosterneuling erliegt, gehört die Vorstellung, die Abkehr von der Welt könnte jemals vollständig gelingen. Das ist unrealistisch. Die Versuchungen der Außenwelt begleiten einen weiterhin, ein Leben lang. «Unser Bauch klebt am Boden», heißt es in einem Psalm – auch als Mönch wird man unablässig daran erinnert. Die Gefahr, zurückzufallen, ist immer groß. Da geht es uns wie den Israeliten auf ihrer Wanderung durch die Wüste: Oft möchte man umkehren, möchte der Sehnsucht nach den Fleischtöpfen Ägyptens nachgeben und lieber die alte Sklaverei in Kauf nehmen, als neue Wege zu gehen und neue Ziele anzustreben. Nie ganz zu unterdrücken ist der Wunsch, doch der Alte zu bleiben, nie ganz zu überwinden die Angst davor, über seinen eigenen Schatten zu springen.

Es ist dann gut zu wissen, dass unser Ordensgründer Benedikt selbst keinen radikalen Ausstieg verlangt. Benedikt ist ein Entschiedener, aber kein Radikaler. Es ist schon viel gewonnen, wenn einer im Kloster lernt, seinen Stolz, seine Eitelkeit, seine Selbstverliebtheit zu besiegen, auf eigene Ambitionen zu verzichten und bescheiden in seinen Ansprüchen zu werden, denn das ist der Weg, auf dem man zur inneren Freiheit gelangt. Ein Mönch muss mithin von sich absehen können, wenn er im Kloster bestehen will. Und genau diese Erfahrung stand mir nun bevor.

Bald nach meinem Eintritt ins Kloster nämlich befand mein Abt, ich sei für Auslandseinsätze zu schwach. Bei meiner Konstitution wäre ich den Anforderungen der Arbeit in Afrika oder Asien nicht gewachsen – aber Lehrer für unser Gymnasium würden gebraucht, Lehrer, die Missionare ausbilden. Damit hatte sich mein Traum zerschlagen. Zumindest würde ich den Erfolg meiner Arbeit tatsächlich nie mit eigenen Augen sehen. Nun gut, vielleicht hatte mein Abt recht, vielleicht würde das Leben eines Missionars tatsächlich über meine Kräfte gehen. Ich fand mich also damit ab, im Hintergrund zu wirken, studierte zunächst in Rom, dann in München, unterrichtete später auch an der römischen Hochschule der Benediktiner und wäre wohl zeitlebens Lehrer geblieben, hätten meine Ordensbrüder mich nicht 1977 zum Erzabt von Sankt Ottilien gewählt und damit zum Hauptverantwortlichen für die Mission aller unserer Klöster.

Seither brauche ich meine Koffer eigentlich gar nicht mehr auszupacken, denn mit jenem Tag begann für mich ein Leben, das immer mehr die Form einer großen Missionsreise annahm. Der Aufbruch ist mir zur Gewohnheit geworden. Für Pilgerfahrten, wie ich sie in meiner Jugend unternommen habe, blieb da keine Zeit mehr – trotzdem habe ich nie auf das Gemeinschaftserlebnis verzichten müssen, das zu den schönsten Erfahrungen jedes Pilgers zählt, diese Begegnungen mit unbekannten Weggefährten, die allein schon deshalb zu Verbündeten werden, weil man dasselbe Ziel verfolgt. Von einem solchen Erlebnis möchte ich erzählen, bevor ich zu meiner Arbeit als Erzabt von Sankt Ottilien zurückkehre.

Im Februar 2007 flog ich nach Vijayawada im Osten des indischen Subkontinents, zu einer Tagung mit den Ordensoberen sämtlicher Benediktinerklöster Indiens und Sri Lankas. Wir nehmen solche Treffen gern zum Anlass für einen gemeinsamen Ausflug, um Einblicke in die Kultur zu gewinnen, der unsere Mönche in den außereuropäischen Klöstern entstammen. Diesmal brauchten wir nicht weit zu fahren, denn auf einer Hügelkuppe am südlichen Stadteingang von Vijayawada liegt ein großer hinduistischer Tempel, oder besser: eine ganze Tempelanlage mit einem vergoldeten Schnörkelbau im Zentrum. Und am nördlichen Stadtausgang erhebt sich über einem steilen Berghang ein katholisches Heiligtum, das der Muttergottes von Lourdes geweiht ist. Beide Orte sind beliebte Pilgerziele – die Marienstatue erstaunlicherweise für Katholiken, Hindus und Muslime gleichermaßen. Und gerade in diesen Tagen schickten sich etwa eine Million Pilger an, diese Stätten zu besuchen. Wir mischten uns unter sie.

Als Erstes begaben wir uns zu dem hinduistischen Heiligtum am südlichen Stadtrand. Wie jeder hier zogen wir unsere Schuhe aus, beschritten barfuß den Weg, der uns an den einzelnen Tempeln vorüberführte, und waren tief beeindruckt von der architektonischen Schönheit, die uns umgab – alle Tempel waren aus verschiedenfarbigem Marmor erbaut. Aber noch mehr waren wir von der Andacht und Frömmigkeit berührt, die sämtliche Pilger an diesem Ort an den Tag legten. Anschließend wühlte sich der Fahrer unseres Busses buchstäblich durch die ungeheuren Menschenmassen, die die Verbindungsstraßen zwischen den beiden Pilgerstätten verstopften. Schließlich erreichten wir den Fuß des Marienbergs im Norden der Stadt. Dort war nicht weniger los als am Hinduheiligtum. Allein an der Farbenpracht der Gewänder konnte ich mich berauschen. Die Frauen waren in Saris aus feinster Seide in Orange, Violett, Rot oder Blau mit goldenen Bordüren gekleidet, die Männer hatten sich ockerfarbene Tücher um die Hüften geschlungen und ein zweites Tuch um die Schultern geworfen. Die Lendentücher trugen sie hochgeschürzt, um sich freier bewegen zu können.

Wir reihten uns in den Strom der Pilger ein. Der Weg führte steil bergan, und der Aufstieg war mühsam. In einer Kirche auf halber Höhe machten wir Rast. Ich brauchte Ruhe. Ich trennte mich von meiner Gruppe, um still für mich am Hochaltar zu beten, und da geschah es: Ein Mann kam auf mich zu und bat um meinen Segen. Ein Christ? Ein Hindu? Ein Muslim? Ich wusste es nicht, es war nicht zu erkennen. Egal. Ich legte ihm die Hände auf, betete für ihn – und war im nächsten Moment umringt von Männern, Frauen und Kindern, die ebenfalls meinen Segen erbaten. Es wurden immer mehr, und einige hielten mir ihre Babys entgegen. Aber warum?, fragte ich mich. Wieso zog es diese Menschen ausgerechnet zu mir? In Hose und Hemd war ich weder als Benediktiner noch als Priester zu erkennen. Unterdessen segnete ich weiter, und der Andrang nahm zu.

Ich musste an eine ähnliche Situation denken, die ich knapp achtzehn Jahre zuvor erlebt hatte. Damals besuchte ich eine katholische Pfarrei in China, wenige Wochen nach dem Massaker auf dem Tiananmen-Platz. Zweitausend Gläubige hatten sich dort eingefunden, und jeder Einzelne von ihnen wollte von mir gesegnet werden. Nein, ich wollte ihnen diesen Wunsch nicht abschlagen, aber irgendwann wurden mir die Arme lahm, und außerdem beschlichen mich Zweifel. Hatte diese massenhafte Abfertigung überhaupt noch etwas mit einem christlichen Segen zu tun? Praktizierte ich hier nicht ein magisches Ritual?

Ich war mir nicht sicher. Doch eine Schwester ermutigte mich, weiterzumachen. «Geben Sie Ihren Segen», sagte sie. «Diese Menschen haben nichts sonst.» So segnete ich weiter, bis alle zweitausend an mir vorübergezogen waren. Und den Leuten war die Dankbarkeit anzusehen. Da war einer von weit her angereist, um sie in ihrer Hoffnung zu bestärken, dass Gott ihnen in ihrer Bedrängnis nahe ist, und nun waren sie getröstet.

Und jetzt, in dieser Kirche in Indien? Ich kam keinen Augenblick zur Ruhe. Irgendwann bedeuteten mir meine Brüder, dass wir weitermüssten. Ich riss mich los und setzte meinen Weg fort, in Gedanken versunken. Was mochte diese Menschen bewogen haben, mich um den Segen zu bitten? Einen Europäer mit einem roten Punkt auf der Stirn, wie ihn alle anderen auch trugen?

Auf dem Gipfel des Marienbergs stand eine Lourdes-Madonna, die französische Missionare vor fünfzig Jahren aufgestellt hatten. Hier oben herrschte ein ähnlicher Betrieb wie in dem Hindutempel, und seltsamerweise vollzogen die Menschen vor der Marienstatue auch ein ähnliches Ritual wie dort: Sie zerschlugen Kokosnüsse mit einem Messer und übergossen den Fuß der Statue mit der Kokosmilch. Es war der übliche rituelle Ausdruck der Hingabe, nur dass er in diesem Fall keiner hinduistischen Gottheit, sondern der Muttergottes galt. Vermutlich verkörperte sie für alle hier und über alle Religionsgrenzen hinweg die Liebe Gottes zu den Menschen. Offenbar genoss sie darum allgemeines Vertrauen.

Auf dem Rückweg gingen wir mehrmals an Stellen vorbei, wo jungen Männern das Haupthaar geschoren wurde – in dicken Büscheln fiel ihr prachtvolles schwarzes Haar zu Boden. Ich erfuhr, dass sie Studenten waren, die kurz vor dem Examen standen. Wieder handelte es sich um ein Ritual. Sie opferten ihr Haar als Zeichen ihrer Hingabe an Gott und in der Hoffnung, ihre Prüfungen mit seiner Hilfe zu bestehen. Einer nach dem anderen wurde kahl geschoren, und ich musste an einen ähnlichen Brauch in Israel zur Zeit Jesu Christi denken. Auch Juden weihten sich damals Gott, indem sie sich das Haar scheren ließen. Auch der heilige Paulus hatte sich dieser Prozedur unterworfen, um seine Rechtgläubigkeit unter Beweis zu stellen. Der fromme Ernst dieser jungen Leute irritierte mich, aber ein Urteil über Sinn oder Unsinn dieses Rituals wollte ich mir nicht anmaßen. Wir Europäer sind Menschen des Verstandes, die Inder sind Menschen des Herzens und der Seele.

Unten erwarteten uns die vertrauteren Bilder von Verkaufsständen, wo frommer Kitsch, Heiligenbildchen und Marienfigürchen verkauft wurden, Glaubensartikel, wie sie Wallfahrtsorte überall auf dieser Erde zu bieten haben. Wir bestiegen unseren Bus und fuhren zum Kloster zurück. In dieser Nacht kämpfte ich nicht nur gegen Moskitos und handtellergroße Spinnen, ich kämpfte auch mit mir selbst. Was sollte ich als Christ – und Missionar – von der Frömmigkeit der Inder halten? Wie war es möglich, dass Menschen die Religion so ernst nahmen und gleichzeitig so unbekümmert über alle Unterschiede zwischen den Religionen hinwegsahen? Der Segen eines Christen war für Muslime und Hindus in Indien offenbar ebenso wertvoll wie der eines Priesters ihres eigenen Glaubens. Mir gingen die vielen Menschen durch den Kopf, denen ich diesen Segen gespendet hatte. Ich betete noch einmal für sie alle und schlief dann ein – dankbar für diesen Tag.

Erlebnisse dieser Art bewirken innere Aufbrüche. Sie gehören dazu, sie sind notwendig, wenn man zu einem umfassenderen Glaubensverständnis gelangen will. Auf dem Rückflug nach Europa hatte ich Zeit, über die Einheit der Religionen nachzudenken. Manche glauben, diese Einheit in der Mystik entdeckt zu haben. Aber es könnte auch sein, dass sie in der Hingabe an Gott zu finden ist.

11. «Bitte komm!»

Als Erzabt unterwegs auf Steppenpisten und Bergpfaden

Jemand sagte einmal zu mir: «Notker, du machst es wie die Äbte im Mittelalter. Die sperrten ihre Mönche ein und gingen selbst auf Reisen.» Ich lachte. Die Wahrheit ist: Eingesperrt wird heute niemand mehr, aber ich reise tatsächlich viel. Das war zu meiner Zeit als Erzabt von Sankt Ottilien schon so, und als Abtprimas bin ich heute fast mehr in der Luft als am Boden. Oft stehen Tagungen und Kongresse rund um den Globus auf meinem Programm, bei denen es um die Arbeit in Sant'Anselmo oder die Situation unseres Ordens in einem bestimmten Teil der Welt geht. Und dann werde ich laufend zu einzelnen Klöstern gerufen, wenn es dort brennt oder mein Rat in einer Angelegenheit von größerer Tragweite gefragt ist.

Ich komme also herum und bewege einiges, aber – ist es das, wovon ich als Vierzehnjähriger geträumt habe? Ist es die Arbeit eines Missionars, die ich da mache? Habe ich mein Ziel erreicht?

Zunächst einmal: Es war nie mein Ziel, Erzabt oder Abtprimas zu werden. Für das, was ich tun wollte, war eine Klosterkarriere gar nicht nötig. Deshalb lag mir nichts daran – womöglich ein Grund dafür, weshalb man mich mit diesen Aufgaben betraut hat. Wahr ist aber auch: Ich habe bei dieser Arbeit die Erfüllung gefunden, die mir als Lebensziel seinerzeit vor Augen stand, denn sie hat in der Tat viel mit Mission zu tun – auch wenn sie von ganz anderer Art ist als die Missionsarbeit eines Pierre Chanel. Wir verstehen heute unter Mission nicht mehr dasselbe wie er. Der Typ des wortgewaltigen Predigers, der mit der Bibel in der Hand auszieht, um in Ländern fernab unserer Zivilisation Seelen fürs Himmelreich zu gewinnen, ist ausgestorben. Als Schüler waren wir noch der Meinung, den Heiden müsse man es zeigen, aber schon damals wurden wir eines Besseren belehrt.

Unser Lateinlehrer nämlich war ein Pater, der als Missionar geraume Zeit in einem nordkoreanischen Gefangenenlager interniert gewesen war, und ausgerechnet dieser Mann vertrat die Auffassung, man dürfe sich nie an dem vergreifen, was anderen Völkern heilig ist. Wir waren perplex. Da machte sich einer zum Fürsprecher nichtchristlicher Kulturen, der von den Kommunisten jahrelang gequält worden war! Und gerade vor der koreanischen Kultur empfand er Hochachtung! Wie sollte man denn missionieren, ohne die heidnischen Anschauungen zu bekämpfen?

Heute ist das keine Frage mehr. Wir haben andere Kulturen kennen- und respektieren gelernt und bemühen uns seitdem, gemeinsam mit den Gläubigen aller Religionen für die Einheit der Menschheitsfamilie und den Frieden in der Welt zu wirken. Mission ist trotzdem möglich, es darf sich nur niemand dadurch in die Enge getrieben fühlen. Die vordringliche Aufgabe eines Missionars besteht mittlerweile darin, durch das eigene Vorbild zu überzeugen, also die christliche Botschaft sichtbar selbst zu leben. Deshalb betreiben unsere Klöster in Afrika, in Asien und Lateinamerika Entwicklungsarbeit. Da werden Brunnen und Dämme angelegt, Schulen gegründet, Krankenhäuser gebaut, Lehrwerkstätten eingerichtet, und so entwickelt sich ein Kloster zum kulturellen und wirtschaftlichen Zentrum eines Bezirks oder einer Region. Und die Menschen, die davon profitieren, haben das Vorbild der Mönche ständig vor Augen, weil unsere Leute nicht wie Entwicklungshelfer kommen und bald wieder abziehen, sondern bleiben und Teil des dortigen Lebens werden.

Nur wenn wir glaubwürdig sind, können wir andere von der Wahrheit unseres Glaubens überzeugen. Und das gelingt. Selbst bei der Einweihungsfeier unseres Krankenhauses in Nordkorea haben sich die kommunistischen Funktionäre und Regierungsvertreter von mir erklären lassen, wie unser Einsatz für ihr Volk mit unserem Glauben zusammenhängt. Meine Erfahrung ist: Sobald die Botschaft in unserem Handeln sichtbar wird, spricht niemand mehr von Indoktrination. Wir setzen in der Mission also nicht mehr auf das heroische Engagement von Einzelkämpfern wie Pierre Chanel, sondern auf die Ausstrahlungskraft unserer Klöster und den Einsatz unserer Brüder und Schwestern im Geist christlicher Nächstenliebe.

Als Erzabt von Sankt Ottilien fiel mir die Verantwortung für sämtliche Klöster zu, die meine Ordensbrüder seit dem frühen 20. Jahrhundert vor allem in Ostasien und Ostafrika gegründet hatten. Man wandte sich aber auch an mich, wenn der Wunsch auftauchte, ein neues Kloster zu gründen. Ich wusste dann immer, dass mir aufregende Zeiten bevorstanden, denn jede Neugründung läuft auf ein Abenteuer hinaus, jede ist eine Probe auf unseren Einfallsreichtum und unseren Wagemut. Woher sollen wir das Geld nehmen? Sind in den europäischen Klöstern Mönche und Nonnen bereit, die Aufbauarbeit zu leisten und, zumindest vorübergehend, unter primitivsten Bedingungen zu leben? Werden sich unter den Einheimischen überhaupt Kandidaten für das Klosterleben finden? Auch als Erzabt bestand mein Weg also aus vielen Aufbrüchen, und von einigen will ich erzählen.

Es war im Jahr 1981. Zusammen mit einem Mitbruder, Pater Felix, flog ich nach Südkorea zu einer Routinevisitation der dortigen Klöster. Da wurde mir während eines Zwischenaufenthalts in Tokio Post ausgehändigt, die mich veranlasste, meine Reisepläne zu ändern. Es waren zwei Briefe aus Digos, einer Stadt auf den Philippinen. Der eine stammte von der Generaloberin einer Gemeinschaft philippinischer Benediktinerinnen, der andere vom dortigen Bischof, und beide beschworen mich, in Digos ein Kloster zu gründen. Er leite eine junge Diözese mit jungen Priestern und Ordensfrauen, schrieb der Bischof, und benötige dringend ein geistliches Zentrum, einen Ort, von dem kräftige spirituelle Impulse ausgehen; er habe Sorge, dass das Feuer des Glaubens sonst bald wieder verlöschen könnte. Und die Generaloberin gab zu bedenken, dass ihre Schwestern unbedingt ihre benediktinische Bildung vertiefen müssten, ein Kloster sei die einzige Lösung.

Wie es aussah, war die Sache dringend.

In Korea buchten wir einen Flug nach Manila, der philippinischen Hauptstadt. Dabei sah ich für ein neues Kloster dort gar keine Chance. In meinem Tagebuch steht unter dem Datum jenes Tages der Satz: «Da wird nie etwas draus werden, einfach, weil wir kein Personal dafür haben – sosehr ich diese Gründung für notwendig erachte.» Wir flogen trotzdem hin, dem Bischof zuliebe, um ihm und den Schwestern unseren guten Willen zu beweisen. In Manila stiegen wird in ein Flugzeug, das uns auf die Insel Mindanao brachte. In Digos wurden wir vom Bischof empfangen und ließen uns von ihm zu einer Landpartie überreden, auf der wir mögliche Standorte für das Kloster in Augenschein nahmen. Dort vielleicht, an diesem Hang? Oder dort, am Rande des Palmenhains? Seit drei Jahren war ich Erzabt, hatte aber noch keine Neugründung vorgenommen. Eigentlich sah ich mich nicht in der Rolle des Pioniers, doch nun juckte es mir sozusagen in den Fingern, das Experiment zu wagen und hier ein neues Kloster auf die Beine zu stellen. Nur wie? Mit wem? Ich blieb skeptisch.

Der Bischof aber ließ nicht locker, und auch unsere Generaloberin drängte. Ich legte das Projekt daher zwei Monate später dem zuständigen Gremium meiner Kongregation vor, und siehe da, es wurde genehmigt. Wir stimmten ab, das Votum war eindeutig, und dann sahen wir einander an: Wer macht das jetzt? Wer von uns geht da hin? Also versuchte ich mein Glück. Ich sprach mit Pater Felix, der in Afrika gewesen war. Ich sprach mit Abt Odo, früher Abt in Südkorea, derzeit Oberer in Tokio. Ich sprach mit Pater Edgar, dem Novizenmeister der Abtei Münsterschwarzach. Ich sagte ihnen: «Wir müssen dahin gehen, wo die Menschen uns am meisten brauchen. Die politische Lage auf den Philippinen ist brenzlig, aber genau deshalb ist unsere Präsenz dort wichtig. Gerade wenn Verfolgung droht, dürfen wir die Menschen nicht alleinlassen.» Und diese drei machten sich tatsächlich auf den Weg.

Sie fingen klein an, mit einer einfachen Holzhütte, in der sie mit Schnaken und anderem Ungeziefer zusammenlebten. Sie erlernten die Sprache. Sie trafen Vorbereitungen für den Bau des Klosters. Sie kauften neues Land und pflanzten Bäume, Teakbäume und Palmen, dazwischen Kaffeesträucher und Bananenstauden. Ein Gebäude kam zum anderen, und allmählich nahm das Kloster Gestalt an, mit Kirche, Exerzitienhaus, Gästezimmern, Speisesaal, Bibliothek und Küche. Irgendwann bin ich selbst hingefahren und habe meinen Augen nicht getraut:

Was diese drei geleistet hatten, von zwei koreanischen Brüdern unterstützt, das hätte ich nicht für möglich gehalten.

Besonders vor Pater Felix empfand ich Hochachtung. Mit zweiundsechzig Jahren noch einmal in ein völlig fremdes Land zu gehen, sich eine neue Sprache anzueignen, sich auf eine unbekannte Mentalität einzustellen und erhebliche Entbehrungen auf sich zu nehmen, alles freiwillig – das macht man nur, wenn man ein Ziel vor Augen hat. Und die Anstrengungen haben sich gelohnt. Kürzlich haben wir das fünfundzwanzigjährige Jubiläum gefeiert. Mittlerweile leben im Kloster von Digos rund dreißig Mönche, die Landwirtschaft betreiben und Käse, Milch und Honig produzieren. Im Klostergarten wachsen Mango und Papaya. Es gibt eine kleine Ambulanz, wo täglich immerhin zweihundert Kranke medizinisch versorgt werden. Und die Exerzitien, die regelmäßig abgehalten werden, vermitteln philippinischen Priestern, Ordensleuten und Schulkindern benediktinische Spiritualität, sie sind zu einer Kraftquelle für die ganze Region geworden.

Ich hatte die Neugründung in Digos nicht geplant. Ich habe nie eine Neugründung geplant. Es lief immer nach dem gleichen Muster: Ich wurde gefragt, ich wurde gerufen, ich habe mich an Ort und Stelle umgesehen und anschließend entschieden. Ich habe nie am Schreibtisch gesessen und mich gefragt, was ich als Nächstes ins Leben rufen könnte, sondern Gelegenheiten ergriffen und reagiert, wenn es hieß: «Bitte komm!» Das Ziel, von dem ich spreche, darf man also nicht mit einem konkreten Lebensplan verwechseln. Mein Ziel war und ist eher eine generelle Vision. Auch ein Leben als Lehrer an der Hochschule in Rom hätte sich damit vereinbaren lassen. Wer Gott dient, muss ohnehin auf Überraschungen gefasst sein, der erlebt – wie Margery Kempe – seine Abenteuer mit ihm.

Und ein solches Abenteuer war für mich die Gründung eines rein afrikanischen Klosters in Togo.

Eigentlich bestand dieses Kloster schon, ich wusste nur nichts davon. Bis mir 1988 auf der Versammlung der deutschen Ordensoberen in Würzburg ein Entwicklungshelfer eine seltsame Geschichte erzählte. Da gebe es in Togo, im hintersten Busch sozusagen, eine kleine afrikanische Mönchsgemeinschaft, sagte er. Eine wilde Neugründung, ins Leben gerufen von einem rebellischen jungen Togolesen namens Frère Boniface. Und dieser Frère Boniface wolle nun mit mir Kontakt aufnehmen.

Ich wurde hellhörig, ging der Sache nach und erfuhr: Boniface war in Togo zunächst in ein Kloster eingetreten, das von französischen Benediktinern geleitet wurde, litt aber bald unter den Verhältnissen dort. Denn das Kloster schottete sich gegen die afrikanische Außenwelt ab; die Mönche dort blieben unter sich und wehrten alle einheimischen Einflüsse ab. Die Sprache, das Essen, die Liturgie, alles war französisch. Kurz: Dieses Kloster war ein europäischer Elfenbeinturm. Boniface aber schwebte ein afrikanisches Kloster vor, und afrikanisch bedeutete für ihn: Teilen und Anteilnehmen. Teilen mit der Bevölkerung und Anteilnehmen an der afrikanischen Wirklichkeit. Also ein offenes Kloster – offen für seine Nachbarn, offen für afrikanische Wertvorstellungen.

Als die Zeit für die ewigen Gelübde gekommen war, verließ Boniface das französische Kloster und gründete mit einigen jungen Leuten weit draußen, auf dem Land, fast an der Grenze zu Benin, eine eigene Gemeinschaft. Sein Bischof unterstützte ihn dabei. Es war ein Experiment, und jetzt, drei Jahre später, sollte das Unternehmen auf eine solidere Grundlage gestellt werden, organisatorisch und spirituell. Ich war sofort angetan.

Ich hatte zwar noch keine genaue Vorstellung von dem, was da entstanden war, aber die Initiative des eigensinnigen Boniface fand ich großartig. Auch unser Generalkapitel hieß diesen Versuch grundsätzlich gut, fand aber, dass man sich erst einmal ein klares Bild verschaffen müsse. Offenbar handelte es sich um ernsthafte und entschlossene junge Menschen, aber – lebten sie wirklich im Geist und nach der Regel Benedikts? Gehörten sie zu uns?

Ich flog nach Togo.

Als Begleiter hatte ich mir Abt Fidelis von der Abtei Münsterschwarzach ausgesucht. Im Gegensatz zu mir stand er diesem Projekt ablehnend gegenüber, er hielt es für ein Luftschloss. Es lag mir daran, einen Skeptiker dabeizuhaben – mit meiner Vorliebe für Experimente hatte ich mir nämlich schon mehrfach Kritik zugezogen, und ich brauchte auf dieser Erkundungsreise jemanden, dessen Urteil als objektiv angesehen wurde.

Wir fuhren mit dem Auto in den Norden Togos, stellten uns dem Bischof vor und merkten bald, dass er keine rechte Vorstellung vom benediktinischen Leben besaß. Unter einem Benediktinerkloster verstand er einen abgeschlossenen Ort, an dem Mönche unermüdlich für das Wohl seiner Schäfchen beten, auf dass die Gnadengaben für seine Diözese vom Himmel fließen. Als Erstes mussten wir also diesem Mann eine Lektion in benediktinischem Denken erteilen; auch deshalb gingen wir auf sein Angebot, bei ihm zu wohnen, nicht ein. Er hielt unsere Weigerung wohl für eine unbegreifliche europäische Marotte, er beschwor uns jedenfalls, nicht so tollkühn zu sein und im Busch zu nächtigen. Doch wir ließen uns nicht umstimmen und fuhren hinaus, Richtung Benin, zum Kloster der jungen Leute. Dort quartierten wir uns ein.

Ein solches Kloster hatten Abt Fidelis und ich noch nie gesehen. Es bestand lediglich aus einigen Wohnhütten und zwei kleinen, abgeschirmten Bezirken – der eine war die Toilette, der andere die Dusche, und diese Dusche war nichts als ein Wasserkübel, den man über seinem Kopf entleerte. Hier also lebte Frère Boniface zusammen mit sieben oder acht jungen Männern, fern allen europäischen Komforts. Wir freundeten uns rasch an. Boniface erläuterte mir freimütig seine Vision eines afrikanischen Mönchtums, und in den folgenden Tagen lernte ich ihn als klugen und selbstbewussten Afrikaner kennen, mit klaren Ideen und dem Vorsatz, nur Kandidaten aufzunehmen, die wirklich vom benediktinischen Gemeinschaftsideal begeistert waren. Die Gelübde nahm er außergewöhnlich ernst.

Unser Aufenthalt dort ist mir unvergesslich. Nachts schliefen wir mit den afrikanischen Brüdern in Hütten auf dem Boden, tagsüber lebten wir mit ihnen unter freiem Himmel und nahmen unsere Mahlzeiten unter einem großen Mangobaum ein. Sie teilten ihren Hirsebrei und ihr Gemüse mit uns, und wenn Leute aus der Nachbarschaft vorübergingen, bekamen sie auch etwas ab. Bettler wurden gleich zum Essen eingeladen. Frère Boniface meinte es ernst mit seiner Maxime, afrikanisch sei es, alles mit allen zu teilen. Dieses Kloster war ein wirklicher Ort der Begegnung, und binnen kurzem hatte ich in Abt Fidelis einen begeisterten Bundesgenossen – er mochte sich gar nicht von diesem «Kloster» trennen. Irgendwann schickte der Bischof seinen Generalvikar vorbei, um nachzuschauen, ob wir noch am Leben wären. Der gute Mann hatte den Auftrag, uns wieder in die Zivilisation zurückzuholen, aber wir hatten von dieser ungewohnten Art des Klosterlebens noch nicht genug und blieben noch ein paar Tage.

1991 nahmen wir dieses Kloster unter die Fittiche unserer Kongregation. Seither hat sich dort einiges getan. Mit dem neuen runden Zentralbau wirkt die Anlage heute schon etwas stattlicher, und auch die Gemeinschaft ist weiter gewachsen: Zurzeit leben dort fünfundzwanzig Brüder, darunter drei Novizen. In einigen Jahren dürfte die Ernennung zur Abtei anstehen. Und mit Frère Boniface bin ich nach wie vor als Freund und Bruder eng verbunden.

Manchmal frage ich mich, ob ich solche Reisen als Missionar oder nicht eher als Pilger mache. Die Initiative für die Klostergründung in Togo ging von Einheimischen aus, und die Kirche hatte sich dort längst etabliert. Für mich gab es auf dieser Reise niemanden zu bekehren. Echte Missionsreisen habe ich in China und Nordkorea unternommen, aber in diesen Ländern ging es uns darum, Krankenhäuser zu bauen, keine Klöster. Ansonsten war es nie mein Ziel, das Christentum einer fremden Kultur aufzupfropfen. Alle Neugründungen waren vielmehr als geistliche und kulturelle Zentren gedacht, die auf eine christliche Umgebung ausstrahlen sollten. Nach Togo bin ich – recht besehen – wie ein Pilger gefahren, der der Vision einer neuen Form von klösterlicher Gemeinschaft gefolgt ist. Und andere Reisen hatten schon ihrer abenteuerlichen Umstände wegen Ähnlichkeit mit einer mittelalterlichen Pilgerfahrt. Mein Besuch in Haiti 1985 zum Beispiel.

Es begann wie immer: Ich wurde gebeten, auf Haiti ein Kloster zu gründen. Ich wusste nicht viel über den Inselstaat, also wollte ich mich zunächst dort umsehen und unterbrach eine Reise nach Venezuela in der haitianischen Hauptstadt Port-au-Prince. Von dort fuhr ich nach Les Gonaïves im Norden der Insel, wo man mich einlud, einige abgelegene Gemeinden in den Bergen zu besuchen. Gemeinden, die schon seit vier

Jahren ohne Priester auskommen mussten, wie ich erfuhr. Die fünfzigtausend Katholiken dieser Pfarrei wurden von zwei Schwestern betreut, die sich jedes Wochenende mit großen Hostienbehältern auf den Weg machten und in den Dörfern Wortgottesdienste feierten. Mit mir würden diese Menschen endlich wieder einmal einer echten Messe beiwohnen können; ich nahm diese Einladung deshalb gern an.

Ein Maultier wartete auf mich, ohne ordentliches Zaumzeug und ohne Sattel. Ein wenig skeptisch war ich schon: Ich bin kein geübter Reiter, aber vermutlich würde mich die Rundreise in dem feuchtheißen Klima Haitis doch weniger Anstrengung kosten, wenn ich mich tragen ließ – also vertraute ich mich diesem Tier an. Es gelang mir, auf seinem Rücken Platz zu nehmen, und los ging's, hinauf in die Berge. Die beiden Schwestern begleiteten mich zu Fuß. Stunde um Stunde trottete mein Tier brav vor sich hin, und ich genoss aus höherer Warte den Ausblick auf die sattgrünen, bewaldeten Berghänge.

In der ersten Gemeinde wurde ich mit Jubel empfangen. Die Haitianer sind ausnahmslos Nachkommen von schwarzen Sklaven, und ich erlebte hier eine afrikanische Fröhlichkeit. Die Messe in der kleinen Dorfkirche ist mir als ein ergreifendes Ereignis in Erinnerung. Und hinterher wurde gefeiert. Die Verständigung war schwierig, weil ich das Kreolisch meiner Gastgeber kaum verstand, aber ihre Freude und ihre Herzlichkeit bedurften keiner Übersetzung. Später nahm ich ein Bad in einem Bergsee, und die ganze Zeit hatte ich eine Eskorte kräftiger Schwimmer um mich herum – alle wild entschlossen, mich am Ertrinken zu hindern.

Am nächsten Tag zogen wir auf schmalen Bergpfaden weiter, ich wieder auf dem Rücken meines Maultiers. Auf einmal tauchte eine Menschenmenge vor uns auf: die Bewohner des nächsten Dorfes. Sie hatten meine Ankunft nicht abwarten wollen, sie waren uns entgegengegangen und hatten sogar den Weg bis zu ihrem Dorf für mich von Steinen und Unrat gesäubert! Jetzt zogen sie singend vor mir her, und auf meinem Maultier reitend kam ich mir vor wie Jesus bei seinem Einzug in Jerusalem.

Mein Empfangskomitee begleitete uns bis zu einer kleinen Kapelle, einem schlichten, flachen Neubau, bei dem die Scheiben in den Fenstern fehlten. Ich begann mit der Feier der heiligen Messe und erlebte dieselbe Hochstimmung unter den Gläubigen wie tags zuvor. Gerade war ich mit der Gabenbereitung beschäftigt, als ich an dem Fensterloch rechts von mir eine Bewegung wahrnahm. Ich traute meinen Augen nicht: Zwei Gewehrläufe schoben sich herein und zielten auf mich. Mir wurde mulmig. Sollte ich die Messe abbrechen, sollte ich nicht am besten sofort in Deckung gehen? Aber unter den Leuten entstand keine Panik. Niemand ließ sich durch die beiden Gewehre beeindrucken. Offenbar geschah hier nichts Ungewöhnliches. Die Gemeinde sang aus vollem Herzen, also zelebrierte ich weiter, allerdings ohne die Gewehrläufe aus den Augen zu lassen. Wenn die Gläubigen keinen Grund zur Angst hatten, wollte ich mir meine Unsicherheit wenigstens nicht anmerken lassen. Und siehe da, als ich den Schlusssegen sprach, verschwanden die Gewehre.

Bei dem anschließenden Festmahl im Freien erfuhr ich, dass der damalige Diktator von Haiti, Jean-Claude Duvalier, genannt «Baby Doc», an diesem Tag eine Volksabstimmung abhalten ließ und der katholische Rundfunksender der Insel dazu aufgerufen hatte, diese zu boykottieren. Das war die Ursache der Spannungen. Ich hatte einen der in Haiti üblichen

Einschüchterungsversuche erlebt und war wohl der Einzige hier, bei dem er fast gewirkt hätte.

In der Nacht passierte mir ein Missgeschick. Die Hütte meiner Gastfamilie war eine denkbar einfache Behausung, bloß ein Holzgerüst, mit Lehm bestrichen. Sie erinnerte mich an das Haus der alten Bauersleute, die mich vor vielen Jahren auf dem Weg nach La Salette mit frisch gemolkener Milch bewirtet hatten. Auch diese Hütte war zweigeteilt, in einen Stall fürs Vieh und einen Wohnbereich, der wiederum aus Küche und Schlafkammer bestand. Dort, in der Kammer, stand mein Bett, eine nackte Matratze auf einem Holzgestell, und als ich mich nachts darauf ausstreckte, stach mir ein furchtbarer Gestank in die Nase.

Ich überlegte. Wofür hatte ich ein Fläschchen Kölnischwasser dabei? Ich richtete mich vorsichtig auf, griff nach meiner Tasche auf dem Nachtkasten und stieß im Stockfinstern gegen etwas, das sich als Waschschüssel herausstellte – im nächsten Augenblick ergoss sich der Inhalt über mich und das Bett. Jetzt war die obere Hälfte der Matratze durchnässt und der Gestank natürlich immer noch da. Was tun? Ich versuchte, trotzdem Schlaf zu finden. Unmöglich. War mit weiteren Überraschungen zu rechnen? Egal. Ich fasste mir ein Herz, stand auf und drehte die Matratze um, sodass ich mit dem Oberkörper wenigstens auf der trockenen unteren Hälfte zu liegen kam. Dann tastete ich noch einmal nach meiner Tasche, bekam das Kölnischwasser zu fassen und besprengte damit das Bett. Geschafft! In der Hoffnung, dass meine Wirtsleute keine falschen Schlüsse aus der durchnässten Matratze ziehen mögen, schlief ich schließlich ein.

Anderntags, im nächsten Dorf, gab es nicht einmal eine Kapelle. Die Messe fand unter einem Baum statt, wo eifrige junge Männer bereits alles arrangierten. Einer von ihnen hatte ein bildschönes Mädchen an seiner Seite. Er wolle sie heiraten, verriet er mir. Sie sei allerdings Baptistin und müsse vorher katholisch werden, aber seine Verlobte sei damit einverstanden – warum also nicht alles auf einmal bewerkstelligen, jetzt gleich, während der Messe? So kam es zum Höhepunkt dieser Reise. Erst nahmen wir die Braut des jungen Mannes feierlich in die katholische Kirche auf, anschließend traute ich das Paar, und nach der Messe wurden Vorbereitungen für ein Freudenfest getroffen. Doch vorher fiel mir noch eine andere Aufgabe zu.

Während der Messe war mir ein alter Mann in einem knielangen Kittel aufgefallen. Wie ein Schlafwandler lief er mit seinem Stock durch die Reihen. Ein Blinder. Als er zur Kommunion gehen wollte, wurde er von einigen zurückgehalten. Der Blinde habe noch nicht gebeichtet, erklärten sie mir hinterher. Er sei erst wenige Monate zuvor getauft worden, habe aber noch nicht gebeichtet und dürfe deshalb nicht an der Kommunion teilnehmen. Gut, das ließ sich jetzt nachholen. Wir zogen uns in eine Hütte zurück, und der Blinde beichtete mir seine Sünden, bestimmt eine Viertelstunde lang. Nicht dass ich viel verstanden hätte. Sein Kreolisch war mir genauso fremd wie mein Französisch vermutlich ihm. Es war eine Beichte mit surrealistischem Anstrich, aber meinen Zuspruch auf Französisch und meine Lossprechung auf Latein wird er schon richtig gedeutet haben.

Danach wartete ich vor der Hütte, während der Alte drinnen auf die Kommunion vorbereitet wurde, und als er nach einer Weile an der Hand eines jungen Katecheten heraustrat, lächelte er. Man hatte ihn neu eingekleidet, er trug jetzt ein sauberes weißes Hemd und eine Hose, die er mit der rechten Hand vorn zusammenhielt, weil sie ihm viel zu weit war. Offenbar sollte er in einem hochzeitlichen Gewand vor den Tisch des Herrn treten, nicht in seinem befleckten Alltagshemd. Zwei junge Männer hatten ihre eigenen Kleidungsstücke zu seiner neuen Ausstattung beigesteuert. So, endlich durfte er die Kommunion empfangen, und anschließend wurde gefeiert.

Ausgelassen gefeiert. Die Leute sangen und tanzten, und selbst die kleinen Kinder wurden in den Kreis der Tanzenden aufgenommen und hüpften an den Händen der Erwachsenen mit. Auch der Alte tanzte, in bedächtigen kleinen Schritten. Er stand im Mittelpunkt, die Freude galt ihm. Hier, in diesem Bergdorf auf Haiti, inmitten dieser Armut, erlebte ich Christen, die wirklich erlöst aussahen. Hier war etwas zu spüren von der Freiheit, die durch die Sündenvergebung erlangt wird. Ich sah ihnen zu und wünschte mir, eine so fröhliche Gemeinschaft in Europa auch einmal zu erleben.

Am selben Tag noch ging es zurück nach Les Gonaïves – wo ich beinahe nicht angekommen wäre. Solange wir uns auf der Höhe hielten, herrschte zwischen meinem Maultier und mir das alte, gute Einvernehmen. Doch damit war es schlagartig vorbei, als wir den Weg ins Tal einschlugen und der Pfad abschüssig wurde. Warum auch immer, hinunter wollte mein Tier nicht. Es lief los, es verfiel in einen wilden Galopp, es hielt auf die nächste Bergkuppe zu, es rannte stur geradeaus. Die anderen blieben rasch zurück, und das Beste, was ich über mich sagen kann, ist: Abwerfen ließ ich mich nicht. Ich lag auf dem Tier, krallte mich in seine Mähne, brüllte «*stop!*» und «*ferme-toi!*», aber es verstand weder Englisch noch Französisch. Mit einem Mal blieb es stehen, so plötzlich, dass ich fast über seinen Kopf hinausgeschossen wäre. Da hing ich, halb

Unser Wort Pilgern leitet sich vom lateinischen «peregrinus» ab. Damit war derjenige gemeint, der fremde Lande durchwandert und dabei unbekannten Gesetzen und ungewohnten Gepflogenheiten ausgeliefert ist. Bisweilen beschleicht auch mich dieses Peregrinus-Gefühl, zum Beispiel auf dem Rücken eines Indischen Elefanten.

Oben links: Die Mosaik-Landkarte von Madaba im heutigen Jordanien ist ein einzigartiges Dokument aus der Frühzeit des Pilgerwesens. Sie zeigt den Vorderen Orient mit erstaunlicher Genauigkeit. Hier konnten sich Pilger aus dem Osten einen Überblick über das Heilige Land verschaffen, wie in einem Reiseführer lesen und ihre Route planen.

Oben rechts: In Äthiopien gibt es vier große christliche Wallfahrtsorte. Zu den Festen brechen Zehntausende Pilger dorthin auf, und viele von ihnen nehmen wochenlange Fußmärsche in Kauf. Äthiopische Wallfahrtsfeste vermitteln uns eine Vorstellung davon, mit welcher Inbrunst auch bei uns früher die Heiligen verehrt wurden.

Rechte Seite: Rom beeindruckte den mittelalterlichen Pilger nicht nur durch seinen Reichtum an Reliquienschätzen, sondern auch durch die Pracht seiner Kirchen. In der Zeno-Kapelle der Kirche Santa Prassede, die über Märtyrergräbern errichtet wurde, erwartete ihn beispielsweise das schönste byzantinische Mosaik der Stadt.

Jerusalem stellte für den christlichen Pilger des Mittelalters eine einzige große Berührungsreliquie dar. Hier befand man sich in der Heimat Jesu Christi, hier war alles heiliger Boden, hier rief jeder Stein die Heilsgeschichte in Erinnerung. In Jerusalem war alles in ein überirdisches Licht getaucht. Kein anderer Ort der Christenheit konnte mit dieser Stadt an Bedeutung mithalten.

Ob die sterblichen Reste des Apostels Jakobus wirklich in der Kathedrale von Santiago de Compostela ruhen? Schon im späten Mittelalter wurde das bezweifelt. Mich selbst berührt diese Frage nicht. Der Apostel Jakobus ist auf jeden Fall verehrungswürdig – warum soll man ihn nicht im spanischen Santiago verehren?

Oben: Mein Heimatkloster Sankt Ottilien in Bayern. Von 1977 bis 2000 war ich Erzabt dieses Klosters – und damit zuständig für die Missionsarbeit unseres Ordens. Mein alter Wunsch, Missionar zu werden, hat sich auf diese Weise erfüllt.

Unten: Seit meiner Wahl zum Abtprimas im Jahr 2000 ist Sant'Anselmo mein Amtssitz. Die große Klosteranlage liegt auf dem Aventin in Rom und beherbergt die Hochschule der Benediktiner. Viele Jahre zuvor habe ich hier bereits als Lehrer gearbeitet.

Eine benediktinische Frauengruppe des Klosters Ewu in Nigeria hat mir dieses Batik-Messgewand als Geschenk überreicht. In Afrika habe ich verstanden, wie wenig der Mensch braucht, um glücklich zu sein. Dort wird das Leben als solches als beglückend empfunden. Können wir Europäer das lernen? Ich versuche es zumindest.

Unten: Die Schüler des Benediktinerklosters Vijayawada in Indien haben für mich musikalische Stücke und Tänze aufgeführt. Zum Dank spielte ich für sie auf der Querflöte, dem Instrument des Gottes Krishna. Denn Musik ist eine universelle Sprache. Sie spricht die Herzen an, sie überwindet alle kulturellen und ideologischen Grenzen.

Oben: Hier stehe ich mit zwei koreanischen Benediktinerinnen am Kratersee des Paektusan (chin.: Changbaishan), des heiligen Bergs der Koreaner und der Mandschu. China war ein wichtiges Missionsfeld für unsere Mönche bis zur Machtübernahme der Kommunisten. Mittlerweile knüpfen wir an diese Tradition wieder an. Seit 1984 habe ich China wiederholt bereist.

Unten: Abstieg vom Paektusan. Die Benediktinerinnen haben ihre Köpfe gegen die massive Sonneneinstrahlung gut geschützt. Ich setzte mir ein Taschentuch auf den Kopf.

auf der Seite, und ließ mich vorsichtig hinab. Ich atmete auf. Gerettet. Meine Begleiter kamen angelaufen. Sie waren in heller Aufregung, sie ließen sich kaum davon überzeugen, dass ich unversehrt war. Von nun an führten sie den Übeltäter mit festem Griff in die Mähne.

Auch für einen Erzabt von Sankt Ottilien waren die letzten Tage ungewöhnlich ereignisreich verlaufen. Auf dem Rückweg fand ich es selbst erstaunlich, dass ich weder ertrunken noch durch Schüsse getötet, noch durch einen Sturz von meinem rasenden Reittier ums Leben gekommen war. Aus der Neugründung auf Haiti ist – sehr zu meinem Leidwesen – doch nichts geworden. Das lag zum einen daran, dass wir uns mittlerweile in anderen Teilen der Welt stark engagiert hatten und Geld wie Personal knapp geworden waren. Zum anderen erschien uns aber auch die politische Lage auf Haiti allzu unsicher. Und außerdem gab es bereits eine benediktinische Gemeinschaft auf Haiti, der wir keine «Konkurrenz» machen wollten.

Nach wie vor gültig aber ist die alte Pilgererfahrung, dass der Weg aus vielen Aufbrüchen besteht. Mit einem einmaligen Aufbruch, dem Abschied von zu Hause, ist es nicht getan. Wer ans Ziel kommen will, der darf sich nie auf dem Erreichten ausruhen, der muss immer wieder Neuland betreten – und darf sich durch nichts entmutigen lassen. Aussichtslos? Wie oft habe ich das gehört. Wie oft bin ich einem tief verwurzelten Glauben an den Fehlschlag, an die Macht der Verhältnisse und die eigene Hilflosigkeit begegnet. Man sollte sich davon nicht anstecken lassen. Ich habe das Scheitern jedenfalls nie einkalkuliert und in den allermeisten Fällen mein Ziel auch erreicht. Man braucht Geduld, aber vor allem muss man aufbrechen. Man ahnt nämlich nie, wie weit man kommt, bevor man nicht die ersten Schritte getan hat.

Unsere jüngste Neugründung haben wir auf Kuba vorgenommen. Bisher gab es dort kein Benediktinerkloster, aber nun hat uns der Erzbischof von Havanna ein Haus in der Hauptstadt zur Verfügung gestellt. Zum Obern wurde ein Mönch aus Togo bestellt. Wir hoffen, dass es bald Berufungen aus dem Land geben wird. Ich bin jedenfalls auf meine künftigen kubanischen Mitbrüder gespannt.

12. «Jeder Tag verlangt nach einer neuen Ich-Anstrengung»

Was wir aus der Welt der Pilger in unser Leben übernehmen können

Der Mut zum Aufbruch, das ist das eine. Aber der Aufbruch soll ja zum Ziel führen, deshalb muss eine zweite Tugend hinzukommen: das Durchhaltevermögen. Eine Eigenschaft also, die in unseren Tagen nicht gerade hoch im Kurs steht – allein die Vorstellung, dass etwas Zeit brauchen könnte und Geduld verlangt, ist für viele schon unerträglich. Aber, um zunächst beim Pilger zu bleiben: Die Beharrlichkeit ist geradezu sein Erkennungsmerkmal.

Denn ein gewöhnlicher Reisender darf aufgeben. Er kann seine Reise jederzeit und aus beliebigen Gründen abbrechen, vor dem Ziel umkehren oder die Route ändern und ein neues Ziel ins Auge fassen. Einem Pilger ist das verwehrt. Ein Pilger darf nicht abbrechen. Er muss durchhalten bis zum festgesetzten Ziel. Man könnte sagen: Als Pilger treffe ich eine Verabredung mit einem Heiligen und setze alles daran, diese einzuhalten. Ich gehe gewissermaßen eine persönliche Verpflichtung ein, die mich nicht ruhen lässt, ehe ich mein Ziel erreicht habe. Natürlich kann man in Etappen pilgern, wie es viele heute machen. Doch genau genommen darf ich mich erst dann als Pilger bezeichnen, wenn ich am angestrebten Ziel angelangt bin.

Auf den Mönch trifft im Grunde dasselbe zu. Er hat sich für das Leben im Kloster entschieden, als er in der Profess die ewigen Gelübde abgelegt hat, und dieser Entschluss ist bindend, dazu muss er ein Leben lang stehen. Er wird Krisen und Durststrecken zu überwinden haben, keine Frage, und die Versuchung, abzubrechen und aufzugeben, ist nicht zu unterschätzen. In der Vergangenheit hat man das oft nicht wahrhaben wollen. Da ging man davon aus, dass mit der Profess oder der Priesterweihe ein Zustand eintreten würde, in dem der Mensch nicht mehr verführbar ist. Das war ein Wunschtraum. In Wahrheit stellt das Klosterleben hohe Anforderungen an den Durchhaltewillen, soll der Elan des Aufbruchs nicht nachlassen und die ganze Gemeinschaft nicht in Schlendrian verfallen.

Wahrscheinlich wäre mancher bei allem guten Willen überfordert, würde der Klosteralltag ihm nicht das Durchhalten erleichtern, indem er ihm eine feste Struktur seines Tagesablaufs vorgibt. Die stets gleichbleibende Zeiteinteilung, die regelmäßigen Stundengebete, der liturgische Rahmen, alles im Klosterleben zielt darauf ab, dass der Mönch seinen Weg bewusst geht und wachsam bleibt und immer wieder zur Besinnung kommt. Die Struktur hilft ihm, sich auf das Wesentliche zu konzentrieren. Ich selbst unterbreche meine Arbeit in Sant'Anselmo viermal am Tag für das Chorgebet, immer zu denselben Stunden, auch im größten Stress, und sage: «Schluss jetzt, Gott hat Vorrang, diese halbe Stunde gehört Gott.» Die Chorgebete sind für mich die Säulen, auf denen der Tag ruht. Und da ich mich auch auf Reisen meistens in Klöstern aufhalte, nehme ich in Afrika, Amerika oder Asien genauso an den Gebetszeiten teil wie daheim in Sant'Anselmo. Genauso wichtig ist für mich die *lectio divina*, das fortlaufende Bibellesen. Jeden Tag nehme ich mir nach dem Mittagsschlaf für zehn Minuten die Bibel vor, trete so mit Gott in Kontakt und mache immer wieder die Erfahrung, dass ich durch die Schriftworte des Alten und Neuen Testaments herausgefordert oder wachgerüttelt werde.

Leib und Seele sind bei uns also in festen Strukturen verankert. Sie verhindern, dass ein Mönch in seinem geistlichen Leben verflacht und seelisch verödet. Sie verleihen unserem Leben Stabilität und bilden das Gegengewicht zur Dynamik des Aufbruchs. Sie führen dazu, dass man das Ziel nicht aus den Augen verliert und immer aufs Neue daran erinnert wird, worum und wohin es geht. Auf diese Weise üben wir uns in der unabdingbaren Pilgertugend der Beharrlichkeit.

Damit ergibt sich ein praktischer Bezug zum Leben eines jeden Menschen. Denn im Grunde kann auch außerhalb der Klostermauern nichts Großes ohne Ausdauer, Beharrlichkeit und Zielstrebigkeit gelingen. In einer Welt, die sich in einem permanenten Umbruch befindet, die nur noch kurzfristige Ziele und schnelle Erfolge kennt, gewinnt die Beharrlichkeit sogar immer mehr an Bedeutung – als Widerstandskraft, als Selbstbehauptungsstrategie. Das könnte eine weitere Ursache für die wiedererwachte Lust am Pilgern sein – denn wer pilgert, der mutet sich etwas zu. Der kann unterwegs Ausdauer und Durchhaltevermögen trainieren, ebenjene Eigenschaften, die im normalen Leben zu verkümmern drohen. Auf einer Pilgerfahrt verlangt jeder Tag nach einer neuen Ich-Anstrengung, um einen Ausdruck des Psychologen Alexander Mitscherlich zu verwenden. Da muss man oft genug gegen die eigene Lustlosigkeit und Erschöpfung ankämpfen – und erlebt die Ankunft am Ziel schließlich als einen Triumph über sich selbst. Das löst eine Befriedigung aus, die der Alltag selten bereithält.

Weitgesteckte Ziele sind jedenfalls niemals ohne Beharrlichkeit zu erreichen. Wobei Beharrlichkeit keineswegs bedeutet, auf eigene Faust auf diese Ziele loszustürmen, Gegenargumente in den Wind zu schlagen und mit dem Kopf durch die Wand zu gehen. Beharrlichkeit setzt, ganz im Gegenteil, Kommunikation voraus. Man muss seine Ideen oder Visionen unter die Leute bringen, damit möglichst viele mitziehen. Überzeugungsfähigkeit und Überzeugungsarbeit gehören dazu, aber auch Empfänglichkeit für neue Einfälle, und unter Umständen wird man sein Ziel schließlich auf anderen Wegen erreichen als ursprünglich geplant. Verdächtig macht sich immer, wer ein Ziel mit Verbissenheit, auf Biegen und Brechen verfolgt. Verdächtig deshalb, weil es demjenigen wahrscheinlich mehr um die Macht geht als um das Ziel. Der Beharrliche hingegen bringt Geduld auf; er erklärt, warum etwas sein muss, er versucht, möglichst viele für seine Pläne zu gewinnen. Wenn alle mitziehen, wird immer einer den anderen ermutigen, und gemeinsam schafft man es dann auch, die ewigen Neinsager und die penetranten Pessimisten zum Schweigen zu bringen. So verwirklicht man Visionen.

Ohne Ausdauer bleibt jedes ehrgeizige Ziel unerreichbar – diese Pilgererfahrung lässt sich jedenfalls auf das Leben im Allgemeinen übertragen. Es ist nun einmal so: Wenn wir uns über längere Zeit an ein gutes und leichtes Leben gewöhnt haben, kann uns die erste Schwierigkeit schon aus der Bahn werfen, kann bereits die kleinste Einbuße an Bequemlichkeit oder Sicherheit dazu führen, dass wir alle Hoffnung aufgeben. In ärmeren Ländern lernt man von früh auf, mit Widrigkeiten fertigzuwerden. Ausdauer ist hier eine überlebenswichtige und darum selbstverständliche seelische Fähigkeit. Bei uns aber ist sie Übungssache, und damit eine Aufgabe der Erziehung. Der Grund für Beharrlichkeit muss schon in der Kindheit gelegt werden.

Eltern sollten deshalb von ihren Kindern verlangen, dass Aufgaben zu Ende geführt werden. Bei jeder Arbeit gibt es einen toten Punkt, der überwunden werden muss, damit man den Erfolg seiner Bemühungen erlebt, und der Erfolg motiviert für die nächste Aufgabe. Wer das nicht lernt, der wird immer abbrechen, hinschmeißen, aufgeben und am Ende an allem die Lust verlieren. Beharrlichkeit führt zum Erfolg, und Regelmäßigkeit unterstützt die Beharrlichkeit. Ganz gleich, ob ich eine Fremdsprache einstudiere, ein Instrument zu spielen erlerne oder in einem Chor ein Werk erarbeite – belohnt wird nur der, der durchhält. Und zum Schluss, nach dem ersten öffentlichen Auftritt, sind alle Strapazen vergessen. Sie gehen einfach unter im Applaus, sie erscheinen belanglos angesichts der glücklichen Gesichter ringsum, sie werden in der Erinnerung überlagert von den begeisterten Reaktionen, die man erlebt, wenn man seine Sache so gut wie möglich gemacht hat.

Die Beharrlichkeit des Pilgers könnte zum Vorbild für eine ganze Gesellschaft werden – Grund genug, das Pilgern wiederzubeleben. Aber was ist mit anderen Aspekten des Pilgerns? Lässt sich von den religiösen Grundlagen des Pilgerns zum Beispiel irgendetwas in unsere Zeit übernehmen? Kann man heute noch Reliquien verehren, an Wunder glauben und Heiligen etwas abgewinnen, Heiligen womöglich sogar begegnen – oder fällt dies alles mittlerweile in den Bereich einer religiösen Exotik, die vernünftige Menschen allenfalls belächeln können? Ich will versuchen, diese Fragen aus meiner eigenen Lebenserfahrung zu beantworten.

Um mit den Wundern zu beginnen: Ich glaube an Wunder. Ich glaube, dass Seele und Leib durch die Erfahrung der Liebe Gottes geheilt werden können, wie ich im fünften Kapitel dargelegt habe. Doch, offen gesagt – wenn ich erlebe, dass

Gott meine Gebete erhört, stelle ich mir nie die Frage, ob ein Wunder geschehen ist. Es kommt mir nicht darauf an, ob eine Heilung auf nachvollziehbaren Wegen oder auf unerklärliche Weise eingetreten ist. Mir ist es gleich, ob etwas Unbegreifliches oder das Wahrscheinliche eingetroffen ist – jeder gute Ausgang ist ein Grund zur Freude und zur Dankbarkeit und Wunder genug.

Entscheidend ist allein der Glaube an Gott. Vielleicht reicht es manchmal völlig aus, eine einfache psychologische Erklärung für die Wirkung eines Gebets heranzuziehen. Wenn ich einem Abiturienten beispielsweise verspreche, für ihn zu beten, kann ihn das beruhigen – und er besteht sein Abitur, während er sonst vor lauter Aufgeregtheit versagt hätte. Und wenn ich einer werdenden Mutter zusichere, im Gebet an sie zu denken, kann sie neues Vertrauen zum Leben fassen – sie verliert ihre Angst vor der Niederkunft, ihre innere Ruhe überträgt sich auf das Kind, und die Geburt verläuft glatt. Beides habe ich erlebt, beide Male hat mein Gebet gewirkt, aber der Glaube an Gott war die Voraussetzung. Wer nicht glaubt, wird nichts dergleichen erfahren.

Ähnlich wie mit den Wundern geht es mir mit den Reliquien. Ich würde sie niemals danach beurteilen, ob sie echt sind oder nicht, ob der Heilige wirklich dort oder anderswo liegt – Reliquien halten in jedem Fall die Erinnerung an einen bestimmten Heiligen wach. Befindet sich das Grab des Apostels Jakobus wirklich in Santiago de Compostela? Wahrscheinlich nicht. Aber was macht das schon? Jemand wie Jakobus, der zum engsten Kreis der Jünger Jesu zählte, der um seines Glaubens willen den Märtyrertod erlitt, ist auf jeden Fall verehrungswürdig, auch heute noch. Warum soll ich ihm nicht in Santiago huldigen? Davon abgesehen ist mir jeder Heilige ein

Anlass, mich selbst zu befragen, mich selbst zu prüfen: Worauf habe ich mein Leben ausgerichtet? Wie weit will ich mich vom Zeitgeist vereinnahmen lassen? Wann ist es geboten, Widerstand zu leisten gegen das, was an Barbarei und Dummheit gerade gang und gäbe ist? Und damit kommen wir zu einem Thema, das mit unserem Leben meiner Ansicht nach mehr zu tun hat als Wunder und Reliquien, nämlich zu Wert und Bedeutung der Heiligen.

Sie sind keine Märchenfiguren, die Heiligen, sie sind auch keine Götter. Und genauso wenig sind sie durchweg Märtyrer – dieser Eindruck drängt sich nur deshalb bisweilen auf, weil Künstler mit ihrer Vorliebe für Dramatik gern Heilige darstellen, die sich mit Folterqualen und ausgefallenen Hinrichtungsarten in Verbindung bringen lassen. Aber darauf kommt es nicht an. Entscheidend ist, dass die Heiligen das Christentum in ihrem Leben verwirklicht haben, indem sie ihren Mitmenschen wie Jesus Christus begegnet sind. Deshalb taugen sie bis heute zu Vorbildern – zu Vorbildern für Mut und Menschlichkeit.

Daneben aber gibt es viele Heilige, die nie heiliggesprochen wurden, die auch niemals als strahlende Lichtgestalten in Erscheinung getreten sind, denen man die Frömmigkeit vielleicht nicht einmal angemerkt hat. Wenn wir uns an die Vision des Endgerichts halten, wie Matthäus sie im fünfundzwanzigsten Kapitel seines Evangeliums beschreibt, stellen wir fest: Die Menschen, die Jesus in sein Reich aufnimmt, wissen nicht einmal selbst, wie ihnen geschieht. Was haben wir denn Besonderes getan?, fragen sie. Und Jesus geht in seiner Entgegnung mit keinem Wort auf ihren Glauben ein, wohl aber auf die Taten der Menschlichkeit, die sie zu ihren Lebzeiten für ihre selbstverständliche Pflicht gehalten haben. Dem Vorbild Jesu nachzueifern, das ist der Weg eines Heiligen. So wird er selbst zum Vorbild, so scheint in seinem Leben Gottes Liebe zu den Menschen auf.

Und das Geheimnis der Heiligen ist: Sie betreiben das genaue Gegenteil von dem, was wir heute unter Selbstverwirklichung verstehen. Sie haben die christliche Botschaft in ihrem Kern begriffen, und dieser Kern lautet: Der wahren Selbstverwirklichung kommt man umso näher, je weniger man an sich selbst denkt. Heilige sind also gewissermaßen Antihelden – Menschen, die ihre Stärke nicht durch den Triumph über andere unter Beweis stellen, sondern durch den Sieg über ihren eigenen Egoismus. Es sind selbstlose Menschen, die ihre eigenen Ansprüche zurücknehmen und als Person hinter ihrer Aufgabe zurücktreten, die sich immer weniger wichtig und immer weniger ernst nehmen. Diese Selbstlosigkeit macht frei. Sie befreit von der Angst um sich selbst, von der Sorge um die eigene Bedeutung, von der bangen Frage nach dem eigenen Stellenwert. Heilige sind also zunächst einmal dies: wahrhaft autonome Menschen.

Aus diesem Grund legt auch der heilige Benedikt in seiner Ordensregel auf Demut den größten Wert – nicht als Unterwürfigkeit verstanden, sondern als Distanz zu sich selbst. Es gehört zu den wunderbaren Paradoxien des Lebens, dass diese Demut einen Menschen nicht schwächer, sondern stärker macht, eben weil sie ihn von der zwanghaften Beschäftigung mit der eigenen Person, von der Ich-Besessenheit befreit. Jesus fasst diese Paradoxie in zwei Sätzen zusammen, wenn er sagt: «Wer sich selbst sucht, wird sich verlieren. Wer sich aber um meinetwillen verliert, wird sich finden.» Das heißt: Wir gewinnen durch Verzicht. Wir erreichen wahre Größe da, wo wir gedient haben. Wir finden auf dem Umweg über den anderen zu uns selbst. Man könnte diesen Ausspruch Jesu als Motto über jede Heiligenvita setzen.

Im Übrigen dürfen wir uns die Heiligen nicht als entrückte Menschen oder weltfremde Frömmler vorstellen. Viele haben den Glauben nicht mit der Muttermilch eingesogen, und die wenigsten sind auf gerader Linie zu Heiligen geworden. Insbesondere unter den großen Heiligengestalten finden sich viele, die zunächst ein ganz gewöhnliches, bisweilen auch wüstes Leben geführt haben.

Ich will nur ein Beispiel anführen: den Spanier Johannes von Gott (1495–1550), den Gründer der Barmherzigen Brüder, eines Pflegeordens, der vor allem in Südeuropa verbreitet ist und auch in Rom ein Krankenhaus auf der Tiberinsel betreibt. Dieser Johannes war eine rastlose, getriebene Natur, ein Streuner und Abenteurer, der als Landsknecht gegen die Türken gekämpft hatte, bevor er von Gottes Wort getroffen wurde. Fortan stellte er sich in den Dienst der Kranken, und es ist unglaublich, was er geleistet hat. In Granada richtete er das erste Krankenhaus im modernen Sinne ein, sorgte für ärztliche Betreuung und pflegte die Kranken selbst. Gebrechliche trug er auf dem eigenen Rücken in sein Hospital, nahm auch Geisteskranke auf und behandelte sie als Menschen, kaufte Prostituierte frei, kümmerte sich um Waisenkinder und gründete obendrein ein Pilgerhospiz. Reiche Förderer in ganz Spanien bis hinauf zum König finanzierten seine Projekte, weil sie in ihm die Liebe Gottes am Werk sahen. Bei dem Versuch, einen Jungen aus den Fluten eines Flusses zu retten, zog er sich eine Lungenentzündung zu, an der er starb. Da war er fünfundfünfzig.

Johannes von Gott kannte das Leben. Er war ein Energiebündel, ein Draufgänger – und zugleich jemand, der durch

Selbstlosigkeit zu sich selbst gefunden hatte. In einem solchen Menschenleben wird Christus sichtbar. Aus diesem Holz sind Heilige geschnitzt, damals wie heute. Denn es gibt sie immer noch, die Heiligen. Ein Mann wie Papst Johannes Paul II., eine Frau wie Mutter Teresa zählen für mich dazu, aber auch so mancher Mitbruder, so manche Mitschwester, die ich getroffen habe. Und warum sollen wir nicht ebenso in vollkommen anderen Leuten Heilige erkennen, in Leuten, die beispielsweise mit diplomatischen Mitteln zum Wohl ihrer Mitmenschen gewirkt haben?

Dag Hammarskjöld etwa, der zweite Generalsekretär der Vereinten Nationen, trägt für mich die Züge eines Heiligen. Er handelte als Politiker, dachte aber wie ein Mystiker des Mittelalters. «Demut heißt, sich nicht zu vergleichen» – dieser Satz ist von ihm, könnte aber genauso von Meister Eckhart stammen. Die Öffentlichkeit allerdings wusste nichts über die Triebfedern seines Handelns, bis seine Tagebücher nach seinem Tod bekannt wurden. Aus ihnen ging hervor, dass Hammarskjöld sich für den Weltfrieden vor Gott persönlich verantwortlich gefühlt hatte. Er wollte wegen seines Glaubens nicht in die Schusslinie geraten und hielt deshalb mit seinen Überzeugungen hinterm Berg, engagierte sich aber in allen großen politischen Krisen der fünfziger Jahre als Friedensstifter.

Nach dem Koreakrieg verhandelte Hammarskjöld mit China und erreichte die Freilassung der amerikanischen Kriegsgefangenen. Während der Suezkrise 1956 organisierte er innerhalb von achtundvierzig Stunden eine internationale Friedenstruppe und entschärfte damit einen Konflikt, der sich zum Weltkrieg auszuwachsen drohte – es war der erste Blauhelmeinsatz in der Geschichte. Er vermittelte während des Ungarnaufstands und kam 1961 auf einer Friedensmission im Kongo bei einem Flugzeugabsturz ums Leben. Seine Taten sind die Taten eines Heiligen, und die Inschrift auf seiner Grabplatte sind die Worte eines Heiligen: «Nicht ich, sondern Gott in mir» ist da zu lesen. Ich kann mir aber auch andere Politiker als Heilige denken – zum Beispiel Robert Schuman, Alcide De Gasperi und Konrad Adenauer, also jene drei, die Europa nach dem Zweiten Weltkrieg auf den Weg der Einigung gebracht haben. Alle drei handelten als überzeugte Christen, und welchen unermesslichen Beitrag zum friedlichen Zusammenleben der Völker Europas haben sie geleistet! Gewiss, sie hatten ihre Schattenseiten, aber die haben alle Heiligen.

Und dann, wie gesagt, jene außergewöhnlichen Männer und Frauen meines Ordens, denen ich begegnet bin. Da gab es einen Mitbruder, der als Missionar in Korea gearbeitet hatte und nach der Machtergreifung der Kommunisten in nordkoreanische Gefangenschaft geraten war. Er war in einem Lager misshandelt worden, er hatte Schreckliches gesehen und selbst durchgemacht, doch keine Grausamkeit hatte seinem Humor, seiner Freundlichkeit und seiner Güte etwas anhaben können. Nach seiner Freilassung ist er in Südkorea geblieben und hat dort eine große Pfarrei aufgebaut. Ich erinnere mich, wie er bei meinem letzten Besuch in Korea auf mich zukam – zweiundneunzig Jahre war er damals alt – und mich mit einem verschmitzten Lächeln und den Worten empfing: «Hochwürdigster Vater, es ist furchtbar, aber mit den Versuchungen hört es niemals auf …» Offenbar war er immer noch für alles empfänglich, auch für die Freuden der Welt. Zwei Jahre später ist er gestorben, nach einem Leben, das im Dienst Jesu Christi gestanden hatte.

Während dieses Besuchs lernte ich eine alte Schwester kennen, auch sie die Überlebende eines nordkoreanischen Gefangenenlagers. Bei Tisch unterhielt ich mich mit ihr. «Wie denkst du heute über die Schergen, die dich damals gefoltert haben?», wollte ich von ihr wissen. «Ach, denen habe ich längst vergeben», sagte sie. «Diese Leute haben es nicht besser gewusst, und ich bete für sie.» Sie war nicht gebrochen, sie empfand keinerlei Groll, und es war für mich ergreifend, diese Frau in ihrer Abgeklärtheit zu erleben. Sie war versöhnt, sie hatte zur inneren Freiheit gefunden. Auch solche Leute sind für mich Heilige.

Recht besehen lohnt es sich also durchaus, etliches aus der Welt des mittelalterlichen Pilgers in unsere Zeit hinüberzuretten. Wir könnten von ihm lernen, unsere Energie in Ausdauer, Geduld und Zielstrebigkeit umzusetzen, statt sie in hektische Aktivität zu verwandeln – wobei auch eigene Pilgererfahrung uns zu dieser Einsicht zu bringen vermag. Die Wunderbesessenheit des mittelalterlichen Pilgers gehört zwar unwiderruflich der Vergangenheit an, aber auf die Wirkung des Gebets, der Bitte und Fürbitte, dürfen wir weiterhin vertrauen. Und wenn wir uns den Reliquien in dem Bewusstsein nähern, dass jede die Geschichte eines Heiligen erzählt, können wir auch ihnen etwas abgewinnen, denn die Heiligen konfrontieren uns mit einer Vorstellung von Selbstverwirklichung, die keinem Zeitgeschmack und keinem ideologischen Wandel unterworfen ist. Dass nur zu sich kommt, wer nicht mehr um sich kreist – diese Wahrheit ist zeitlos gültig.

13. «Gäste, die ankommen, empfange man alle wie Christus»

Über die Gastfreundschaft

Es war die Osterwoche 1963. Meine erste Wallfahrt nach Altötting lag sechs Jahre zurück, und jetzt wollte ich noch einmal zu Fuß pilgern, diesmal in Italien, durch die Sabiner Berge von Subiaco nach Montecassino. Für uns Studenten von Sant'Anselmo, der Hochschule der Benediktiner in Rom, war das die klassische Pilgerstrecke, denn mehr als tausendvierhundert Jahre zuvor hatte der heilige Benedikt diesen Weg genommen, um in Montecassino seine letzte Klosterneugründung vorzunehmen. Meine Gefährten auf dieser Pilgerfahrt waren drei Kommilitonen, Benediktiner wie ich, zwei davon alte Bekannte – gemeinsam hatten wir die Schulbank am Missionsseminar in Sankt Ottilien gedrückt, gemeinsam hatten wir auch das Noviziat dort absolviert.

Es war ein bisschen verrückt, denn eigentlich wollten wir keine Pilger sein. Wir hatten uns in den Kopf gesetzt, einfach wandern zu gehen. Pilgern, das klang in unseren misstrauischen Ohren zu fromm, zu hochtrabend, wohl auch zu weltfremd. Im Übrigen lehnten wir jedes Etikett ab, und auf den Handkuss, der Pilgern seinerzeit noch an den Klosterpforten verabreicht wurde, legten wir schon gar keinen Wert. Die Studentenrevolte von 1968 warf ihre Schatten voraus. Andererseits – wie konnten wir ernsthaft glauben, als gewöhnliche

Wanderer durchzugehen? Man stelle sich vor: Wir waren im schwarzen Habit der Benediktiner unterwegs, wir waren für jeden schon von weitem als Mönche zu erkennen, und irgendwann gaben wir es dann auch auf und sahen ein, dass wir Pilger waren. Was vor allem an der Gastfreundschaft lag. Der Gastfreundschaft, die wir in den Klöstern an unserem Weg erlebten – und dem unbestechlichen Sinn für katholische Tradition, den der Kellner einer Trattoria bewies.

Am frühen Nachmittag des Ostersonntags brachen wir auf. Wir schulterten unsere Rucksäcke, nahmen die Tram Nummer 13 zum römischen Friedhof Campo Verano, stiegen dort in einen der blauen Überlandbusse um und erreichten das Bergstädtchen Subiaco nach anderthalb Stunden Fahrt.

Eigentlich war Subiaco bereits das erste Pilgerziel. Denn hier hatte für uns Benediktiner alles begonnen: In die Abgeschiedenheit dieser rauen Bergwelt war Benedikt als junger Mann geflohen, um mit Gott und sich allein zu sein. Die Höhle, die ihm bei seinem entbehrungsreichen Eremitenleben drei Jahre lang notdürftig Schutz vor Wind und Wetter geboten hatte, ist heute noch zu sehen. Später errichtete er am Fuße dieses Berghangs sein erstes Kloster, und zwar in den Ruinen einer Sommerresidenz des Kaisers Nero. Dort also lebte die allererste Mönchsgemeinschaft nach den Vorstellungen von einem gottgefälligen Leben, wie sie Benedikt in den Jahren der Einsamkeit entwickelt hatte. Dass er dieses Kloster später zusammen mit einigen Getreuen verließ, lag an der Missgunst des dortigen Ortspfarrers. Vor dessen Anfeindungen wich er nach Montecassino aus, wo er sein berühmt gewordenes Hauptkloster gründete.

Die Benediktiner von Santa Scolastica in Subiaco nahmen uns freundlich auf und wiesen uns schlichte Kammern zu:

ein Bett, ein Stuhl, ein kleiner Tisch und ein paar Haken an der Wand – mehr gab es da nicht, mehr brauchten wir auch nicht. (Das warme Rot des dortigen Terrakottabodens ist mir nie mehr aus dem Gedächtnis gegangen, und als wir uns gut zwanzig Jahre später an die Renovierung des Speisesaals von Sankt Ottilien machten, habe ich den gleichen Boden dort legen lassen.) Danach stiegen wir auf, zum zweiten Kloster hier. Wie ein Schwalbennest klebt es an einer steilen Felswand, und als wir uns näherten, leuchteten die ockerfarbenen Tuffsteinquader seiner Mauern im Schein der spätnachmittäglichen Sonne auf. Das Innere ist ein Fest fürs Auge, eine einzige Abfolge wunderschöner Fresken aus dem 13. und 14. Jahrhundert, von der Oberkirche bis hinab zum tiefsten Punkt. Auf halbem Weg tut sich in diesem Bilderreigen unvermittelt die Höhle Benedikts auf.

Mir war zunächst nicht nach Beten zumute. Ich musste an den jungen Mann denken, der hier drei Jahre lang, sommers wie winters, allen Unbilden der Witterung, allen Härten des Einsiedlerlebens getrotzt hatte. Wie alt war Benedikt, als er in dieser Wildnis hauste? Genauso alt wie ich, schoss es mir durch den Kopf. Oder jünger? Ein Zwanzigjähriger vielleicht. Ich empfand seine eiserne Entschlossenheit in diesem Augenblick als geradezu beängstigend. Niemals würde ich selbst es über mich bringen, den Ausstieg aus der Welt so weit zu treiben, niemals könnte ich mich überwinden, allen Freuden des Lebens so radikal zu entsagen. Hirten, die vorüberkamen, hätten ihn für ein wildes Tier gehalten, heißt es. Vermutlich trug er einen Umhang aus Fell, wahrscheinlich ließ er Bart und Haupthaar wuchern. Erleichtert betrachtete ich später im Klostergarten den legendären Rosenstrauch, in den sich Benedikt geworfen haben soll, um seiner erotischen Phantasien Herr zu werden. Ein Übermensch ist er also nicht gewesen, Versuchungen hatte auch er gekannt, das war tröstlich zu wissen.

Am nächsten Morgen nahmen wir in Santa Scolastica am Frühgebet und der Messe teil, zogen nach einem spartanischen Frühstück à la italiana los und folgten dem Flusstal des Aniene. Es war ein traumhaft schöner Tag. Ich genoss das frische Grün der Bäume und Wiesen, den Anblick des rasch dahinströmenden Flüsschens, die Ruhe, das frühlingshaft milde Sonnenlicht. Und ich genoss vor allem unsere Rast am Ufer, wo wir nach alter Gewohnheit sogleich mit unseren Debatten anfingen, spitzfindige Theorien aufstellten und hitzig diskutierten, die Ideen des einen oder anderen gemeinsam weiterspannen und über unsere Einfälle lachten – als Philosophiestudenten im zweiten Semester hatten wir den Kopf immer voll fundamentaler Fragen. Dann ging es weiter. Das Tal des Aniene zog sich für meine Begriffe endlos hin, ich schwitzte in meinem schwarzen Mönchsgewand, der Rucksack drückte, aber am frühen Abend war es geschafft. Erleichtert bezogen wir unsere Zimmer im Kapuzinerkloster von Fiuggi.

Die Kapuziner sahen uns die Erschöpfung an und setzten sofort alles für ein regelrechtes Pilgerfestmahl in Gang. Wir mussten umgehend im Refektorium Platz nehmen, noch vor allen anderen. Dann tischten sie auf, Berge von Spaghetti mit Tomatensoße und Parmesan, die auch von ausgehungerten Wanderern wie uns kaum zu bezwingen waren. Doch wenn wir geglaubt hatten, damit sei es gut, hatten wir uns getäuscht. Denn als Nächstes servierten sie uns große Schüsseln mit Kartoffeln und Gemüse und Platten voll Fleisch. Wir taten unser Bestes, waren solchen Mengen aber einfach nicht gewachsen. Beeindruckt von so viel Freundlichkeit und Fürsorge, aber hoffnungslos überfordert, kapitulierten wir, schleppten uns mit letzter Kraft auf unsere Zimmer, fielen schwer in unsere Betten und schliefen auf der Stelle ein.

Nach dem Frühstück gab uns der Prior einen Wink, den wir als Aufforderung verstanden, mitzukommen. Wir wären gern sofort losmarschiert, wollten aber nicht unhöflich sein, folgten ihm also in die Bibliothek – und erfuhren eine weitere kulinarische Spezialbehandlung in Form eines Gläschens Amaro aus eigener Produktion, hergestellt nach hauseigenem Rezept. Als Stärkung, meinte der gute Prior, damit wir es bis Montecassino schafften. Nun denn, wenn man es so betrachtete, war auch noch ein zweites Gläschen zu rechtfertigen. Aber kein drittes! Frohgemut brachen wir auf, und genauso frohgemut erreichten wir mittags die Abtei Casamari, ein Wunderwerk gotischer Zisterzienserkunst. Diesmal hielten wir uns mit dem Essen zurück, ließen uns beim Abschied am nächsten Morgen aber erneut zu einem Klosterlikör überreden.

Wir schritten beschwingt aus, bogen von der Asphaltstraße in einen Wanderpfad ein und liefen einem alten Bauern über den Weg. So, Deutsche seien wir? Die Deutschen habe er in bester Erinnerung! Gleich hier, vor seinem Haus, sei der «Generale Keeserling» (wie General Kesselring bei ihm hieß) mit seinen Soldaten vorbeimarschiert. Wir staunten, aber seine Verehrung für Deutsche war ungespielt, ebenso wie sein Stolz darauf, Augenzeuge dieses Vorbeimarschs geworden zu sein. Die deutschen Soldaten, erklärte er uns, hätten nämlich noch Disziplin gehabt, Disziplin und Achtung vor den Frauen – was er von den nachrückenden Alliierten nicht behaupten könne. Nun, er bat uns jedenfalls, kurz zu warten, verschwand in seinem Haus und kam mit drei Flaschen Weißwein sowie elf Eiern zurück. Ein Geschenk. Als Wegzehrung. Wegen General Kesselring. Und es gelang uns tatsächlich, die rohen Eier über den Tag zu retten.

An diesem Abend logierten wir bei den Schwarzen Franziskanern von Aquino. Sie waren nur noch zu zweit, nahmen aber gern die Mühe auf sich, für uns zu kochen. Beim Abendessen gingen eine Flasche Wein und vier Eier drauf, sodass uns noch zwei Flaschen und sieben Eier blieben, die wir am nächsten Morgen wieder sorgfältig verstauten und stundenlang mit uns herumschleppten – bis ich genug hatte. Ich fand, dass rohe Eier in Wein geschlagen ein vortreffliches Mittagessen ergäben, stand mit dieser Ansicht aber allein da. Meine Gefährten ließen sich davon nicht überzeugen. Rohe Eier? Niemals. So teilten wir uns die Aufgabe: Die drei anderen nahmen sich einer der beiden Weinflaschen an, ich schlug sämtliche Eier der Reihe nach in meinen blauen Hartgummi-Zahnputzbecher, goss Wein hinzu, verrührte alles mit meinem Taschenmesser und schlürfte die klebrige Flüssigkeit. Was mich anging – ich fühlte mich für den letzten Teil des Weges gerüstet.

Aber auch ich war froh, als abends endlich die Abtei von Montecassino auf einem Bergrücken vor uns auftauchte. Wir lagerten unter einem Baum und ließen das Bild der imponierenden Klostergebäude auf uns wirken. Benedikt muss um die fünfzig gewesen sein, als er im Jahr 529 hier eintraf – also genau im richtigen Alter, um noch einmal etwas Neues zu beginnen. Dort oben hatte er jene Ordensregel verfasst, die zum Grundgesetz für seine Mönche und zum Leitfaden für viele andere Orden geworden ist. Welch ungeheure Bedeutung diese Abtei in der Geschichte des Abendlandes gehabt hat! Papst Gregor der Große hatte Montecassino als den Ort bezeichnet, der eine neue Weisheit hervorbringen würde, nachdem die Philosophenakademie von Athen im selben Jahr, also 529, geschlossen worden war. Und er sollte recht behalten. Der Aufbau einer christlichen Zivilisation im Europa des frühen Mittelalters geschah wesentlich unter dem Einfluss der Benediktiner und ihrer besonderen Art von Spiritualität, die Frömmigkeit mit Tatkraft vereint. Montecassino selbst hatte allerdings manche Zerstörung erlebt: Bereits 577 verwüsteten die Langobarden das Kloster, und 1944 wurde es im alliierten Bombenhagel dem Erdboden gleichgemacht.

In Montecassino angekommen, wurden wir von einem alten Bruder überaus freundlich begrüßt. Er ließ sich nicht täuschen. Vier junge deutsche Benediktiner, die auf den Spuren ihres Ordensgründers wandelten, waren selbstverständlich Pilger – und deshalb küsste er uns nach alter Sitte die Hände, bevor er uns auf unsere Zimmer führte. Auch der Abt schenkte uns seine besondere Aufmerksamkeit. Wir wurden eingeladen, im großen Speisesaal der Mönche zusammen mit allen anderen zu Abend zu essen, und anschließend trafen wir uns mit der ganzen Gemeinschaft zu einem Gedankenaustausch, wobei wir Gäste uns alle Mühe gaben, nicht übertrieben fromm zu wirken. Wenn schon nicht zu verhindern war, dass alle Welt uns für Pilger hielt, wollten wir wenigstens nicht den gröbsten Pilgerklischees entsprechen.

Anderntags besuchten wir den deutschen Soldatenfriedhof von Caira unterhalb von Montecassino und gedachten der jungen Männer, die beim alliierten Bombenangriff auf das Kloster ums Leben gekommen waren. Der Irrsinn des Kriegs wurde mir dort so deutlich wie nie zuvor; unsere Ergriffenheit verhinderte aber nicht, dass wir um die Mittagszeit einen kräftigen Appetit verspürten, und erwartungsvoll betraten wir eine Trattoria in Caira.

Dass Freitag war, sollte uns nicht stören – wir bestellten Bistecca, einen ordentlichen Fleischlappen, größer als ein Steak, aber nicht so dick. Die Mahlzeit in der Abtei am Abend zuvor war mit Spiegelei, Spinat und Brot ziemlich spartanisch ausgefallen. Uns war nach etwas Deftigem zumute, und – wie gesagt – Pilger vom üblichen Schlag waren wir nun einmal nicht. Der Kellner nahm unsere Bestellung ungerührt auf, kam aber bald mit entsetzter Miene aus der Küche gelaufen – ob wir denn nicht wüssten, dass Freitag sei? Also, aus der Bistecca würde nichts. Was er uns stattdessen anbieten könne, seien Tintenfischringe, in Öl gebacken und ebenfalls sehr schmackhaft … Der Mann war in echter Sorge um unser Seelenheil. Keiner von uns mochte Tintenfischringe, doch bevor wir den Kellner in Gewissensnöte stürzten, akzeptierten wir. Über unsere fettigen Tintenfische gebeugt, nahmen wir endgültig Abschied von der Idee, gewöhnliche Wanderer zu sein.

Wahrscheinlich hätten wir vier Mönche uns während jener Woche in den Sabiner Bergen sogar gut in die Pilgergruppe eingefügt, die in Geoffrey Chaucers *Canterbury Tales* zusammenfindet. Mit unserer Lust am Debattieren wären wir bei jedem mittelalterlichen Scholaren auf Gegenliebe gestoßen, und unsere Abneigung gegen demonstrative Frömmigkeit wäre von diesen Leuten ebenfalls geteilt worden. Zudem waren wir nicht ein einziges Mal beim Anblick einer Bushaltestelle schwach geworden und hatten uns, in guter alter Pilgermanier, von Kloster zu Kloster durchgeschlagen – wo man uns ausnahmslos mit der selbstverständlichen Gastfreundschaft aufgenommen hatte, mit der auch der Pilger des Mittelalters rechnen durfte.

Die klösterliche Gastfreundschaft ist etwas, das sich über die Jahrhunderte nicht verändert hat. Und sie ist eine wunderbare Sache. Wie wunderbar, das kann wahrscheinlich nur der ermessen, der auf Reisen schon einmal vergeblich eine Unterkunft gesucht hat. Der erlebt hat, wie man allmählich in Panik gerät, wenn man nicht reserviert hat und nun von Hotel zu Hotel fährt und feststellen muss: Alle sind ausgebucht oder geschlossen. Wenn man spät in der Nacht dann doch noch ein Quartier auftreibt, fällt einem ein Stein vom Herzen – und man ahnt, welche Wohltat in vergangenen Zeiten für Reisende die Gastfreundschaft eines Klosters bedeutet haben muss.

Wir kommen hier zu einem Hauptmerkmal des Christentums. Denn das Christentum ist eine praktische Religion, und wenn Klöster als Orte der Gottsuche bezeichnet werden, dann vollzieht sich diese Suche eben nicht allein im heiligen Egoismus der meditativen Versenkung, abgekapselt von der Außenwelt, sondern genauso in der liebevollen Aufgeschlossenheit gegenüber allen Nöten und Bedürfnissen anderer Menschen. Der heilige Benedikt legt seinen Mönchen deshalb die Gastfreundschaft eindringlich ans Herz: «Gäste, die ankommen, empfange man alle wie Christus», schreibt er im dreiundfünfzigsten Kapitel seiner Regel. Und da schon zu seiner Zeit Pilger unterwegs waren, geht er auf diese Gruppe besonders ein: «Die allergrößte Sorge und Aufmerksamkeit lasse man bei der Aufnahme von Armen und Pilgern walten, denn mehr als in anderen nimmt man in ihnen Christus auf; reiche Leute dagegen sind vielvermögend, das führt von selbst dazu, dass sie geehrt werden.»

Wohlgemerkt – die klösterliche Gastfreundschaft gilt gerade denen, die nicht eingeladen sind, die unangemeldet hereinschneien, also Unbekannten, Wildfremden. Benedikt will aber nicht bloß sicherstellen, dass diese Leute verpflegt und untergebracht werden, er ruft seine Mönche vielmehr dazu auf, selbst den verlausten Pilger in zerschlissener Kleidung mit einer Ehrfurcht zu behandeln, als wäre er ein Gesandter Gottes, ein Engel, ja, Christus selbst. Am liebsten sähe es Benedikt, der Abt würde jeden dieser Fremden persönlich mit Wohltaten verwöhnen. Und auch über die Art der Wohltaten lässt Benedikt sich aus: Man gebe jedem Gast beim Eintritt den Friedenskuss, man reiche ihm Wasser für die Hände, man wasche ihm die Füße, man tische ihm jederzeit nach Bedarf auf und bewirte ihn mit einer Höflichkeit, die aus dem Herzen kommt, man leiste ihm beim Essen Gesellschaft und sorge für ordentliche Unterbringung. Was Benedikt verlangt, geht also weit über einen guten Service hinaus, es ist ein Dienst, der Erschöpfte und Abgekämpfte, aber auch Mutlose und Enttäuschte an Leib und Seele wieder aufrichtet.

Genau diese Art von Gastfreundschaft hatten wir auf unserer Pilgerreise von Subiaco nach Montecassino mehrfach erlebt. Und ich muss sagen: Kein Luxushotel hätte uns mehr beeindruckt. Klöster verstehen unter Komfort eben etwas anderes als Hotels, oder besser gesagt: Sie bieten Komfort im eigentlichen, ursprünglichen Sinne des Wortes – nämlich nicht Bequemlichkeit, sondern Trost, Stärkung und Ermutigung durch die Gemeinschaft. Vielleicht ist hier sogar das schöne alte Wort «Erquickung» angebracht. Klöster sind also in jeder Hinsicht Orte, an denen man Kraft schöpfen kann, und als Erzabt von Sankt Ottilien habe ich mich von dieser Vorstellung leiten lassen, als ich gleich neben der Pforte zwei Räume für Überraschungsgäste einrichten ließ – für «Tippelbrüder», wie man früher gesagt hätte. Denen standen bei uns vier doppelstöckige Betten sowie eine Dusche und eine Badewanne zur Verfügung, und außerdem wurden sie im Kloster gut versorgt – nicht mit Armenkost, sondern mit denselben Speisen, die alle erhielten.

Damals, als junger Student in Sant'Anselmo, hätte ich nicht geglaubt, einmal Dauergast in den Benediktinerklöstern dieser Erde zu sein. Aber seit über dreißig Jahren ist das der Fall. Auf meinen Reisen hänge ich so sehr von der Gastfreundschaft dieser Klöster ab, dass sie mir längst selbstverständlich geworden ist. Mitunter aber erlebe ich noch echte Überraschungen, und solche Situationen bleiben mir im Gedächtnis. Überraschungen wie die, die mir die Generaloberin der Benediktiner auf den Philippinen bereitete.

Ich erinnere mich, dass ich einigermaßen erschöpft auf dem Flughafen von Manila ankam, dabei hatte ich erst den kleineren Teil meiner Anreise hinter mir. Das Kloster, das ich besuchen wollte, lag im Norden der Insel, und mit Grauen dachte ich an die neun Stunden Busfahrt, die mir noch bevorstanden. Unsere Generaloberin nahm mich am Flughafen in Empfang, und ich war erleichtert, dass sie im Bus die erste Sitzreihe für uns reserviert hatte; da vorn konnte man wenigstens die Beine ausstrecken. Aber dann tat sie etwas, für das ich ihr wirklich dankbar war: Sie behandelte mich als ihren persönlichen Gast. Kaum war die Landstraße erreicht, zog sie als Erstes ein Handtuch aus ihrer großen Tasche und breitete es wie eine Tischdecke über meine Knie, anschließend zauberte sie ein gebratenes Huhn hervor und drückte mir obendrein eine Flasche Coca-Cola in die Hand.

Offen gesagt: Normalerweise schwärme ich weder für Huhn noch für Coca-Cola. Doch jetzt, nach der Anstrengung des langen Flugs, so verköstigt zu werden, das habe ich als Wohltat empfunden – vor allem wegen der Liebenswürdigkeit, die mir die Generaloberin mit diesem kleinen improvisierten Festschmaus bewies. Was gibt es Schöneres, als mit einer solchen Geste des Mitgefühls willkommen geheißen zu werden?

Man ist auf Reisen für Freundlichkeiten ja besonders empfänglich. Wenn ich nach Hunderten von Kilometern im Geländewagen oder im Überlandbus endlich am Ziel eintreffe, bin ich schon froh, von Menschen begrüßt zu werden, die sich in meine Lage hineinversetzen können. In Tansania zum Beispiel werden Gäste, die einen langen Weg hinter sich haben, mit den Worten «*pole na safari*» empfangen, was so viel heißt wie: «Ich kann die Mühen Ihrer Reise nachempfinden.» Und ich muss sagen: Es tut gut, wenn jemand als Erstes sein Mitgefühl ausdrückt, da sind die Strapazen der Reise fast vergessen. Vor allem in Afrika und Asien aber bleibt es nicht bei Worten. Da erlebe ich immer wieder, dass der Gast mit einer Ehrerbietung aufgenommen wird, die völlig im Sinne unseres Ordensgründers wäre. In jedem indischen Kloster wird mir zur Begrüßung ein Blumenkranz umgehängt. In China sind üppige Festmähler ein traditionelles Zeichen der Gastfreundschaft. Und besonders überschwänglich geht es bisweilen bei meinen Besuchen in Afrika zu.

Den Empfang, den man mir im sambischen Kloster Katibunga bereitete, werde ich nie vergessen. Wir näherten uns dem Kloster im Geländewagen und wurden bereits etliche Kilometer vor unserem Ziel von einer jubelnden Menschenmenge erwartet. Es waren die Mönche und die Bewohner der nächsten Ortschaft, und sie hatten einen Lastwagen organisiert, auf dem ich die letzte Wegstrecke zurücklegen sollte. Ich stieg also um, stellte mich auf die offene Ladefläche, und dann ging es los, im Schritttempo, von einer ausgelassenen Menschenmenge begleitet. Um mich herum wurde gesungen und getanzt und geklatscht – es war ein regelrechter Triumphzug. Man fühlt sich als Gast wirklich wie ein König, wenn man der Grund für so viel Freude ist.

Und dann wieder kann ein Besuch ganz still verlaufen, in

einer ernsten, nachdenklichen Atmosphäre, und dennoch unvergesslich sein. In Guatemala war ich für zwei Tage in einem Kloster zu Gast, dessen Gemeinschaft überwiegend aus Mayas bestand, also aus Angehörigen der indianischen Urbevölkerung. Ich war unsicher, ob ich als Europäer dort überhaupt gern gesehen war, denn die Mayas von Guatemala sind bis in die jüngste Zeit hinein von der spanischstämmigen Oberschicht ihres Landes schikaniert und verfolgt worden. Hatten die indianischen Mönche dieses Klosters nicht allen Grund, auch mir mit Vorbehalt zu begegnen?

Es kam anders. Am Eingang begrüßten sie mich mit einem großen Holzkreuz. Am Kopfende stand «*Bienvenido*» – «Willkommen». Auf den Querbalken hatten sie meinen Namen geschrieben. Und an den Enden des Querbalkens sowie am Fußende hatten sie Tiermasken angebracht – einen Jaguarkopf, einen Stierkopf und einen Pantherkopf. Ich staunte. Sie erklärten mir, dass sie diese Masken auf ihren Festen trügen und dass sie für die Kräfte des Bösen ständen, die Jesus Christus besiegt habe. Ich spürte: Hier ging es nicht um Folklore. Diese Menschen wussten, wovon sie sprachen, sie hatten viel Böses erlebt. Von ihrem Gast erwarteten sie nun, dass er sie bei ihrem Kampf gegen das Böse unterstützte. Ich sollte ihnen Zuspruch und Hoffnung schenken. Mit dieser Erwartung nahmen sie mich auf.

Für die nächsten vierundzwanzig Stunden gehörte ich zu ihrer Gemeinschaft. Ich war ihr Vater, und sie waren meine Familie. Hier wurde nicht gefeiert, nicht getanzt und nicht gesungen. Die Mayas sind zurückhaltend, sie öffnen sich langsam, sie treten bescheiden auf. Aber alles in ihrem Kreis geschah mit einer ernsten, aufrichtigen Herzlichkeit, das Beten, das Essen und auch das abendliche Gespräch in ihrer schlichten Unterkunft. Anderntags gab es zum Abschied eine kleine Zeremonie. Die Mönche entzündeten im Innenhof ein Feuer, warfen Harz in die Flammen, bis dichter Qualm aufstieg, und alsbald trat einer nach dem anderen vor mich hin, jeder mit einer Kerze, und bat um meinen Segen. Dieser Segen war das Wertvollste, das ihr Gast ihnen geben konnte, und ich fühlte mich anschließend genauso bereichert wie sie. Es war wunderbar zu spüren, wie ihr Vertrauen in der kurzen Zeit, die wir miteinander verbracht hatten, gewachsen war. Dieses Vertrauen war das schönste Gastgeschenk, das mir diese Menschen zum Abschied machen konnten.

Natürlich ist mir klar, dass ich nicht als namenloser Pilger reise, sondern als Abtprimas, und deshalb oft die Vorzugsbehandlung eines Ehrengasts genieße. Dennoch gilt auch für mich die ungeschriebene Regel, dass Gastfreundschaft nicht umsonst zu haben ist. Sie muss mit Dankbarkeit und Respekt entgolten werden – ja, im Grunde wird mir überall, wo ich hinkomme, dieselbe Demut abverlangt wie jedem Pilger, der an eine Klosterpforte klopft. Es gibt kein Recht auf Gastfreundschaft, man kann sie nicht einklagen. Man kann nur demütig um Aufnahme bitten und muss dann, sollte sie einem gewährt werden, bisweilen auch so manches geduldig über sich ergehen lassen. Nur nicht den Gastgeber vor den Kopf stoßen! Wer in China beispielsweise zu einem Mahl geladen wird, der sollte tunlichst alles essen, was aufgetischt wird, vom Schildkrötenhals über Schlangen bis zum Hundefleisch. Denn alle Welt schaut zu, und alle Welt registriert genau, ob es dem Gast mundet. Da darf man in keinem Fall wählerisch sein, da muss man sich auch dann dankbar und beglückt erzeigen, wenn das Programm die Geduld strapaziert oder das Essen nicht gerade nach dem eigenen Geschmack ausfällt.

Mit anderen Worten: Es gibt auch eine Gastfreundschaft, die der Gast dem Gastgeber schuldet, und sie besteht darin, dem Gastgeber die Gastfreundschaft so leicht wie möglich zu machen. Gastfreundschaft erweist man einander immer gegenseitig. Ich habe mich daher stets bemüht, die jeweilige Landessprache jener Länder, die ich regelmäßig bereise, so gut es eben ging zu erlernen und meine Kenntnisse bei Gelegenheit anzuwenden. In Tansania etwa habe ich die Festpredigt zum fünfzigjährigen Bestehen der Abtei Hanga auf Kisuaheli gehalten, als Zeichen meiner Zuneigung zu Land und Leuten, aber auch, um mich für das Geschenk der Gastfreundschaft zu bedanken. Alle hatten damit gerechnet, dass ich nach der Begrüßung auf Englisch umschalten würde, und alle waren begeistert, als es in ihrer Sprache weiterging.

Wir kommen hier zu einer dritten Pilgertugend. Außer dem Mut zum Aufbruch und der Beharrlichkeit finde ich Anpassungsfähigkeit unerlässlich. Als Pilger lässt man sich ja ständig auf Menschen ein. Man wird laufend in Gespräche mit Weggefährten und Einheimischen verwickelt, ist auf die Hilfe von anderen angewiesen, bekommt viel von ihren Lebensgewohnheiten mit, ist auf jeden Fall in engerem Kontakt mit Fremden als sonst in seinem alltäglichen Leben. Pilgern ist ein Gemeinschaftserlebnis, selbst wenn man zwischenzeitlich ganz für sich allein unterwegs ist – und als ungeselliger, widerstrebender Mensch wird man die Freuden des Pilgerns schwerlich ausschöpfen können. Wobei es gar nicht darum geht, an allem und jedem Gefallen zu finden. Worauf es vielmehr ankommt, ist, in einem Zustand höchster Aufnahmebereitschaft zu reisen – um am Ende mit der Erfahrung des mittelalterlichen Pilgers heimzukehren, dass die Welt größer und reicher ist, als man gedacht hätte. Was auf die Welt nach wie vor zutrifft, trotz Flugzeug, trotz Fernsehen, trotz Internet.

So gesehen bin ich auf meinen Reisen grundsätzlich in der Situation eines Pilgers. Mein Leben besteht aus zahllosen Begegnungen mit Menschen aus den unterschiedlichsten Kulturkreisen. Da geht es nicht immer ohne anfängliche Missverständnisse ab, denn oft werden die kulturellen Gräben, die mich von einem afrikanischen Bischof, einem koreanischen Mitbruder, einer chinesischen Mitschwester trennen, erst auf den zweiten Blick sichtbar. Manchmal werde ich erst auf den dritten Blick gewahr, wie unterschiedlich wir denken. Doch in aller Regel sind diese Hürden zu überwinden, wenn man aufeinander eingeht.

Ein offener Gedankenaustausch kann da sehr hilfreich sein, aber mit Reden allein ist es selten getan. Am besten, man schaltet alle Sinne auf Empfang. Durch genaues Beobachten erfährt man oft mehr über den anderen als im Gespräch, und noch aufschlussreicher ist es häufig, für eine Weile das Leben dieser Menschen zu teilen, eine Nacht in einer Lehmhütte auf Haiti oder eine Woche in einem Buschkloster in Togo zu verbringen. Das also macht den zusätzlichen Wert der Gastfreundschaft aus: Sie hat nicht nur die bekannten praktischen Vorzüge, sie bringt dem Gast auch die Lebensumstände und Denkweisen des Gastgebers näher, und mit der Vertrautheit stellt sich allmählich das Verständnis ein. Unbequemlichkeiten nehme ich dabei gern in Kauf. Im Vergleich mit den neuen Erfahrungen, die ich gewinne, schlagen sie kaum zu Buche, und davon abgesehen ist mir die Umstellung auf andere Gewohnheiten ohnehin nie schwergefallen.

Allerdings: Wenn ich von Anpassung spreche, meine ich nicht Selbstverleugnung. Ich meine nicht die Selbstaufgabe derjenigen, die vor lauter Bewunderung für eine fremde Kultur am liebsten aus der eigenen Haut fahren und ihre Identität wechseln würden. Bei dieser Art von Anpassung gibt es mehr zu verlieren, als zu gewinnen. Nein, unter Anpassung verstehe ich: sich aufs Unbekannte einlassen, mitmachen, keine Berührungsangst kennen. Für Pilger kann das bedeuten, die Kirchen am Weg aufzusuchen, sich mit einzelnen Heiligen näher zu befassen, an Gottesdiensten und Gebeten teilzunehmen – obwohl man bei Anbruch der Reise vielleicht wenig damit im Sinn hatte und womöglich gar nicht auf religiöse Erfahrungen erpicht war. Für mich bedeutet es, von anderen Kulturen zu lernen und mir gegebenenfalls Verhaltensweisen anzueignen, die ich nicht im Repertoire habe.

Geduld zum Beispiel. Wobei Geduld eine Frucht des Reisens ganz allgemein ist. Unabhängig von bestimmten Ländern, von besonderen Kulturkreisen, ist jede Reise eine Lektion in Geduld. Nie läuft alles glatt, und spätestens auf dem Flughafen von Rom erwischt es einen, wenn man eine Stunde lang auf sein Gepäck wartet und dann womöglich erfährt, dass es einen anderen Weg genommen hat. Unvergesslich ist mir in diesem Zusammenhang meine erste Reise nach China im Jahr 1984. Ich stand mit einem Mitbruder in der Bahnhofshalle der nordostchinesischen Stadt Shenyang, eingereiht in die Menschenschlange vor dem Fahrkartenschalter. Als wir nach Stunden des Wartens endlich bis zum Schalter vorgedrungen waren, schüttelte die Dame hinter der Glasscheibe bloß den Kopf und erklärte uns, für Ausländer gebe es einen eigenen Schalter im ersten Stock. Dort stellten wir uns wieder an – nur um nach einer weiteren Stunde stoisch ertragenen Wartens zu erfahren, dass unser Devisengeld dort wertlos sei, weil man an diesem Schalter nur mit chinesischem Geld bezahlen könne.

Woraufhin wir in einer dritten Schlange abermals eine Stunde ausharren mussten, bevor wir unsere Fahrkarten tatsächlich in Händen hielten …

Doch einmal abgesehen von den kleineren und größeren Geduldsproben, die der Reiseweg selbst schon bereithält – der Umgang zwischen Menschen aus unterschiedlichen Kulturen erfordert stets ein hohes Maß an Geduld. Gerade in den Ländern Ostasiens kommen wir Europäer mit unserer stürmischen Art nicht weit. In China, aber auch in Indien habe ich gelernt, mich zurückzunehmen, bescheiden aufzutreten, hellhörig und achtsam zu sein und Rücksicht auf die Empfindlichkeiten meiner Gesprächspartner zu nehmen. Auch in Afrika muss man sich oft viel Zeit nehmen, aber die Afrikaner haben mich neben Geduld noch etwas anderes, etwas gleichermaßen Kostbares gelehrt, nämlich: wie wenig der Mensch braucht, um glücklich zu sein! Auf der Welt zu sein ist dort für sich genommen schon ein Grund zur Freude. Das Leben als solches beglückend zu empfinden – können wir Europäer das überhaupt lernen? Ich versuche es zumindest. Bisweilen aber stößt meine Lernfähigkeit an ihre Grenzen, und ich muss von dem Entgegenkommen, das der Gast dem Gastgeber schuldet, Abstriche machen. In Sambia ging es mir einmal so.

Ich war mit dem Bischof von Mbala unterwegs in die sambische Hauptstadt Lusaka. Der Bischof selbst saß am Steuer seines Geländewagens, wir unterhielten uns, und plötzlich bremste er auf offener Strecke. «Ich habe etwas gesehen», sagte er, nahm seinen Hut, stieg aus, lief zu einem kleinen Verkaufsstand ein wenig abseits der Straße und kehrte mit strahlender Miene zurück – den Hut voll mit gerösteten Engerlingen. «Die habe ich als Kind so gern gegessen», erklärte er mir. Er setzte seinen Hut zwischen den Vordersitzen ab, nahm eine Handvoll und lud mich ein, ebenfalls zuzugreifen. Das tat ich nicht. «Ich habe meinen Engerling im Mund», sagte ich lachend und sog an meiner Pfeife. Da lachte er auch. «Ich bin Ihnen nicht böse», meinte er. «Ich kenne das. Als ich einmal in Kanada war, gab es Krabben als Vorspeise. So etwas Ekelhaftes! Natürlich habe ich sie nicht angerührt. Seither weiß ich: Was in der einen Kultur als Delikatesse gilt, kann in der anderen für ungenießbar gehalten werden.» Und bevor er weiterfuhr, griff er wieder tief in seinen Hut ...

Sie hält immer noch Zumutungen bereit, die Fremde. Vor allem im kulinarischen Bereich. Es ist die alte Geschichte – ob wir Aymeric Picaud nehmen oder Arnold von Harff, die Abneigung gegen fremde Speisen ist manchmal unüberwindlich, und auch der heilige Benedikt scheint sich dieses Problems bewusst gewesen zu sein. Jedenfalls berücksichtigt er in seiner Ordensregel, dass die Geschmäcker verschieden sind, und bestimmt, bei jeder Mahlzeit im Kloster zwei verschiedene warme Gerichte auf den Tisch zu bringen. Sicher dürfte er dabei in erster Linie an seine Mönche gedacht haben, unter denen sich auch Goten befanden, also Leute, die eine andere als die italienische Küche seiner Zeit gewohnt waren. Aber er wird ebenfalls Reisende und Pilger im Auge gehabt haben. Die Gäste eines Benediktinerklosters hatten also nicht nur Anspruch darauf, außerhalb der offiziellen Essenszeiten bewirtet zu werden, sie konnten ihre Speisen obendrein wählen. Auch diese Anweisung Benedikts spiegelt die Großmut, die der Gastfreundschaft zu eigen ist. Wer hätte dem Mann, der als jugendlicher Eremit in den Sabiner Bergen ein Leben in völliger Bedürfnislosigkeit geführt hatte, so viel Sorge um das Wohlbefinden anderer zugetraut?

14. «Gönne dich dir selbst!»

Warum wir nicht aufhören sollten, nach dem Sinn des Lebens zu fragen

Wohin pilgern wir? Wissen wir das? Wollen wir das überhaupt so genau wissen? Erfüllt uns der Gedanke an das Ziel mit Sehnsucht oder mit Unbehagen?

Wenn ich mich umschaue, umhöre, fällt mir Verschiedenes auf. Zum einen die Inflation von Zielen, die wir erleben, diese Flut von Urlaubs- und Reisezielen, von beruflichen und Lebenszielen. Allenthalben wird von Zielvorstellungen gesprochen; aus der Wirtschaft kennen wir die Geschäftsziele, aus der Politik die Verhandlungsziele, aus dem Sport die Trainingsziele, und alle diese Ziele sind mit Glücksversprechen verbunden oder, um ein älteres Wort zu benutzen, mit Verheißungen. Fast könnte man meinen, Ziele wären von größter Bedeutung für uns. Und nun sollen die Kleinsten im Kindergarten bereits lernen, alles bestimmten Zielen und Zwecken unterzuordnen. Dass unser Leben auf etwas hinauslaufen soll, scheint unbestritten.

Und zum anderen fällt mir auf: Wir steuern unsere Ziele auf kürzestem Wege an, als wäre jede Anreise nur verlorene Zeit, als rechtfertige das Ziel jede Abkürzung – sind dann aber doch froh, dass es sich nur um Zwischenstationen, um Etappenziele handelt und die Reise weitergeht. Einmal nicht mehr unterwegs zu sein – ein unangenehmer Gedanke. Die Endstation erreicht zu haben – eine erschreckende Vorstellung. Auf die Ankunft folgt sogleich der nächste Aufbruch, es darf kein Halten geben, es muss weitergehen. Doch wie gesagt – der Weg selbst scheint uns genauso wenig zu reizen. Wohin es auch geht, jede Reisezeit wird nach Stunden bemessen, jede Anstrengung auf das allernötigste Minimum reduziert, Ankommen ist alles. Offenbar schwebt uns als Ideal ein Leben der kurzen Wege und der kleinen, vorläufigen Ziele vor. Mit anderen Worten: ein flüchtiges Leben.

Insofern ist Pilgern hoffnungslos unzeitgemäß. Denn ein Pilgerweg will auf seiner ganzen Länge erfahren und erlebt, ausgekostet und erlitten sein, und er läuft auf ein unverrückbares Ziel zu, auf einen fernen, verklärten Ort, an dem die Reise endet. Wer heute pilgert, der muss umdenken, der handelt gegen seine Gewohnheit, wenn er einen langen, beschwerlichen Weg auf sich nimmt und sich mit dem Gedanken abfindet, dass das Ziel die Endstation ist, dass man ankommt und der Weg zu Ende ist. Und dann: Pilgern dient keinem konkreten Zweck. Man kann hinterher keine Kosten-Nutzen-Rechnung aufstellen. So gesehen bedeutet Pilgern tatsächlich einen Bruch mit modernen Vorstellungen.

Man wird dafür mit unzeitgemäßen Erfahrungen belohnt. Zum Beispiel mit der Erfahrung, wie sehr es uns anspornt und beflügelt, ein feststehendes, fernes und großes Ziel zu haben statt dieser verwirrenden Fülle schnell erreichbarer und kleiner Ziele. Wie weit wir über uns hinauszuwachsen vermögen, wenn wir uns nicht mit nahe liegenden Zielen begnügen, sondern die größten Erwartungen an uns selbst stellen. Oder mit dem Erlebnis, dass es ein Grund zur Freude ist, nach einer strapaziösen Reise endlich anzukommen. Wir haben es geschafft! Dieses Glücksgefühl verbindet alle, die an einem Wallfahrtsort eintreffen. Hier teilt man die Freude des Ankommens mit anderen, hier empfindet man womöglich stärker denn je die Erleichterung, nun zur Ruhe finden, ausruhen zu dürfen. Und vielleicht ist jede Ankunft auch mit dem Gefühl verbunden, ein Zuhause gefunden zu haben.

Nun besitzen Pilgererfahrungen die Eigenschaft, sich gewinnbringend aufs Leben übertragen zu lassen, und in einem solchen übertragenen Sinn kann Ankunft auch bedeuten, bei sich selbst anzukommen. Für mich ist das ein Lebensziel – und gleichzeitig eine Aufgabe, die sich mir immer wieder aufs Neue stellt, denn genauso wenig wie jeder andere bin ich dagegen gefeit, mich im Gewühl des Lebens zu verlieren. Wie leicht lässt man sich von den eigenen Pflichten und den Ansprüchen der anderen aufsaugen und wird sich selbst immer fremder dabei. Wie schnell wird man im Alltagsgetriebe zum atemlosen Mitläufer und läuft sich selbst davon! Nein, ich beklage mich nicht, ich habe nichts dagegen, von vielen Menschen in Anspruch genommen zu werden. Aber ich kann nur dann für andere da sein, wenn ich ganz bei mir selbst bin, wenn ich zwischendurch immer wieder zu mir selbst komme.

Deshalb bete ich. Im Gebet gelingt mir die Ankunft bei mir selbst am leichtesten. Ich suche mich also nicht bei mir selbst. Ich konzentriere mich nicht auf meine eigene Person. Ich entferne mich vielmehr von mir, ich reiße mich buchstäblich von mir los, ich richte meine Gedanken auf Gott und mache dann die Erfahrung: Wenn ich bete, komme ich zur Ruhe. Da komme ich bei Gott an und finde im Gespräch mit Gott auch wieder zu mir selbst. Im Gebet habe ich das Gefühl, heimzukommen. Es geht mir beim Beten also ähnlich wie einem Pilger, der sein bisheriges Leben zurücklässt, der alle seine Gedanken und Kräfte auf das ferne Ziel konzentriert und am Ende seines Weges, nachdem er den größten Abstand zu seinem alten Leben gewonnen hat, zu sich selbst findet. Auf Distanz zu sich selbst gehen, um bei sich selbst anzukommen – das klingt paradox, und das ist es auch. Dem Verstand und seiner Logik widerstreben solche Widersprüche. Nur im Experiment mit sich selbst lässt sich die Richtigkeit einer solchen paradoxen Vorgehensweise bestätigen, und als Pilger kann man sie gewissermaßen am eigenen Leib erfahren.

Nicht mehr zur Ruhe kommen, keine Fixpunkte mehr haben, von der Flüchtigkeit des Lebens mitgerissen und selbst zum Flüchtling werden, zum Flüchtling vor sich selbst – das ist sicherlich ein großes Problem unserer Tage. Aber es ist kein neues Problem. Unverhofft fiel mir vor einiger Zeit ein mittelalterlicher Text in die Hände, der genau davon handelt, nämlich von der Gefahr, sich selbst aus den Augen zu verlieren, und der Notwendigkeit, bei sich selbst anzukommen. Es war ein Brief aus der Feder des heiligen Bernhard von Clairvaux (um 1090–1153), gerichtet an einen Menschen, der sich aufreibt, verausgabt, verzettelt, dem zielloser Aktionismus offensichtlich zur Gewohnheit geworden ist. Der Brief ist eine eindringliche Warnung, und sie gilt Papst Eugen III., Bernhards ehemaligem Schüler und Mitbruder. Ich war verblüfft, als ich diesen Brief las. Er klingt so modern, dass er sich ebenso gut an einen Manager oder Politiker unserer Tage wenden könnte. Nur dass uns heute wohl der Mut fehlen würde, den Bernhard hier an den Tag legt, der Mut zu einer klaren Sprache und der Mut zum Benennen der bösen Folgen, die der Verlust des eigenen Ichs hat.

Bernhard weiß, in welchem Maße man abstumpfen kann, wenn man erst einmal gewöhnt ist, sich der gnadenlosen Routine des Arbeitsalltags völlig zu überlassen. Ist Papst Eugen überhaupt noch ansprechbar?, fragt er sich. Leidet dieser Mann überhaupt noch unter dem Stress, dem er sich aussetzt? «Ich fürchte», schreibt er, «dass Du, eingekeilt in Deine zahlreichen Beschäftigungen, keinen Ausweg mehr siehst und deshalb Deine Stirn verhärtest; dass Du Dich nach und nach des Gespürs für einen durchaus richtigen und heilsamen Schmerz entledigst. Es ist viel klüger, Du entziehst Dich von Zeit zu Zeit Deinen Beschäftigungen, als dass sie Dich ziehen und Dich nach und nach an einen Punkt führen, an dem Du nicht landen willst. Du fragst, an welchen Punkt? An den Punkt, wo das Herz hart wird. Frage nicht weiter, was damit gemeint ist; wenn Du jetzt nicht erschrickst, ist Dein Herz schon so weit.»

Kennen wir das nicht allzu gut – diese Menschen, die sich in Automaten verwandeln und wie ein Automat ganz in ihrer Arbeit aufgehen? Die nur noch funktionieren? Als Krankheit bezeichnet Bernhard diesen Zustand, als Krankheit der Hartherzigkeit. Und er findet drastische Worte für die Sinnlosigkeit einer solchen Existenz, die beziehungslos geworden ist, die jeden Bezug zum Leben wie zum eigenen Ich verloren hat. «Für das harte Herz gibt es nichts Erinnernswertes, außer zugefügte Beleidigungen», schreibt er weiter, «nichts Wichtiges in der Gegenwart, nichts in der Zukunft, wonach es ausschauen oder worauf es sich vorbereiten könnte, es sei denn, dass es irgendeinen Racheakt im Schilde führe. Um kurz und knapp alle Übel dieser schrecklichen Krankheit auf einen Nenner zu bringen: Einem harten Herzen ist die Gottesfurcht und das Gespür für die Menschen abhandengekommen.» Und deshalb führt sie auch zu nichts, die ganze Geschäftigkeit im Dienst für andere, in der Papst Eugen sich aufreibt. Sie führt zu nichts, weil ein Mensch, der sich selbst nicht gerecht wird, auch keinem anderen gerecht werden kann. «Wie kannst Du aber voll und echt Mensch sein», fragt Bernhard ihn, «wenn Du Dich selbst verloren hast?» Und fährt fort: «Bist Du etwa Dir selbst ein Fremder? Und bist Du nicht jedem fremd, wenn Du dir selbst fremd bist? Ja, wer mit sich selbst schlecht umgeht, wem kann der gut sein?» Folgerichtig gibt es für Bernhard nur einen Weg aus der Misere des ausgebrannten, selbstvergessenen Menschen: «Gönne Dich Dir selbst!», beschwört er den Papst. «Ich sage nicht: Tu das immer, ich sage nicht: Tu das oft, aber ich sage: Tu es immer wieder einmal.» Mit anderen Worten: Kehre immer wieder zu deinem Ausgangspunkt zurück – zu dir selbst.

Fast neunhundert Jahre ist dieser Brief alt, doch nichts an ihm hat sich durch den Wandel der Zeiten erledigt. Offenbar ist es zu allen Epochen als Gefahr erkannt worden, dass sich der Mensch in einem flüchtig gelebten Leben selbst verflüchtigt, und was sich Papst Eugen von Bernhard sagen lassen muss, würden auch wir unter ähnlichen Umständen klug und richtig finden. Bis zu diesem Punkt jedenfalls. Denn nun erläutert Bernhard, was er mit seiner Aufforderung meint: «Gönne Dich Dir selbst!» – und da empfiehlt er kein Verwöhnprogramm, wie man es heute erwarten würde, sondern den Rückzug in die Kontemplation. Das Nachdenken über die göttliche Bestimmung des Menschen. Nicht der Körper soll sich wieder spüren, sondern die Seele, also das Organ, mit dem wir mit Gott in Verbindung stehen.

Im Grunde spricht der heilige Bernhard hier aus derselben Erfahrung, die ich im Gebet mache, die aber auch jeder andere macht, der betet: Der Weg zu sich selbst führt über Gott. Ob ich bete oder mich in die Kontemplation versenke, in jedem Fall gehe ich auf Abstand zu mir selbst, wende mich Gott zu und gewinne so einen Bezugspunkt außerhalb der Welt, die mich gefangen hält. Und das befreit. Denn wer sich selbst im göttlichen Licht betrachtet, der bekommt wieder einen Blick für die wahren Dimensionen. Dessen Maßstäbe werden zurechtgerückt. Der vermag wieder Wichtiges von Belanglosem zu unterscheiden. Der überschätzt nicht mehr die eigene Bedeutung, der unterschätzt nicht mehr die eigenen Kräfte. Der kann sich aber auch seine Schwächen eingestehen, ohne darüber mutlos zu werden, weil jede Kommunikation mit Gott uns in dem Glauben bestärkt: Wir sind nicht darauf angewiesen, alles allein zu schaffen. Gott kommt uns mit seinem Segen zu Hilfe. Er schenkt das Gelingen. Mit anderen Worten: Im Gebet und in der Kontemplation gelange ich zu einer realistischen Einschätzung meiner Person und finde so wieder zu mir selbst.

Und darauf kommt es an. Darauf kommt es im Leben ganz entscheidend an, weil es die Voraussetzung für wahre Selbstverwirklichung ist. Eine Selbstverwirklichung, die nicht darauf hinausläuft, sein Ego rücksichtslos zur Geltung zu bringen oder seine Interessen auf Biegen und Brechen durchzusetzen, sondern die eigene Menschlichkeit zur vollen Entfaltung zu bringen. Deshalb verbindet Bernhard seinen Rat an Papst Eugen, sich häufiger Zeit für sich selbst zu nehmen, mit der Aufforderung, seine Beziehung zu Gott wiederherzustellen. Deshalb nennt er Gott und die Menschen in einem Atemzug, wenn er dem Papst vorhält, ihm sei sowohl die Gottesfurcht als auch das Gespür für die Menschen abhandengekommen. Bernhard mahnt also nicht irgendwelche christlichen Werte an, er spricht nicht von Demut, Nächstenliebe oder Selbstlosigkeit. Vielmehr erinnert er an das, was ein gelungenes, heilvolles Leben im tiefsten Grunde ausmacht: die klare Ausrichtung auf Gott.

Die Ankunft bei sich selbst und die Entfaltung der eigenen Menschlichkeit in einer richtig verstandenen Selbstverwirklichung sind deshalb nur vorläufige Ziele. Das letzte, große Ziel ist Gott. Ich bin sicher: Auch die christlichen Werte würden sich verflüchtigen, wenn diese Ausrichtung auf Gott wegfiele. Auf dramatische Weise erfahren wir das in den großen Lebenskrisen, wenn plötzlich alles in Frage gestellt ist, wenn Freundschaft und Liebe auf dem Spiel stehen. Will man sich da nicht von Hass, Zorn und Ärger fortreißen lassen, braucht man einen unerschütterlichen Glauben an die Macht der Liebe und daran, dass die Liebe stärker als alle Wut und alle Enttäuschung ist. In solchen Situationen lässt sich dem inneren Aufruhr nur die Gewissheit entgegensetzen, dass das Liebesgebot auf Gott selbst zurückgeht, dass man nach Gottes Willen handelt, wenn man Vergebung anbietet und Versöhnung anstrebt. Der Glaube an den Sieg der Liebe ist in der Liebe Gottes selbst begründet – nur deshalb kann uns dieser Glaube lebenslang als Orientierung dienen. Das ist christlich gedacht, gewiss, aber es trifft nicht nur auf das Christentum zu. Denn in fast allen Kulturen entstammen die ethischen Werte der Religion, fast überall erhalten sie ihre Lebenskraft aus ihrer göttlichen Herkunft.

Im engeren Sinne christlich ist allerdings der Glaube, dass die Ankunft bei Gott das letzte, eigentliche Ziel des menschlichen Lebens ist. Seine Bestimmung. In schlichtester Form formuliert der alte Katholische Katechismus dieses Ziel. Dort lautet die erste Frage: «Wozu ist der Mensch auf Erden?», und die Antwort schließt mit der lapidaren Aussage: «Um in den Himmel zu kommen.» Gemeint war und ist damit: Die Ausrichtung des Menschen auf Gott findet im Tod ihre Vollendung, und diese Vollendung besteht darin, dass wir mit dem auferstandenen Christus an der ewigen Herrlichkeit teilhaben. Das ist die Antwort des christlichen Glaubens auf die Frage nach dem Sinn des Lebens, und ich kann mir kein schöneres Lebensziel vorstellen als diese Verheißung.

Seltsamerweise befinde ich mich damit heute in der Minderheit. Aus Gesprächsrunden, Leserbriefen und privaten Unterhaltungen weiß ich, dass der Glaube an ein ewiges Leben von vielen als trügerische Illusion vehement abgelehnt wird, als schnöder Trost, der unter der Würde des aufgeklärten Menschen ist. Nicht nur die Hölle, auch den Himmel könne und dürfe es nicht geben, und wer an einem Jenseits festhält, erntet Kopfschütteln, als hätte man ihn bei einem unverzeihlichen Selbstbetrug ertappt. Lieber gar kein Lebensziel als dieses! Mit dem Tod ist alles aus und vorbei, da sind sich die meisten jedenfalls sicher.

Woher diese Sicherheit? Woher diese Verliebtheit in die Hoffnungslosigkeit? Ich weiß es nicht. Aber eins weiß ich: Wenn das Leben seine Ausrichtung auf Gott verliert, bleibt nur die Ausrichtung auf den Tod. Dann ergeben sich alle unsere sonstigen Ziele aus der Tatsache, dass das Ende endgültig ist – und alle laufen sie zwangsläufig darauf hinaus, so viel wie möglich aus dem Leben herauszuholen, bevor sich der Sarg in die Erde senkt. Es gibt einen Fachausdruck dafür. Er lautet «Wachstum». Das Credo derjenigen, die glauben, alles sei beliebig vermehrbar, alles ließe sich ständig steigern – die Produktion, das Bruttosozialprodukt, der Wohlstand, der Lebensstandard, der Hubraum, die PS-Zahl. Aber auch Anerkennung, Macht, Erfolg und Glück.

Inzwischen hat sich unser Wohlstands- und Wachstumsfetischismus für jedermann sichtbar als Illusion herausgestellt, und die Gründe dafür liegen auf der Hand. Denn zum einen ergibt sich aus materiellen Zielen kein Lebenssinn, sie sind nur Zwischenstationen auf dem Weg zum endgültigen Aus. Und zum anderen hält der Glaube an die grenzenlose Vermehrung von Gütern und Waren nicht, was er verspricht. Die Kapazitäten der Erde sind nicht unerschöpflich. Und immer mehr Wohlstand macht keineswegs immer glücklicher – im Gegenteil. Die unersättliche Gesellschaft ist mittlerweile vollauf damit beschäftigt, die seelischen Folgeschäden ihrer Konsumgier zu bekämpfen, Folgeschäden wie Gemütskrankheiten, Egoismus, Hemmungslosigkeit, Verwahrlosung und Orientierungslosigkeit. Sinnvolle Alternativen hat diese Gesellschaft nicht mehr zu bieten. Sollten wir uns also nicht endlich eingestehen, dass wir uns geirrt haben, als wir die Hoffnung auf ein ewiges Leben durch materielle Ziele ersetzt haben? Sollten wir uns nicht wieder einem Lebensziel zuwenden, das dem inneren Reichtum mindestens ebenso viel Bedeutung beimisst wie dem äußeren? Sollten wir materielle Wünsche und seelische Bedürfnisse nicht gleichermaßen berücksichtigen, wenn wir uns auf Werte und Ideale festlegen?

Wie der einzelne Mensch, so kann sich offenbar auch eine ganze Gesellschaft selbst verlieren, selbst fremd werden. Und wie im Einzelfall hilft dann nur das, was Bernhard von Clairvaux Papst Eugen als eindringlichen Rat ans Herz legt: Gönne dich dir selbst! Komme wieder zu dir! Richte dich auf Gott aus und finde zu dir selbst – als Voraussetzung für wahre Selbstverwirklichung. Ich erwarte von einer solchen Umkehr nicht, dass wir alle prompt wieder zu guten Christen würden. Es wird auch nicht jeder gleich zu der Überzeugung gelangen, dass der Himmel auf ihn wartet. Aber vielleicht werden wir wieder eine Sehnsucht in uns entdecken – die Sehnsucht nach einem Ziel, das über den Tod hinaus Bestand hat, die Sehnsucht nach einer Existenz, in der alles Leid ein Ende hat, weil Gott, wie es im letzten Buch der Bibel heißt, «alle Tränen von unseren Augen abwischen wird, der Tod nicht mehr sein wird, keine Trauer, keine Klage, keine Mühsal» (Offb. 21,4). Wer diese Sehnsucht in sich wiederentdeckt, der wird sich auf die Suche begeben, und diese Suche wird ihn zu anderen Zielen führen als jenen, die vom Glauben an die Endgültigkeit des Todes inspiriert sind.

In diesem Sinn ist jeder Pilger für mich ein Glückssucher. Denn natürlich geht es ums Glück, bei der Sehnsucht, bei der Suche, bei der Entscheidung für ein Ziel. Es hat allerdings etwas Irritierendes, dieses Glück, zu dem ein Pilger aufbricht, denn dieses Glück lässt sich nicht erwerben, nicht verdienen, nicht herstellen, es ist nicht machbar und nicht käuflich. Doch ist das wahre Glück nicht immer von dieser Art?

Erinnern wir uns doch einmal an die glücklichsten Augenblicke unseres Lebens – waren es nicht die, zu denen wir gar nichts beigetragen haben? Die Momente, in denen uns das Herz aufging – waren es nicht die, in denen wir uns als Beschenkte empfanden? Das mag die Geburt eines Kindes, das mag die große Liebe, das mag ein überwältigender Sternenhimmel oder eine ergreifende Musik gewesen sein – nie war dieses Glück selbstgemacht, immer war es Geschenk, immer Gnade. Wer das verstanden hat, für den ist alles Schöne ein Grund zur Dankbarkeit. Der wird aber auch die Erfahrung machen: Dankbarkeit schärft das Glücksempfinden – so wie Undankbarkeit umgekehrt stumpf und unempfindlich macht fürs Glück.

Vor allem in Spanien und Italien erlebe ich, dass die Leute ihr Glück zum Anlass nehmen, danke zu sagen. Offenbar ist man dort noch eher der einfachen Wahrheit zugänglich, dass man sein Glück niemals allein sich selbst verdankt. Ich habe immer noch ein Bild aus Rom vor Augen: Da hatte jemand in großen Buchstaben an eine Hauswand die beiden Wörter «*Grazie, Roma*» gesprüht – «Danke, Rom». Jemand, der seiner Dankbarkeit für alles, was diese großartige Stadt ihm je an Freude geschenkt hatte, einmal Luft machen musste. Jemand, der Grund hatte, sich glücklich zu schätzen, und das auch wusste. Ich sehe ein Zeichen großer Lebensklugheit darin, nicht die eigene Leistung zu bejubeln, sondern den Beitrag, den andere zu meinem Glück geleistet haben. Wer sich hingegen einbildet, seine Welt selbst erschaffen zu können, dem vergeht die Dankbarkeit. Wer sich für den Herrn seines Lebens hält, der muss Dankbarkeit für eine unangebrachte, eine lächerliche Regung halten. Der Größenwahnsinnige verspürt keine Dankbarkeit. Aber zu den Glücklichen dürfte er auch nicht gehören.

Die Dankbarkeit, von der ich spreche, hat nichts mit Unterwürfigkeit zu tun. Sie entspringt auch nicht anerzogener Höflichkeit. Sie ist die freudige Anerkennung dafür, dass andere zu meinem Glück beigetragen haben. Wie selbstverständlich war das früher. Wie selbstverständlich war es für die Menschen des Mittelalters, auf eine glückliche Wendung ihres Schicksals mit Dankbarkeit zu reagieren – und sie zum Anlass für eine Pilgerfahrt zu nehmen! Die Votivtafeln in den Wallfahrtskirchen legen Zeugnis davon ab, jene bemalten Täfelchen, auf denen in naivem Stil und oft mit ungelenker Hand die wundersame Rettung, die unverhoffte Heilung dargestellt ist, die einer erlebt hat. Diese Dankbarkeit war dem Staunen nahe verwandt, und vielleicht schwindet sie in dem Maße, in dem wir das Staunen verlernen.

Was mich angeht: Ich staune, wenn ich auf mein Leben zurückblicke. Wie oft werde ich gefragt: Bist du nicht stolz auf das, was du erreicht hast? Meine Antwort lautet dann: Ich bin dankbar, dass es wahr geworden ist. Ich freue mich, dass es gelungen ist, aber allein hätte ich es niemals geschafft. Und letztlich – angesichts des Glücks, das ich erfahren habe – kann ich nur sagen: «Herrgott, ich danke dir dafür.» Denn je älter ich werde, desto besser verstehe ich, dass meine ganze Existenz, dass alles, was ich erlebt und erreicht habe, sich der Güte Gottes verdankt. Da stellt sich bei mir der Lobpreis Gottes ganz automatisch ein, da geht es mir ähnlich wie den Psalmdichtern, die in der Schönheit der Schöpfung ein Abbild der Größe Gottes erblickten und ihrem Staunen im Lobpreis des Schöpfers Ausdruck verliehen haben. Und dieser dankbare Blick zurück lässt mich zuversichtlich nach vorne schauen.

Zu sich selbst kommen, bei Gott ankommen, eine dankbare Grundhaltung einnehmen – das wären universelle Ziele, gültig für alle, die sich fragen, worauf ihr Leben hinausläuft. Darüber hinaus brauchen wir aber auch individuelle Ziele, denn jeder muss sich selbst bestimmen, indem er sich seiner eigenen Bestimmung bewusst wird und seinen Weg danach ausrichtet. Ich habe mich von meinem vierzehnten Lebensjahr an von der Vision leiten lassen, Missionar zu werden, Missionar wie Pierre Chanel. Andere werden sich nicht so früh festlegen und ganz andere Vorstellungen von ihrem Leben entwickeln, doch scheint es mir in jedem Fall hilfreich und sinnvoll, überhaupt Visionen zu haben. Ich meine damit keine nächtlichen Erleuchtungen. Ich meine damit auch keine Träume, keine Utopien und keine Idealvorstellungen. Ich meine damit konkrete Ziele, groß genug, anspruchsvoll genug, um Begeisterung zu wecken und Kräfte zu mobilisieren. Vier deutsche Künstler haben mir kürzlich ein Beispiel dafür geliefert, wie die Vision jedem Plan vorausgeht und welcher Feuereifer sich daran entzünden kann.

Es begann mit einem Gedankenspiel. Diese vier Künstler – alle um die vierzig – saßen in Rom beisammen und suchten nach einer modernen architektonischen Formensprache für zweckfreie Gebäude. Es schwebte ihnen ein Raum vor, der anderen Gesetzen gehorchen sollte als die Zweckbauten unserer Tage. An eine Kirche war zunächst gar nicht gedacht, doch im Lauf ihrer Diskussion stellten sie fest: Alle unsere Überlegungen zielen auf eine Kirche ab! Dabei verstanden sie sich gar nicht als Christen; keiner hatte je daran gedacht, seine Kunst in den Dienst der Religion zu stellen. Aber alle hatten sie eine Vorstellung davon, welche Eigenschaften der Raum ihrer Wünsche besitzen sollte. Und mit einem Mal, zu ihrer eigenen Überraschung, hatte das Wünschenswerte eine Form und einen Namen angenommen: Sie würden eine Kirche bauen, eine moderne Kirche, neu und anders als alles Bisherige. Eine Kirche für das 21. Jahrhundert.

Das war die Vision. Und sie drängte nach Verwirklichung – das haben Visionen an sich. Zug um Zug nahm das Projekt Gestalt an. An einem Hang bei der Ortschaft Olevano Romano in den Sabiner Bergen, unweit von Subiaco und Benedikts Höhle, wurde ein Standort für diese Kirche gefunden. Der zuständige Bischof unterstützte das Vorhaben. In kurzer Zeit war aus der Vision ein konkreter Plan geworden, und an dieser Stelle kam ich ins Spiel.

Was gehört eigentlich alles dazu, damit in einer Kirche ein Gottesdienst gefeiert werden kann? Keiner der vier kannte sich da richtig aus. Sie wandten sich an mich, und los ging's. Wo hat der Altar zu stehen? Wie richtet man das Kreuz und das Allerheiligste aus? Wohin mit der Sakristei? Sollen die Fenster den Blick auf die Landschaft freigeben? Wir gingen alles durch, die Farben, die Gemälde, die liturgischen Gewänder. Nach drei

Sitzungen waren wir beim Zusammenspiel von Raum und Licht angekommen und bei der Stille, die den Eintretenden umfangen soll – und aus der anfänglichen Vierergruppe war eine Tischrunde aus acht jungen Künstlern geworden. Es war spannend, es war inspirierend, es war ein Aufbruch, und er wurde beflügelt von der Gewissheit, dass das Ziel den Einsatz aller Kräfte lohnt.

Ich glaube: Auch solche Visionen, die sich auf die Gestaltung und Umgestaltung des Hier und Jetzt beziehen, speisen sich letztlich aus der großen Vision eines anderen, ewigen Lebens. Schon deshalb sollten wir die Hoffnung nicht aufgeben, dass wir zu etwas Besserem als dem Tod bestimmt sind. Weichen wir der Frage nach dem Sinn des Lebens nicht aus. Versuchen wir, Klarheit über das Ziel unseres Lebens zu gewinnen. Brechen wir die Suche nicht ab. Nur das Weiterfragen vermag uns vor dem verbreiteten Pessimismus zu bewahren, der am Ende nichts als den Tod gelten lässt.

15. «Ich hatte keine religiösen Motive»

Was Pilger von Wanderern unterscheidet

Sind die Pilger, die heute die alten Pilgerrouten bevölkern, nicht doch bloß bessere Wanderer? Leute mit einem gewissen sportlichen Ehrgeiz, die es an die frische Luft und in die freie Natur zieht, die herausfinden wollen, wie weit ihre Kräfte reichen, und nebenbei auf etwas Jugendherbergsromantik spekulieren? Ich spreche nicht von jenen Pilgern, die alljährlich zu vielen Millionen das Grab von Padre Pio im süditalienischen San Giovanni Rotondo oder die Erscheinungsgrotte in Lourdes aufsuchen. Die lassen sich zweifellos von frommen Wünschen leiten, und sportlicher Ambitionen sind sie ohnehin unverdächtig. Aber was ist mit den anderen, jenen, die lange Wegstrecken auf sich nehmen, aber niemals auf den Gedanken kämen, vor einem Reliquienschrein in die Knie zu gehen, am Grab eines Heiligen zu beten?

«Ich hatte keine religiöse Motivation», sagt Bruno, dessen Geschichte in diesem Kapitel nun endlich erzählt werden soll. «Aber ich habe mich sehr bald als Pilger gefühlt, nicht als Wanderer. Ich habe kaum eine Kirche am Weg ausgelassen.»

Offenbar war es für ihn ein spürbarer Unterschied. Gewandert war er in seinem Leben oft, gepilgert zuvor noch nie. Und damals, als er auf seinem Weg nach Santiago de Compostela wie beim Wandern stundenlang einen Fuß vor den anderen setzte,

Rast machte, seinen Rucksack wieder umschnallte und weiterlief, hatte er festgestellt: Es ist ein Unterschied, ob das Ziel eine Berghütte oder Santiago de Compostela ist. Es ist eine andere geistige Erfahrung damit verbunden. Ob man allein läuft oder sich Weggenossen anschließt – man verhält sich nicht so, als befände man sich bloß auf einer ausgedehnten Wanderung. Und man geht mit anderen Erwartungen an die Sache heran.

Erstaunlich. Woran liegt das? Anscheinend geht einem das Pilgern selbst dann tiefer unter die Haut, wenn man für Heiligenverehrung nicht anfällig ist oder dem Christentum allgemein wenig abgewinnen kann. Ich will versuchen, dieser merkwürdigen Erfahrung auf den Grund zu gehen, bevor wir zum letzten Pilgerbericht dieses Buches kommen.

Ich glaube, dass Pilgern grundsätzlich bewusster betrieben wird als Wandern. Der Weg wird bewusster erlebt, doch schon der Entschluss zum Aufbruch wird bewusster gefasst. Zum Pilgern braucht man ein starkes Motiv. Eine Lebenskrise kann den Ausschlag für eine Pilgerfahrt geben, oder ein tiefsitzendes Unbehagen. Manche werden eine Enttäuschung zu verarbeiten haben, andere nach einer seelischen Erschütterung wieder ins Gleichgewicht kommen wollen, wieder andere sind vielleicht der eigenen Skepsis überdrüssig und wollen sich auf diesem unverfänglichen Weg erneut Lebens- und Glaubensfragen zuwenden. Überdruss dürfte überhaupt ein häufiges Pilgermotiv sein. Überdruss an dem maßlosen Anspruchsdenken unserer Zeit, Überdruss an der Überfütterung mit wertlosen Informationen, Bildern und Geräuschen, Überdruss an der technischen Zivilisation mit ihrer gnadenlosen Oberflächlichkeit. Auf jeden Fall macht sich ein Pilger mit einem stärkeren Motivationsschub auf den Weg als ein Wanderer – das ist der erste Unterschied.

Und dann erlebt er das Unterwegssein intensiver. Pilgern ist ein hervorragendes Beispiel dafür, wie hilfreich es ist, sich in eine große, alte Tradition zu stellen, wenn es darum geht, seine Gedanken zu sammeln und seine Kräfte zu konzentrieren. Das ganze Unternehmen spielt sich in einem festen Rahmen ab, Strecke und Ziel sind vorgegeben, die Regeln sind bekannt, und mit einem Mal bekommen Körper und Geist eine Ausrichtung – man bewegt sich auf etwas zu, aus eigener Kraft, innerlich und äußerlich, mit Leib und Seele. Denken und Handeln stehen im Einklang, Körper und Geist werden zu Verbündeten, und der Mensch findet in dieser Ausrichtung auf das Ziel wieder zu einer Einheit. Wobei sich mit dem jeweiligen Wallfahrtsort an sich gar keine großen Erwartungen zu verknüpfen brauchen – es reicht, wenn dieser Ort einen Anhaltspunkt in der Realität liefert, wenn er das eigentliche Ziel, auf das man sich innerlich zubewegt, in der konkreten Wirklichkeit nur vertritt. Worin das eigentliche Ziel nun auch immer besteht – man erlebt eine Pilgerfahrt auf jeden Fall mit wacheren Sinnen, und jeder Schritt, der uns unserem Ziel näher bringt, jede Erfahrung, die wir unterwegs machen, erhält durch das Ziel eine größere Bedeutung: das Laufen, die Mahlzeiten, die Begegnungen und Gespräche, die Gottesdienste und auch das, was einem selbst durch den Kopf geht.

Besonders intensiv dürften viele das Gemeinschaftsgefühl in der Gesellschaft ihrer Mitpilger erleben. Die Zufallsbekanntschaften, die man als Wanderer macht, berühren einen niemals so stark wie die Begegnungen auf einem Pilgerweg, denn Mitpilger sind Schicksalsgenossen in einem tieferen Sinn. Dass einer pilgert, ist an sich schon ein Bekenntnis: Man offenbart sich als Suchender. Man gibt sich als jemand zu erkennen, der zu neuen Lebenserfahrungen bereit ist, der zu einem Experiment mit sich selbst angetreten ist. Das zumindest haben die meisten, die man unterwegs trifft, also gemeinsam – sie sind auf Erfahrungen und Einsichten aus, die sie verändern, aufrütteln oder besänftigen, auf jeden Fall bereichern. Und diese Gemeinsamkeit führt Menschen schnell zusammen.

Denn in dieser Verfassung ist man empfänglicher, offener. Plötzlich ist die ständige Alarm- und Verteidigungsbereitschaft, in der man bisher gelebt hat, überflüssig geworden. Wir dürfen uns als Menschen fühlen und zeigen, die nicht mehr um Anerkennung buhlen, nicht mehr um ihr Image kämpfen, sich nicht mehr unablässig als etwas Besonderes ausgeben müssen. Als Pilger kann man gewissermaßen abrüsten, weil man keine Angst mehr davor hat, wehrlos und verletzbar zu sein. Man darf sich Unsicherheiten leisten, man braucht persönliche Fragen nicht mehr abzuwehren, man geht unbefangener aufeinander zu und vertrauensvoller aufeinander ein. Die Erinnerung an das Gemeinschaftserlebnis gehört deshalb in aller Regel zu den wertvollsten Andenken an eine Pilgerreise.

Dies alles fördert die Selbstbesinnung ungemein. Und endlich findet man nun auch die Zeit dazu. Endlich ist man einmal gezwungen, sich über Wochen oder Monate hinweg selbst auszuhalten. Der Weg ist lang, das Vorwärtskommen mühsam, und plötzlich schwindet der Druck, unter dem man steht. Plötzlich erscheint die gewohnte Hetze unsinnig. Der Wettlauf gegen die Zeit hört auf, und irgendwann merkt man womöglich, dass man in seinem gewohnten Leben gar nicht bei sich war.

Wahrscheinlich stellt man sehr bald fest, mit wie wenig der Mensch auskommt und dass man auf manches verzichten kann, was einem bisher furchtbar wichtig war. Verzicht – das ist nichts anderes als die Selbstversicherung der eigenen Freiheit, die Erfahrung, dass ich kein Gefangener meiner Ansprüche und meines Lebensstandards bin. Vielleicht erkennt man auch, wie hohl das eigene Leben bis dahin war und dass Konsum, immer mehr Konsum, das falsche Glücksrezept ist. Mit Sicherheit aber wird man unterwegs seine Abhängigkeit von anderen Menschen entdecken, seine Hilfsbedürftigkeit, und dieses gegenseitige Aufeinanderangewiesensein als wohltuend erfahren. Der ganze Narzissmus unserer Kultur erscheint einem dann auf einmal lächerlich, dieses krampfhafte Bestehen auf der eigenen Unabhängigkeit, diese Furcht, andere könnten über einen verfügen. Oder man denkt über seine Ehe nach. Man gesteht sich ein, dass man in letzter Zeit aneinander vorbeigelebt hat, obwohl man sich noch liebt – und da einem als Pilger Zeit zu reiflicher Überlegung bleibt, wird man es womöglich für sinnvoller erachten, einen Neuaufbruch in seiner Ehe zu wagen, als auseinanderzugehen und bei der nächsten Frau, dem nächsten Mann in dieselben Fehler zu verfallen. Nicht aufgeben! Das könnte eine Lehre des Pilgerns sein.

Aber Pilgern schärft nicht nur den Blick nach innen. Wer längere Zeit unterwegs ist und wechselnde Landschaften zu wechselnden Tageszeiten in wechselndem Licht erlebt, wer plötzlich über einem Flusstal steht oder auf ein Gebirgspanorama zuläuft, der lernt auch, wieder zu sehen und zu hören. Der gewinnt die Fähigkeit zurück, zu staunen, sich beeindrucken zu lassen, und wird dann angesichts der Schönheit der Schöpfung – vielleicht zum ersten Mal in seinem Leben – so etwas wie Ehrfurcht verspüren.

Das ist kein Nebeneffekt des Pilgerns. Ich halte die Ehrfurcht für das Fundament, auf das sich eine humane, respektvolle Haltung allem Lebendigen gegenüber gründen lässt. Denn in der Ehrfurcht erkenne ich die Heiligkeit des Lebens an, gleichgültig, in welcher Form es sich zeigt. Mit anderen Worten: Ich vollziehe einen Perspektivenwechsel. Ich betrachte die Schöpfung nicht mehr unter dem Gesichtspunkt ihrer Verwertbarkeit, sondern unter dem Eindruck ihrer Großartigkeit und Unantastbarkeit.

Nur – wer mit dem Gedanken an Ehrfurcht nicht aufgewachsen ist, der hat kein Gespür dafür, der muss erst einmal an der eigenen Seele erfahren, was Ehrfurcht überhaupt ist. In der Kultur des Westens lernt er das nicht, da wird alles eingeebnet, alles auf gleiche Länge gestutzt, da darf jeder seine Welt dem eigenen Mittelmaß anpassen. Und da man Ehrfurcht weder erklären noch befehlen kann, bleibt nur ein Weg: Man muss sie sich erobern, indem man sich Erfahrungen aussetzt, die einen demütig machen. Das kann zum Beispiel das Erlebnis eines Sonnenaufgangs sein – oder eines Sonnenuntergangs nach einem Tag in der freien Natur. Solche Erlebnisse können einem wieder Augen und Ohren öffnen. Danach wäre man jedenfalls darauf vorbereitet, eine Kirche zu betreten, weil die Seele für das Sakrale, das Heilige empfänglich geworden ist. Und vielleicht gewinnen wir so auch einen schärferen Blick und ein besseres Gehör für das, was um uns herum vorgeht, für unsere Mitmenschen zum Beispiel. Möglich, dass wir endlich damit aufhören, unsere Wünsche und Absichten in andere hineinzuprojizieren, und sie so wahrzunehmen vermögen, wie sie wirklich sind.

Natürlich dürfen wir uns von einer Pilgerfahrt keine Wunder versprechen. Wir jagen auf einem Pilgerweg keinen großen Verheißungen nach. Doch eine allmähliche Verwandlung dürfen wir uns erhoffen, eine Verwandlung, deren man sich vielleicht erst am Ziel bewusst wird. Und wer weiß – womöglich verspüren wir am Ziel den Wunsch, einen Pakt mit uns selbst zu besiegeln und ernsthaft daranzugehen, ein wenig anders zu leben als bisher. Aus unserer Haut werden wir nicht herauskommen, aber vielleicht gelingt es uns tatsächlich, über unseren eigenen Schatten zu springen.

«Ich habe mich sehr bald als Pilger gefühlt, nicht als Wanderer», hatte Bruno gesagt. Man wird jetzt besser verstehen, wie sich dieses Gefühl erklärt. Pilgern ist Aufbruch in die Selbstbesinnung; auch Brunos Erzählung von seiner Pilgerfahrt nach Santiago bestätigt das. Ich möchte mein Buch deshalb mit diesem Pilgerbericht aus unseren Tagen beschließen. Abenteuerliches, wie es die Pilger des Mittelalters zu berichten hatten, dürfen wir hier nicht erwarten; Reliquien und Wunder kommen nicht vor. Aber wer genau hinhört, wird die kleinen Verwandlungen registrieren, die im Endeffekt dazu führen, dass einer die Welt und das eigene Leben in einem anderen Licht zu sehen vermag.

«Ich hatte keine religiösen Motive», begann Bruno seine Erzählung. «Ich wollte einfach mal in eine andere Welt kommen. Vor mir lag eine Strecke von fast zweitausendfünfhundert Kilometern, aber das hat mich nicht abgeschreckt; ich laufe gern. Und ich habe mich sehr bald als Pilger gefühlt, nicht als Wanderer. Ich habe kaum eine Kirche am Weg ausgelassen.

Losgelaufen bin ich in München in meinen alten Bergschuhen. Gut eingelaufene Schuhe, habe ich mir gedacht, sind beim Pilgern das A und O, und diese Bergschuhe hatten mich schon über den Watzmann getragen – was sollte da passieren?

Doch am dritten Tag hatte ich das Gefühl, vor Schmerz zu sterben. Beide Füße waren angeschwollen und mit Blasen übersät. Da hatte ich gerade den Ammersee erreicht. Also habe ich mir erst einmal Schuhe gekauft, Schuhe mit wasserfestem Obermaterial, leicht und atmungsaktiv, mit einer schönen, beweglichen Sohle. Und von Stund an habe ich an meine Füße keinen Gedanken mehr verschwendet. Mit meinen Pflastern und Verbänden habe ich unterwegs viele andere Pilger versorgt, aber ich selbst habe sie nicht gebraucht.

Meine Tagesetappen? Sie waren unterschiedlich lang. Dreißig Kilometer waren für mich ein guter Durchschnittswert, vier- oder fünfmal habe ich vierzig Kilometer geschafft. Die letzte Etappe war die längste. Ich hätte vor Santiago noch einmal übernachten können, aber ... Den ganzen Weg über hatte ich davon geträumt, mir nach meiner Ankunft in Santiago ein richtiges Hotelzimmer zu gönnen, mit einem Bett für mich allein und einem Bad für mich allein, und jetzt gab es, so kurz vor dem Ziel, für mich kein Halten mehr. Mit diesem Hotelzimmer vor Augen bin ich blind drauflosgelaufen, in strömendem Regen. Am Ende hatte ich über fünfzig Kilometer zurückgelegt. Reine Willenssache, aber eine Tortur war's schon ...

Meine kürzeste Etappe betrug zehn Kilometer, und schuld daran war eine Hartwurst, meine eiserne Ration. Gut zwei Monate lang hatte ich sie mit mir herumgetragen und gut gehütet. Da kam ich in eine Herberge, in der es nur sechzehn Abendessen gab – damit war die Kapazität der Küche erschöpft, und ich war der Siebzehnte.

Macht nichts, habe ich gedacht. Meine Salami sah gut aus, sie schmeckte auch gut, aber bekommen ist sie mir nicht. Nachts lag ich mit Fieber und Darmgrippe in meinem Hochbett – das heißt, meist war ich zwischen Hochbett und Waschraum unterwegs. Und anderntags musste ich weiter, weil man in dieser Herberge nicht zweimal hintereinander nächtigen durfte. Es goss in Strömen. Von Zeit zu Zeit musste ich mich auf einem der Meilensteine am Straßenrand ausruhen. Dann stellte sich auch noch ein Herzstechen ein. Ich war ziemlich elend dran –

aber aufgeben? Das ist mir nicht in den Sinn gekommen. An Aufgeben habe ich während der ganzen drei Monate kein einziges Mal gedacht. Und am nächsten Tag bin ich schon wieder über dreißig Kilometer gelaufen.

Auf dieser Reise habe ich Friedhöfe schätzen gelernt. Friedhöfe sind bei Pilgern sehr beliebt, denn auf jedem Friedhof gibt es Wasser, und Wasser ist für Pilger elementar. Man kann sich hier aber auch als Schläfer sicher fühlen, denn Friedhöfe sind umfriedete Bezirke, einigermaßen öffentlich, aber doch geschützt durch Zäune oder Mauern. Die beiden Schweizerinnen, die mich einige Tage lang begleiteten, hatten anfangs im Freien geschlafen und eines Nachts Besuch von Wildschweinen erhalten. Fortan haben sie nur noch auf Friedhöfen übernachtet. Ansonsten sind Kirchen die besten Orte, um auszuruhen. In einem Kirchenschiff ist es kühl, dort kann man sich auf einer Bank niederlassen und verschnaufen und wieder zu Kräften kommen.

Und dann: Man lernt Menschen kennen. Auf dem Jakobsweg tut man sich mit anderen zusammen, da kann man tagelang mit ein und demselben Menschen unterwegs sein, und das gehört für mich zu den eindrucksvollsten Erinnerungen – der gemeinsame Marsch in der Gluthitze, das gemeinsame Picknick auf einem Steinmäuerchen mit Obst, Butterkeksen und Schokolade, die Gespräche zwischendurch. Besonders gern denke ich an den schottischen Priester aus Glasgow zurück, der mehrere Tage lang mein Weggefährte war, und an einen Oberstleutnant der französischen Armee. Der hatte eine schwere Krankheit hinter sich und wollte nun auf dem Jakobsweg die Leistungsfähigkeit seines Körpers erproben. Auf dem Höhepunkt seiner Krankheit hatte er nicht einmal die Kraft besessen, eine Kaffeetasse zu halten, und jetzt hielt er wacker mit. Es ist jedenfalls unglaublich, wie nahe man sich auf dem Jakobsweg kommt, wie vorbehaltlos man miteinander redet.

Bisweilen aber ist man auch tagelang mit sich allein auf dem Weg, und dann läuft die innere Uhr rückwärts. Dann schweifen die Gedanken bis in die Kindheit zurück, man geht noch einmal alle Stationen seines Lebens durch und überlegt, was man anders und besser hätte machen können. Stundenlang war ich in meine Gedanken versunken, und einige Male habe ich die Orientierung verloren. Als ich aus meinen Grübeleien erwachte, hatte ich mich gründlich verirrt. Eine Pilgerreise ist also gleichzeitig eine Lebensreise.

Abends kommt man dann zur Ruhe und erlebt etwas, das man von zu Hause kaum kennt: echte Gastfreundschaft. Louis Revell fällt mir dabei ein. Revell betreute eine Pilgerherberge in Südfrankreich, hatte daneben noch ein Taxiunternehmen, und als ich nachmittags bei ihm eintraf, fand ich ein leeres Haus vor. Nichtsdestoweniger waren alle Türen seines großen, verwinkelten Anwesens unverschlossen. Ich rief ihn an. Ich solle es mir in seinem Haus gemütlich machen, sagte er, ich könne mich derweil in seiner Küche bedienen und die Kühlschränke plündern.

Im Lauf des Abends trafen acht weitere Pilger ein. Nach dem reichlichen und guten Abendessen lud uns Louis Revell zu einem Augenblick der Besinnung ein. Wir begaben uns in seine Hauskapelle, die von Kerzen erhellt war. In den Nischen standen Heiligenfiguren, darunter natürlich auch St. Jakob, wie es sich gehört mit Wanderstab und Pilgerflasche. Jeder bekam ein Teelicht in die Hand, und anschließend fragte Revell reihum nach dem Grund für unsere Pilgerfahrt. Mittlerweile hatte ich gelernt, über mich selbst zu sprechen, über meine innere Unruhe nach der vorzeitigen Versetzung in den Ruhestand, über die Leere, die ich empfunden hatte, und auch die anderen redeten offen. Revell hatte mit seiner Einladung erreicht, dass unsere zufällige Begegnung nicht oberflächlich verlief. Beim Verlassen der Kapelle durfte jeder sein Licht bei dem Heiligen seiner Wahl abstellen. Meines landete zu Füßen des heiligen Jakobus.

In bester Erinnerung habe ich auch den Abend des neunundsiebzigsten Tages meiner Reise. Am frühen Nachmittag erreichte ich das Kloster von San Juan de Ortega, wo sie drei große Schlafsäle und ausschließlich kaltes Wasser haben. In solchen Herbergen werden gewöhnlich Messen für Pilger gefeiert, man erhält dort auch den Pilgersegen. Aber niemand hier konnte mir sagen, ob und wann es eine Messe gäbe. Da fuhr abends gegen sechs ein zerbeulter Renault Clio vor. Ein alter Herr mit schütterem weißem Haar stieg aus und begrüßte uns – das war er also, der weithin bekannte Priester Don José Maria. Die Messe würde in Kürze beginnen, ließ er uns wissen.

Und Don José Maria machte keine großen Umstände. Er kleidete sich gleich im Chorraum um, ab und zu sah man einen gestreckten Arm neben dem Hochaltar herausragen, und genauso unkonventionell, beinahe familiär verlief die ganze Messe – fast hätte er den Abendmahlskelch umgestoßen. Ich bedauerte von Herzen, dass ich nichts von dem verstand, was dieser Mann zu sagen hatte, aber gefühlt habe ich es. Am Ende der Messe hörte ich hinter mir ein Summen, das in einen leisen und immer lauteren Gesang überging – es waren Pilger, die sich im Nachhinein als Chorsänger entpuppten und nun eine wunderschöne Schlussvorstellung gaben. Und dann lud uns Don José auch noch zu seiner Knoblauchsuppe ein ...

Don Josés Ruhm gründet nicht zuletzt auf der Knoblauchsuppe, die er gelegentlich für Pilger zubereitet. Und heute gab es sie! Der Speiseraum wurde geöffnet, und ein großer braunemaillierter Suppentopf kam auf den Tisch. Don José teilte die Suppe eigenhändig aus. Sie hätte für vierzig Leute gereicht, aber wir haben sie auch in kleinerer Besetzung bewältigt – ich allein habe dreimal zugeschlagen. Wenn mir ein Einzelner auf dem Jakobsweg ein Pilgergefühl vermittelt hat, dann war es dieser Pater. Don José hatte nichts Erhaben-Distanziertes an sich. Er war ein Diener Gottes, der sich mitten unter den Menschen wie unter seinesgleichen bewegte.

Doch letztlich ist es der Weg, der einen zum Pilger macht. Es muss auch der Weg gewesen sein, der mir dazu verholfen hat, auf der ganzen Strecke keinen Alkohol zu trinken. Ich trinke sonst gern, und ich konnte mir bis dahin gar nichts anderes vorstellen, als am Abend mein Bier oder meinen Wein zu trinken. Jetzt wollte ich sehen, ob es auch anders geht – und siehe da, es ging. Von München bis Santiago de Compostela habe ich nichts als Saft und Wasser getrunken. Daran, dass ich mir die ganze Zeit weder das Haar geschnitten noch den Bart geschoren habe, war aber wohl weniger der Weg als meine Faulheit schuld. Vielleicht wollte ich aber nur so aussehen, wie ich mir einen Pilger immer vorgestellt hatte – mit Bart und Mähne.

Es war meine Absicht gewesen, in eine andere Welt zu kommen. Und ich bin in eine andere Welt gekommen. Mein Weg hatte mich über die Schweizer Alpen und quer durch Frankreich, dann weiter durch die Pyrenäen und in Spanien bis nach Galicien geführt. Ich war durch die karge Landschaft des französischen Zentralmassivs gewandert, über Hochplateaus, wo es nichts als ein paar verstreute Kühe gab und der Weg nur anhand von rot-weiß geringelten Stangen im Boden auszumachen war. Ich hatte erlebt, wie das Land an der Rhône immer satter und fruchtbarer wurde, mit Sonnenblumenfeldern, so weit das Auge reichte. Ich hatte beobachtet, wie die Menschen sich mit den Gegenden wandelten. Ich war einer Vielzahl von Menschen begegnet, fast allen gern, fast allen mit Gewinn. Als ich in Santiago eintraf, war ich gesättigt mit neuen Eindrücken und neuen Erfahrungen. Und als zufriedenerer Mensch bin ich nach München zurückgekehrt.»

Eines Tages, so sage ich mir, sollte ich es schaffen, selbst nach Santiago zu pilgern. Eines Tages, wenn ich kein Amt mehr habe, als einfacher Mönch. Ich würde dieses Projekt vielleicht mit weniger Ehrgeiz angehen – man muss die Strecke ja nicht an einem Stück bewältigen. Aber irgendwann möchte ich mir diesen langgehegten Wunsch doch noch erfüllen …

Literatur

Brall-Tuchel, Helmut, und Folker Reichert (Hg.): *Rom – Jerusalem – Santiago. Das Pilgertagebuch des Ritters Arnold von Harff (1496–1498)*. Köln/Weimar/Wien 2008

Collis, Louise (Hg.): *Leben und Pilgerfahrten der Margery Kempe. Erinnerungen einer exzentrischen Lady*. Berlin 1986

Haebler, Konrad (Hg.): *Das Wallfahrtsbuch des Hermannus Kuenig von Vach und die Pilgerreisen der Deutschen nach Santiago de Compostela*. Straßburg 1899

Herbers, Klaus (Hg.): *Der Jakobsweg*. Tübingen 1986

Schellenberger, Bernardin (Hg.): *Bernhard von Clairvaux. Rückkehr zu Gott*. Düsseldorf 2001

Bildnachweis

Bildteil 1:

S. 1, 3, 7 unten: Ursula Stolle, mit freundlicher Genehmigung von Werner Schmidbauer
S. 2, 6 oben, 7 oben, 8 oben: Leo G. Linder
S. 4 oben: picture-alliance/maxppp
S. 4: unten: picture-alliance/KPA/Kungel
S. 5: picture-alliance/dpa
S. 8 unten: picture-alliance/Godong

Bildteil 2:

S. 1, 6 unten, 7, 8: Abtprimas Notker Wolf
S. 2, 3, 4: Leo G. Linder
S. 5: picture-alliance/dpa/dpaweb
S. 6 oben: Thomas Gampl

MIX
Papier aus verantwortungsvollen Quellen
FSC® C019821

Das für dieses Buch verwendete FSC®-zertifizierte Papier
Lux Cream liefert Stora Enso, Finnland.